ちくま文庫

乗っ取り弁護士

内田雅敏

目次

本書に登場する人物・団体のなかには、仮名としたものがあります。
また、本文中、筆者のセリフなどの一部を伏せ字（××）としました。

（編集部）

乗っ取り弁護士

宣《せん》誓《せい》

良心《りょうしん》に従《したが》つて、眞実《しんじつ》を述《の》べ、何事《なにごと》も隠《かく》さず、
偽《いつわ》りを述《の》べないことを誓《ちか》います。

証《しょう》人《にん》 内田雅敏

第一章　緒戦完敗（一九九三・四〜一九九三・五）

資産一〇〇億の御曹司を食い物にした悪徳弁護士に挑む

林田則男　（57歳）・㈱林田のオーナー。信頼した顧問弁護士稲山信実に資産を食い潰される。
山川ユリエ（50歳）・林田の愛人。
内田雅敏　（49歳）・弁護士。
外山隆一　（44歳）・弁護士（内田雅敏の同僚）。
金沢慎一　（47歳）・弁護士（同じく同僚）。

稲山信実　（48歳）・弁護士。㈱林田、木下産業㈱の顧問弁護士、両社及び林田則男の資産を食い潰す。
野々山一靖（48歳）・稲山弁護士と同級生。元稲山法律事務所職員（稲山のためのペーパーカンパニー㈲オリーブの代表取締役）。
野本弘夫　（61歳）・稲山法律事務所職員。
魚沼昭雄　（63歳）・稲山弁護士が林田則男を㈱林田から追放後、同社の代表取締役に就任。稲山弁護士の完全な傀儡。
林田好子　（49歳）・則男の妻（稲山のコントロール下にある）。
林田　宏　（28歳）・則男の息子（母親と同じ状態）。

アウトローの世界の住人がたまたま弁護士に

「内田さん、稲山は我々が考えている以上に悪質でかつ周到だ。この事件は怒りだけでは勝てない！」

建物の外に出ると同僚の外山隆一弁護士が激しい口調で言った。

「うむ……」

私はほんの一瞬前の、法律事務所でのやりとりを信じられない思いで反芻《はんすう》していた。会社の社長が顧問弁護士を解任したところ、逆に弁護士によって社長の地位から追われてしまうという事態が生じたのだ。

会社の社長が長年にわたって、個人及び会社の法律事務等を委ねていた弁護士に不審を抱き、彼を解任した。五月の連休前のことだった。相談を受けた私はこの社長に同行し、解任された弁護士に預けてあった書類等の返還と金銭面をも含めての清算を求めた。若干の抵抗はあったものの最終的には解任された弁護士は、我々の要求を容れ、書類等の返還と清算を約束した。但し、その準備のために時間をくれと言い、書類等の引渡しを連休明けに指定した。

本日がその指定された日だった。ところが解任されたはずの弁護士は席につくや、我々の鼻先に会社の商業登記簿を示し、「四月二七日の取締役会で林田則男氏は代表取締役を解任され、ここにおられる魚沼昭雄さんが新たに代表取締役に選任されました」と述べた。

仕立てのよい背広を着込み、縁なしメガネをかけ、口もとと頬から顎にかけて鬚をたくわえた細面のニヤけた中年男だ。言葉遣いこそ丁寧だがどことなくニヒルな匂いがする。林田則男というのは私が相談を受けた㈱林田のオーナーである。弁護士は涼しい顔付きでさらに続けた。

「私は新代表取締役の魚沼さんの委任を受け、引き続き会社の顧問弁護士の任にあります。したがいましてお約束の書類等は返還できません」

「なにっ……取締役会で解任？　そんな取締役会がいつなされた。開催通知だって受け取っていないぞ……」

「通知は口頭でしました」とニヤニヤしながら件の弁護士。

社長派と専務派など会社内に派閥抗争があったのならともかく、あるいはまた林田氏が単なる雇われ社長ならともかく、オーナー社長から解任された弁護士が、逆に彼を代表取締役の地位から追放し、自分の息のかかった者を代表取締役に就け、その者から新たに委任を受ける、そんなことが起こりうることなのか。

「ふざけるな。こんなことが許されると思っているのか。これは犯罪だ。弁護士がこんなことをしてただで済むと思ったら大間違いだぞ！」とつい大声を上げた。

ふと前を見ると、机の上で録音テープが回されている。してやったりという顔付きでニヤニヤしている弁護士をにらみつけ、ついでに横に座っている魚沼と称する初老の男を怒鳴りつけた。

「代表取締役に就任しただと……あんたも共犯だぞ」

「いや、私は単に形式的社長でして」と男はあわてて弁解した。

「ほら見ろ、代表取締役就任は形式的なものにすぎないと、本人自ら認めているではないか」

　それでも顎鬚《あごひげ》をなでながらニヤニヤして平然として座っている件《くだん》の弁護士。私は二十余年の弁護士生活の中で、これまでに接したことのない得体の知れない人物を相手にしているのかと不気味な感じに襲われた。

「怒りだけでは勝てない」という外山弁護士の気持ちは、私自身のものでもあった。

　しかし、これは稲山の悪質さを示すほんの「序の口」にすぎなかった。このことをその後の八年にわたる彼との闘いの中で嫌というほど知らされることになる。弁護士バッジを付けてはいるが、本質的には「アウトロー」の世界の住人、それが稲山信実弁護士であった。

『自由と正義』という大層なタイトルの月刊誌がある（A4判・二〇〇頁弱）。

　日本弁護士連合会の発行する機関誌であり、どこの法律事務所にも必ず置いてある。法律専門家集団の発行する機関誌であるから、法律問題に関する論考が中心であるのは当然だが、会員のエッセー、書評なども掲載され、その内容は多岐にわたっている。

　この『自由と正義』の末尾に「公告」欄があり、そこに「非行弁護士」（註一）に対する懲戒処分が掲載されることになっている。

例えば、

公　告

東京弁護士会がなした懲戒の処分について、同会より以下のとおり報告があったので、日本弁護士連合会会則九七条の三第一項第一号の規定により公告する。

記

1　懲戒を受けた弁護士
氏　名　〇〇〇
登録番号　××××
事 務 所　東京都文京区本郷△丁目△番地　〇〇ビル三階
〇〇法律事務所
住　所　東京都三鷹市連雀△―△
2　懲戒の種別　業務停止二年
3　処分の理由の要旨
被懲戒者は、懲戒請求人Aほか二名の被相続人である故B（一九九四年六月一七日死亡）の一九九三年七月二〇日付遺言公正証書により遺言執行者に指定された者であるところ、一九九四年一一月一七日と同年一二月二二日に故B名義の預金を解約して解約金合計八、一〇四万八、〇一三円を新たに開設した預金口座に入金保管し、Aらに対しては一九九五年一月末日までに解約した預金を送金する旨約束しながら、一九九六年五月二日までに元本の一部合計三、一四五万四〇〇円を支払ったが、被懲戒者の遺言執行報酬金二六六万七、二一七円の支払いを差し引いた残元本四、六九三万三九六円の支払いをせず、これを自己の債務等の支払いに流用したものである。

4　処分の効力の生じた日

一九九七年四月一二日

一九九七年五月一日　日本弁護士連合会

といった具合である。

依頼者からの預り金を着服してしまうなどの違法な行為をなした「非行弁護士」に対しては、国家権力によらず弁護士自治制度に基づいて弁護士会自らが処分をなすことになっている（註二）。

処分は戒告、業務停止、退会命令、除名の四種類がある。除名はもちろん、退会命令の場合にも、もはや弁護士としての活動は不可となる。

弁護士自治は、戦前、弁護士が司法省・検事正の監督下に置かれ、その使命である「基本的人権の擁護」を必ずしも全うできなかったことに対する反省から生まれたものである。裁判官の罷免が弾劾裁判という国家権力によるのと対照的である。その意味では弁護士懲戒制度は弁護士自治の根幹をなすものといえる。

近年、『自由と正義』の公告欄の記載がにぎやかとなっている。そのことは、『自由と正義』のバックナンバーを見てみると一目瞭然である。八〇年代の弁護士懲戒件数は月間平均一件である。

ところが、これが九〇年代に入ると平均一・五から二件、とりわけバブル経済崩壊以降の平均件数は三・五件と急激に増えている(もっとも、これは戒告など軽微なケースを含めてのものだが)。バブルは経済の混乱をもたらしたのみでなく、人心の荒廃を招いた。弁護士もまた例外ではなかった。

弁護士が転落してゆくケースはいろいろある。一番多いのは依頼者から預かっていた、あるいは相手方から受け取って依頼者に渡さなければならない金を使ってしまうというケースである。その意味では弁護士の「犯罪」は、詐欺師顔負けの高度なテクニックを用いたといったものでなく、単純なる横領、すなわち「使い込み」がほとんどである。

このような単純なる使い込みがなぜ可能なのだろうか。それは世間の〝弁護士バッジ〟に対する信頼があるからであろう。金に困った弁護士はこのバッジに対する信頼を利用して、後日になって考えてみればなぜあんなことをしたのだろうと思うような、子供だましの手口で、人から預かっている金を他に流用してしまうのである。

弁護士の収入は千差万別である。また個々の事件による収入もケースによってずいぶんと違ってくる。弁護士の世界で一般的にいわれることであるが、その処理に汗をかく事件ほど収入が少なく、ちょっとした事件で、たまたまその扱った額が高額であったために、一般の勤め人では考えられないような多額の収入を一時的に得ることがある。

問題なのはそのような時にどうするかである。その収入によって生活を膨らませてしまい、例えば別荘を買ったりということになったとしよう。そうすると今度は別荘に行くのにもっといい車に替えようということになる。このようにしてゆけば、生活は際限なく拡がっていくことになる。

中国、殷《いん》の紂王《ちゅうおう》の時代に「象箸玉杯《ぞうちょぎょくはい》」という故事がある。象牙で箸《はし》を作れば、その箸にふさわしいサイの角や玉で作った杯、すなわちよい茶碗で食事をしなければならない、よい茶碗で食事をするからには、それにふさわしい美しい、美味な料理でなければならない、美味な料理を食べるからには、それにふさわしい美しい、贅沢な衣服を着なくてはならない、美しい衣服を着るからには、それにふさわしい広壮な屋敷に住まなければならない、という具合に生活がとめどなく拡がるのを戒めたものだ。拡がった生活を維持するためには、さらにたくさんのお金を稼がなくてはならなくなる。そのためには、なるべく汗をかかなくても効率よく金の入ってくる事件をやろうとすることになる。結局、危ない事件、キナ臭い事件に手を出すことになる。そしてついには人の金に手をつけるようになる。もっとも、単に一時的に多額の収入があることによって膨らませた生活を維持するために無理をするとしても、通常その無理は人の金に手をつけなければならないほどのものではない。一番多いのは、弁護士業務以外の他の仕事に手を出し、そこでの失敗から多額の借金を抱え込んでしまったような場合であろう。倒産事件などに関与するうちに、自分が経営したならばもっとうまくやることができると錯覚に陥り、事業に手を出し失敗して転落してゆく弁護士がままある。

本件に登場する稲山弁護士のケースもその一つではある。しかし彼のケースはこれまでの懲戒事案とはいささか様相を異にする。バッジに対する信頼を利用したことは、これまでと同様であるが、その手口は単なる「使い込み」ではない。また掠め取った金額も半端なものではない。依頼者の無知につけ込み、法律知識を駆使した極めて計画的、詐欺的なものであり、その悪辣さは絶後かどうかは別として空前のものであることは間違いない。弁護士の犯罪も時代とともに変化するということだろうか。

「山月記」「李陵」などの秀作を遺して夭逝した中島敦によれば、中国、唐、三蔵法師の時代、西域の流沙河の河底には、総数およそ一万三千の妖怪が栖《す》んでいたという。妖怪とは「自己の属性の一つだけを、極度に、他との均衡《つりあい》を絶して、醜い迄に、非人間的な迄に、発達させた」もののことである。例えば、極度に貪食で口と腹が無闇に大きな妖怪もいた（「わが西遊記」一九四二年）。

バブルの時代、この社会には大小様々な妖怪が蠢動していた。

註

一　「非行」とは、弁護士法第五六条が「弁護士はこの法律または所属弁護士会の会則に違反し、所属弁護士会の秩序又は信用を害し、その他職務の内外を問わず、その品位を失うべき非行があったときは懲戒を受ける」と規定しているところからきた呼び方である。もともと弁護士懲戒制度は、弁護士が犯罪を犯すなどということを想定しておらず、犯罪にまでは至らない程度の「品位を失う非行」を裁くものとされていた。

二　弁護士法第五八条が「何人も弁護士について懲戒の事由があると思料するときは、その事由の説明を添えて、その弁護士の所属弁護士会にこれを懲戒することを求めることができる」と規定しているように、何人でも、ある弁護士について、けしからんと思えば、その事由の説明を添えて、その弁護士が所属する弁護士会に懲戒の請求をすることができる。

しかし、実際には弁護士は、その事件処理の中で事件の相手方等からいわれなき「恨み」をもたれ、懲戒請求されるようなケースがままある。また世の中には、こういった懲戒請求をすぐする訴訟マニア的な人もいる。そこで弁護士会ではこのようなためにする懲戒請求、すなわち濫訴と、そうでない本当に理由があると思われる懲戒請求とをより分けるために、綱紀委員会を設け、その作業に当たらせている。

弁護士会に懲戒請求がなされると、この請求はまず綱紀委員会に付される。綱紀委員会では、懲戒請求者、被請求者、それぞれから事情を聴取し、証人調べ等をして、懲戒相当か、不相当かの議決をする。懲戒相当となった場合には、懲戒委員会に回され、そこで審議がなされることになる。

なお綱紀委員会の委員は、以前はすべて弁護士で構成されていたが、一九七八年、いわゆる「弁護人抜き法案」が問題になった際、弁護士会の妥協策として裁判官、検察官ら若干名を綱紀委員として入れることにした。懲戒委員会の委員については、もともと弁護士だけでなく裁判官、検察官・学者が入っており、その内訳は、弁護士八名、裁判官二名、検察官二名、学者三名となっている。

丸裸にされた依頼者

私、内田雅敏は敗戦の年に生まれ、学生時代にベトナム反戦運動や全共闘運動に参加、卒業後、いろいろあり、結局弁護士となった（私の生い立ちについては『敗戦の年に生まれて』〔太田出版〕を参照されたい）。ほぼ同世代で同様の運動体験をもつ同僚二人と新宿で法律事務所を共同経営している。

同僚の一人は金沢慎一弁護士。東大安田講堂籠城組。司法試験に合格したときは執行猶予中で司法研修所に入所できず、執行猶予期間満了後一年を経てにようやく入所が認められたという経歴の持ち主。もう一人は前出の外山隆一弁護士。東大安田講堂の攻防のあった年の翌年、東大法学部入学。在学中は学生運動の活動家であった。共に〝社会派弁護士〟として労働・公安事件、精神障害者の人権あるいは反原発問題など多方面で活躍している。

一九九三年四月一六日の昼下がり、六十がらみの風采の上がらない大男が、私が顧問をつとめる社会党（当時）系の中小企業連合会の職員二人に付き添われてやってきた。

男は林田則男といい、稲山信実という顧問弁護士に一〇〇億円近い資産を食い潰されそうなので、その稲山を解任して、奪われた資産を取り戻したいという依頼であった。

私は、軽い気持ちで、同業としてそんな面汚しはとことん懲らしめてやらねばならないと思うと同時に、この依頼を首尾よく解決すれば、わが貧乏弁護士事務所にもそれなりの潤いがもたらされるかもしれないとの期待も抱いた。そのときは、この件がまさかカネが入るどころか、持ち出し続きのバトルロイヤルになろうとは、知るよしもなかった。映画やテレビに出てくる弁護士事務所とはいささかかけはなれた煤けたビルの一室で、依頼者と二、三時間は話したろうか。後に収集した情報も加えて補強すると、事の概要は次のとおりである。

依頼者の林田則男は一九三六年生まれの五七歳、㈱林田の一〇〇％株式を持つオーナー社長であった。㈱林田は、もともと海苔の養殖と卸などを生業《なりわい》としていた。だが、近年はこの業務をすべて休止し、同社の中心的な財産である大田区大森の土地約五二〇〇坪（時価一〇〇億円以上。もともと海苔の養殖場を埋め立てたもの）を駐車場として賃貸する、いわば不動産管理会社となっていた。駐車場は約三〇〇台収容でき、賃貸料の総額は月額一〇〇〇万円ほどあった。この駐車場以外にも、大田区海辺などに時価八億円以上の不動産も有していた。

林田則男はこれらの土地を含む莫大な資産を父・治から受け継いだのだが、この資産を則男が浪費しないように監督する人が必要だということになり、一九八五年、第二東京弁護士会所属の稲山信実弁護士がその任に就くことになった。

稲山は就任するや、まず則男が有していた㈱林田の株式すべてと、主要資産である駐車場約五二〇〇坪の土地の信託を受け、同社を完全に支配し、運営し始めた。そして、同社三名の取締役のうち、則男を除く二名に自分の法律事務所の事務職員、野本弘夫と魚沼昭雄を就任させ、同じく監査役にも自分の管理下の事務職員を配置し、㈱林田の経営を完全に支配できるような体制を作った。㈱林田の事務所を自分の法律事務所のあるビルの一階上に移転させ、そこに㈱林田の社長室及び弁護士室の表示をして同室を自由に使い、㈱林田を場所的にも完全に支配したのである。

代表取締役である則男は、会社に一週間に一、二回来ればよいとされ、則男のほうもその通りに、週二、三回会社に出るだけで（それもたいてい午後遅くからであり、稲山と麻雀をやって帰ることが多かった）、すべてを稲山に任せていた。大森の駐車場からの賃料収入もすべて稲山の口座に振り込まれ、則男は稲山から毎月の生活費として一〇〇万円程度（ただし、五〇万円近くは則男の妻・好子宛に振り込まれる）をもらうだけで、㈱林田の経理内容がどうなっているのか全く分からないような状態であった。稲山は則男に小遣いを渡したり、海外旅行に連れ出したりして、すっかり信用させていたのである。

稲山に託された役割としては、則男個人の負債の整理と個人資産の管理以外に、もう一つあった。㈱林田の主要な資産である大森の駐車場五二〇〇坪に高層建物を建築し、運用することである。

たしかに当初は高層建物を建てる計画が進められ、図面らしきものも引かれ、その模型のようなものも作られた。ところが、いつの間にかその計画は消え去り、稲山は豊島区池袋にあった映画館「昭和シネマ」跡地の地上げに奔走することになる。

八八年七月二六日、㈱林田は昭和シネマ跡地一七二坪を三〇億円で、合資会社昭和シネマより購入し、建物の借家人らを立ち退かせた上で、九一年六月二四日、九五億三八五〇万円で木下産業㈱グループの国際メタル㈱に転売した。当時稲山は㈱林田の他に木下産業㈱の顧問もしており、この立場を利用しての土地転がしであった。これは「双方代理」といって弁護士として違法な行為であるが、売買自体がスムーズにいけば、㈱林田としては三〇億円で仕入れたものを九五億三八五〇万円で転売するのであるから、莫大な利益を得ることになる。

稲山は、この購入代金を調達するために、九一年六月二七日、㈱林田の虎の子の資産ともいうべき大田区大森の駐車場五二〇〇坪を買主である国際メタル㈱のために担保に入れた。これをうけて国際メタル㈱は新和ファイナンス㈱から一一五億円を借り入れ、購入代金の九五億三八五〇万円のうち八七億七一五〇万円を㈱林田に支払った。

しかし、うまい話にはどこか落とし穴があるのが常である。すでにこの担保設定当時の九一年六月、バブル経済崩壊の兆しがはっきりと現われていた。果たせるかな、まず、㈾昭和シネマと㈱林田の売買が、「㈾昭和シネマの無限責任社員二人のうち一人の承諾しか得ていないから無効」として、昭和シネマのもう一人の無限責任社員・永野仁より裁判を起こされ、この土地の名義を㈱林田から国際メタル㈱に移すことができなくなってしまった。この土地の売買をめぐる裁判は、一審で㈱林田側が敗訴した。判決文の中で裁判所は、㈱林田（実際に動いたのは稲山）は、売買が無効になるかもしれないことを承知の上で「あえて危険を冒して」取引したと認定した（この判決結果は、高裁でも同じであった）。

そうこうしているうちに、他方で国際メタル㈱は、一年後の返済期日に前記一一五億円の借り入れを返済することができなくなり、担保に入れられた㈱林田の土地は競売に付されることになってしまったのである。

㈱林田としてはまさに踏んだり蹴ったりである。ところが、すでに稲山らはこの数字上の転売益をもとにして、以下のような巨額の報酬をしっかり受け取っていたのである。

稲山弁護士　八億三〇〇〇万円

㈲オリーブ　①一億五〇〇〇万円（立退交渉報酬）

②二億九〇〇〇万円（転売仲介報酬）

㈲オリーブは、稲山の分身ともいうべきペーパーカンパニーで（代表者は稲山法律事務所の元事務員・野々山一靖）、同社が具体的に仲介等の行為をしたわけでなく、明らかに不正な取得であった。稲山と㈲オリーブをあわせると、なんと「転売代金」の中から全体で一二億七〇〇〇万円もの大金が稲山側に流れていたのである。

どうやらこうした「サヤ抜き」は稲山の常套手段らしかった。後の裁判の中で、これを含めた法外な「手数料」が明らかになった。法廷に提出された㈱林田の決算書によると、稲山が㈱林田に関与して以降の㈱林田の「支払手数料」の推移は、次のようになる。

①一九八六年一月一日〜一二月三一日　四七万八二〇〇円
②一九八七年一月一日〜一二月三一日　七二七七万六八六〇円
③一九八八年一月一日〜一二月三一日　二億四七五三万五四二〇円
④一九八九年一月一日〜一二月三一日　四億三〇六三万〇〇九八円
⑤一九九〇年一月一日〜六月三〇日　一六九八万六五〇四円
⑥一九九〇年七月一日〜一九九一年六月三〇日　一七億五四五三万四六五〇円
⑦一九九一年七月一日〜一九九二年六月三〇日　二億五七〇八万八一〇〇円
合計　二七億八〇〇二万九八三二円

稲山が㈱林田に最初に関与した年の㈱林田の支払手数料は、わずか四七万八二〇〇円であった。それが翌年には一挙に約七二七七万円となり、さらにその翌年には約二億四七五三万円、以降約四億三〇六三万円と増え続け、「昭和シネマ跡地」の地上げ転売のあった九一年には約一七億五四五三万円と激増、合計でなんと約二八億円にも達している。

そもそも、㈱林田は不動産取引を主要な業としている会社ではない。従って、このような多額の「手数料」は発生しないはずである。これらの支払手数料の相当部分が、稲山あるいはその分身として作った㈲オリーブらに流れていた。㈱林田と木下産業㈱グループとの間で双方代理人となり土地を転がし、その取引に㈲オリーブらいろいろな会社を立会人として登場させ、さまざまな名目で手数料を抜くというのが稲山の作風であった。ちなみに則男名義の一億七〇〇〇万円の土地の売買で、稲山の妻の実兄が経営する岡山市所在の鉄工所を立会人として、売主・買主それぞれから売買代金の一割の一七〇〇万円、合計で三四〇〇万円も抜いているようなケースすらある。なぜ、東京の土地取引で岡山の鉄工所が立会人になる必要があるのか。

このようにして稲山は、㈱林田の資産の信託を受け、それを保全・管理する立場にありながら、関係会社間に両方の代理人として入り込み、手数料や報酬名目で次々に資産を食い潰していったのである。

稲山が食い潰したのは㈱林田の資産だけではない。㈱林田の一〇〇%オーナーであった則男の個人資産をも食い潰していたことが、後の裁判の過程で明らかになった。これまたすさまじい内容である。

八五年一二月二八日から九〇年三月九日までに、則男の個人資産を管理していた稲山によって則男個人のために調達されたとされる金は、合計で約一八億七〇〇〇万円にのぼる。これらのうち大口は、八六年に木下産業㈱に個人の土地建物を売却した四億円、同年に同じく木下産業㈱から借り入れた三億八〇〇〇万円、さらに八八年に木下産業㈱に個人の土地建物を売却した四億五〇〇〇万円で、ちなみにこれらすべてにからむ木下産業㈱は前述したように、稲山が顧問弁護士としてその食い潰しに関与していた会社である。両者の間で金をぐるぐる回して食い潰していた可能性は高い。則男は、自分がなぜこのような多額の金銭を必要とするにいたったか、また実際にこのような金銭が則男のために調達されたかどうかも分からないという。もちろん、稲山から詳しい説明はなかった。

一方、則男の負債の支払は、約七億九〇〇〇万円にのぼっている。このことについても、稲山から特段の説明はなく、則男はどうしてそのような多額の支払をなさねばならないかは分かっていなかった。中でも問題なのは、八六年に、山新ステート㈱に対して、「大田区大森三丁目の土地総合開発に係る企画料」他として支払われた二億六五八二万六三〇〇円である。則男は、同年に山新ステート㈱の明和土地建物㈱に対する債務の保証人として、一億六三六一万円を支払っている。であれば、当然稲山は、山新ステート㈱に二億六五八二万六三〇〇円を支払うにあたって、一億六三六一万円を減額すべきであった。

こうした不明金が借入と支払あわせて二八億円の中に隠れており、その多くが稲山の懐ろに還流したことは想像にかたくない。稲山と闘いを開始した段階で、私が知った稲山の食い潰し金額は三〇億円を超えていた。これでも仰天すべき額ではあるが、この先調べれば調べるほど、闘いが進めば進むほど、稲山の食い潰しの額はふくれあがっていくのである。

則男を意のままに操っていた雄弁な証拠「遺言公正証書」

なぜ、このような寄生と食い潰しが可能だったのであろうか。それは稲山が則男をはじめ林田家を巧みにマインドコントロールし、㈱林田を事実上支配していたからである。それを如実に示す証拠が、稲山が自らを遺言執行者として、九〇年三月二三日付で則男に作らせた遺言公正証書である。

その遺言書は、冒頭で、まず「資産」について、

「①㈱林田などの株式はすべて妻の好子に、
②不動産は長男の宏と長女の英子に半分ずつ
③現金と預貯金・債権などの動産は妻の好子、長男の宏、長女の英子に三分の一ずつ相続させる」

とした上で、「債務」について、「妻の好子が弁済処理するよう希望」し、のべ八件、総額で九億五七八五万円を表示、そこには周到にも、「弁護士稲山信実　三億九百万円　昭和六一年二月二四日　弁護士手数料債務」が加えられている。

そして私を仰天させたのは、「弁護士・稲山信実を遺言執行者に指定。その報酬は金五億円也とする」のくだりがあったことと、その後に続く以下の文言である。

「弁護士稲山信実氏は、私の家族の財産に関する私的な事項に関しても御指導を

くださり、家族の生活費の確保、私の妻を代表者とする有限会社の設立及び同会社名義の不動産の取得並びに子供の自動車の購入及び学資、海外渡航費の調達等々、私共の受けた恩恵は、枚挙にいとまがない。

また、そもそも㈱林田の従前の株主間の紛争を円満に調整して、永年にわたる親族間の対立を解決してくださったからこそ、今日の同会社、私及び私の家族の安定した基盤が築かれたものであることを忘れることはできない。

相続人各位においては、以上の事実をあらためて深く再認識し、少なくとも㈱林田の役員の選任や重要業務の決定はもちろん、日常の事項についても全て、即ち㈱林田の管理、運営全般について弁護士稲山信実氏の御判断及び御指導を至上のものとして尊重するように望む。


こう稲山を賛美した上で、さらに遺言書は、「相続人各位に是非とも実行して貰いたい主な事項」として、

弁護士稲山信実氏と私の間で締結された「株式信託契約」と「不動産信託契約」をそのまま継続して遵守し解除しないこと。

㈱林田の役員選任に関して、弁護士稲山信実氏に候補者の推薦を委嘱し、弁護士稲山信実氏の示された候補者を選任すること。

従前より継続する取引その他の行為はもちろん、新規の取引その他の行為についても弁護士稲山信実氏の御判断をできうる限り尊重すること。

私の相続人のうち、㈱林田の取締役に就任するのが適切と思われるのは、弁護士稲山信実氏の反対なき限り、私の妻、林田好子であると思慮するが、この場合においても弁護士稲山信実氏の事前の御承認を得ない限り、代表取締役に就任しないこと。


と記されている。

この公正証書による遺言書を作成したのは、上野公証役場であって、稲山が日頃使っている銀座公証役場ではない。さすがに稲山も、顔見知りの公証役場で作成するのは恥ずかしかったのであろう。

則男によると、当時パートナーとして、大田区大森にビルを建築しようとしていた木下産業㈱側から遺言書を作るることを求められていると稲山より説明があり（木下産業㈱側がこのような遺言書の作成を求めた事実はなかった）、証人となった稲山の部下の野々山兄弟二人を引き合わされ、合計四人で上野公証役場まで行き作成した。稲山は車の中で待ち公証役場には出頭せず、作成した公正証書を則男から受け取って持ち帰り、同人の手には謄本も渡さなかったという。

この遺言書は一〇枚からなるが、相続に関するものはわずか二枚にすぎない。内容も、則男の資産を妻子ら法定相続人に相続させようとするもので、特にこの時期に作らねばならないものではなかった。真の目論見は残りの八枚に——すなわち、稲山に対する「遺言執行料五億円」と「三億九〇〇〇万円の手数料債務の確認」をさせた二枚と、稲山を大賛美した六枚とにある。この遺言書が、則男とその相続人のためではなく、もっぱら稲山のために作られたものであることは誰の目にも明らかであった。

後に稲山を相手どった裁判の中で、この「遺言書」について稲山を尋問したことがある。ニヒルな優男という外観とは大違いの、したたかでふてぶてしい悪徳弁護士の実像が窺えるので、法廷でのやりとりの一部を紹介しておこう。

内田「率直に言って、稲山弁護士の賛美ですね、ここに書いてある内容は」

稲山「賛美というか、遺言者（則男）のご意思を尊重したと、こういうことです」

内田「（遺言書中の『相続人各位においては、以上の事実をあらためて深く再認識し、少なくとも㈱林田の役員の選任や重要業務の決定はもちろん、日常の事項についても全て、即ち㈱林田の管理、運営全般について弁護士稲山信実氏の御判断及び御指導を至上のものとして尊重するように望む』を引用して）日常から㈱林田の役員やら業務やら、全部あなたがやっていたということなのですか」

稲山「違います。私の記憶では、ご本人は私に対してそういう面では何というんでしょうかね、感謝していたんだということだと思います」

内田「だって、ここに、『㈱林田の管理、運営全般について弁護士稲山信実氏の御判断及び御指導を至上のものとして尊重するように望む』と書いてあるんですよ。あなたが㈱林田をあなたの事務所の職員である野々山さん、野本さんを使って、事実上管理していたのではないですか」

稲山「ただ、これは私が作ったわけじゃありませんので、遺言者である原告が私のパートナーとして㈱林田の件に関与していただいていた佐藤広二弁護士にも御相談された上で、公証役場に行かれて、その公証人からの聞き取りの中で、何度も確認の上、ご本人の意思ということで、作られているわけですから」

内田「この遺言書はあなたのために作られているようなものではないですか。あなたの債権を確認して、あなたに遺言執行料五億円。佐藤弁護士は証人にもなっていない、遺言執行者にもなっていない、本当に佐藤弁護士が関与したんですか」

稲山「先般第二東京弁護士会に佐藤弁護士の陳述書が出ており、その旨が記載されていますので、回答をそれに代えます」

自作自演のお手盛り遺言書であるにもかかわらず、自分を善意の第三者にするべく書類を完備させている。とんでもない悪徳漢だ。言われるがままに書いてしまう則男も則男だが、こんな遺言書を依頼者に書かせる弁護士がいるとは、同業の私には信じられなかった。本来依頼者が「主」で弁護士が「従」であるべきなのに、則男と稲山ではその関係が完全に逆転している。

この遺言書は、稲山が則男を意のままに操っていたことを何よりも雄弁に物語っていた。

稲山につけこまれた則男の性格

意のままに操られる則男にも大いに問題はあったのはもちろんである。則男の余りにも頼りない性格のために、こちらは何度窮地に陥り、逆に稲山を何度利したことか。こんなこともあった。稲山に対する損害賠償請求裁判で、則男が証人尋問に立ったときのことだ。

稲山側の（代理人）弁護士は、則男がやたらと作成した領収証（百万から千万円単位のものが何枚も）と共に、一〇年以上も昔の話であるかつての則男の愛人・大川文江に対する誓約書と題する書面を持ち出してきた。稲山は㈱林田から多額の「報酬」を受け取ったが、そのうちの多くがリベートとして則男に還元されており「損害賠償」とは筋違いだという反論をするためである。

誓約書

一、金五億円也

右記の金額を昭和六〇年八月以降一年間に渡り贈与する事を誓います。

但し、両人の意志又は不慮の事故、第三者の圧力等により訣別せざるをえない場合は、その時点より有効とする。

昭和五六年六月三〇日

林田則男　印

大川文江　殿

則男はこんな書類を簡単に書いてしまうような人物なのだ。

稲山側弁護士がこの誓約書を示して、則男に尋問した。

稲山側弁護士「稲山先生や（稲山の息のかかったペーパーカンパニーである）㈲オリーブからリベートとしてもらったお金をこのような手切金に使ったでしょう」

則男「そんなことはありません。稲山から振り込まれた金は稲山の指示ですぐ引き出し、稲山のところに届けました」

稲山側弁護士「あなたは他のところでもそのように証言していますが、そんなことを信用できますか。稲山先生から領収書ももらってないんでしょう」

則男「それはその、もともと私のお金だという気持ちがありませんでしたので、領収書をもらいませんでした」

これに対して、私は、則男を再主尋問することで反撃に出た。再主尋問とは相手方の反対尋問でほころびたところを、こちらでもう一度尋問をして立て直す機会のことである。

内田「えらい古証文を持ち出されたものですが、この五億円、本当に支払ったんですか」

則男「分かりません。稲山弁護士に解決を任せていました」

内田「稲山弁護士は五億円支払ったと言ってましたか」

則男「言ってません」

内田「あなたは、五億円をあげるというこういう書類を簡単に作ってしまうのではないですか」

則男「いや、そんなことはありません」

《これだ、素直に認めればいいものを、また見栄を張って、あんたはこれまでにも稲山に言われるままに簡単に書類を作ってきたではないか》

内田「それでは遺言書を示します。この遺言書はあなたが稲山さんに言われるままに作り『稲山弁護士の判断を至上のものとして』なんて書いてあるものですが、分かりますね」

則男「はい」

内田「この遺言書の×頁、ここを見て下さい。遺言の執行料として稲山さんに五億円を支払うと書いてあるんではないんですか。あなたはこういう書類を簡単に作ってしまうんじゃないですか」

則男「いや、そんなことはありません」

《まだこんなことを言っている。質問に素直にうなずけばいいのだよ。なんと血のめぐりが悪いんだ、このおやじは！》と、腹の中で悪態をついたものだった。

こうした則男の性格が、稲山にいいようにつけこまれ、主従逆転の関係をつくってしまったのである。当初はうかつにも気付かなかったが、この〝依頼者と弁護士の主従逆転の関係〟こそが、本件の異常さであり、本件が八年にもわたる長期戦になった淵源《えんげん》でもあった。

稲山による主従逆転のマインドコントロール下にあったのは、則男にとどまらない。則男の家族ならびに彼と親密な周囲の者も同様であった。

稲山は則男と家族との関係に着目した。則男は、これまでにもいろいろと女性問題を起こし、家族を悩ませていたが、この当時も山川ユリエという女性と同居しており、時々家に帰るという生活を繰り返していた。当然、家計についても十分な手当てをしないため、則男の家族は経済的にも苦しい時期があった。稲山は則男に対する㈱林田の役員報酬の一部を割いて、これを定期的に則男の妻・好子に送って、好子ら家族の面倒をみた。このことで好子が稲山に対する感謝の気持ちを抱き、後に則男が稲山の不正に気付いた後も、なお頑なに稲山を信用する立場を崩さず、則男に敵対する原因となる。

稲山は則男の家族の気持ちを掌握する一方、他方では則男と同居していたユリエも含め、一緒にゴルフや海外旅行に行ったりして「家族ぐるみの付き合い」をしていた。稲山の妻・彩とユリエとは、互いに「彩ちゃん」「ユリちゃん」と呼び合う仲だった。稲山自身もユリエを「ユリちゃん」と呼んでいた。

八七年から毎年、アメリカ、ヨーロッパへ出かけ、国内では、伊豆、伊東、軽井沢、八ケ岳、サザンクロスゴルフ場などへ、則男、ユリエ、稲山弁護士、稲山の配下の野々山、野本らでよく行った。こうした旅行は、稲山の妻と一緒のこともあったが、他の女性、例えばクラブのホステスや稲山事務所の女性事務員と一緒のこともよくあった。稲山は一時期、女性事務員との逢瀬のためにリバーサイドに家賃三〇万円ないし四〇万円のマンションを借り、妻に見つかり大騒ぎになったこともあった。

これらの旅行の手配はすべて稲山が行ない、旅行中の費用もすべて彼が支払っていたが、それは㈱林田の金であった。ずっと後になってのことだが、㈱林田の出金伝票中にアメリカ研修費として五〇〇万円余が経費として計上されているのが発覚した。ゴルフについても同様だった。

野々山の場合は足が悪いので、ゴルフはせず、運転手として、そして夜の麻雀に付き合うために同行していた。野々山は稲山の同級生ということであったが、稲山法律事務所の事務員をするなど、稲山の執事のような役割で、稲山が自分のために作ったペーパーカンパニー㈲オリーブの代表取締役となっていた。稲山の「執事」として、夜昼となく使われていた野々山は、そのことが理由となって一時期、妻と離婚せざるを得なかったという。

弁護士と依頼者とのこのような付き合いが尋常なものでないことは、説明するまでもないであろう。

稲山の顧問解任通告に対し思いもかけぬ反撃が……

このように則男とその周囲は稲山のマインドコントロール下にあったが、則男と愛人の山川ユリエだけが、ついに稲山の作った主従逆転の関係から離脱を始める。稲山が会社のことを全く報告せず、虎の子の大森の土地は担保に入れられて、失われてしまう可能性が強くなり、さらに豊島区池袋の土地売買をめぐる裁判では敗けるやらで、さすがに則男も不安になり、しだいに稲山に不信感を持つようになったのである。

そこで、ユリエの紹介で中小企業連合会に相談、九三年四月一六日、同会の職員二人が付き添いの上で稲山に会い、同人を解任する旨を申し渡した。この申し渡しに驚いた稲山は、則男に解任を思い止まるよう必死になって説得したが、則男はそれに応じなかった。しかし、稲山という弁護士に対決するにはやはり弁護士のアドバイスが必要だということになり、たまたま私が中小企業連合会の顧問をつとめていたこともあって、同会から紹介されて則男が、わが新宿総合法律事務所を訪れたのである。

正直いって、依頼を受けた段階では、私は、稲山を甘くみて、至極単純な事件だとタカをくっていた。ところが、冒頭で紹介したように、思わぬ反撃を受け、私と則男側は緒戦で手痛い敗北を喫してしまうのである。

四月二二日、私は則男の依頼に基づき、内容証明郵便にて稲山を顧問弁護士から解任する旨の通知を発した。この文書は翌二三日、稲山宛に到着した。この文書の中で、週明けの四月二七日正午頃、一件書類の引き渡しを受けるために稲山法律事務所へ赴く旨を連絡しておいた。

四月二七日当日、私は則男とともに銀座にある稲山法律事務所を訪れた。あらかじめアポイントを取っておいたので、五階の社長室、弁護士室と書かれた部屋に通され、やがて稲山があらわれた。別段判例集や法律書が並べられているわけでもなく、あまり人の出入りのある部屋のようには見えなかった。

「何の御用でしょうか」と稲山の言葉遣いは慇懃無礼。細身で、頬と顎に髭をはやした、一見ひ弱そうで粘液質な感じの男だった。私は、なんだ、こんなガキかと思った。依頼者を犬のように飼いならし三〇億円近くを食い潰した悪党とはとても見えない。被害の額や手口からして、もっと違った感じを持っていたのだが、こんなガキなら一発脅かしてやれば、簡単に解決すると侮った。これが大きな間違いであった。

「林田則男さんから依頼を受けた弁護士の内田です」と名刺を渡して、さっそく用件に入った。

「あなたに不正があることが明らかになりましたので、解任します。㈱林田及び則男さん関係の書類をすべてお返し下さい」

「ちょっと待って下さいよ、いきなり来て、解任だなんて。不正って、社長、どういうことなんですか」とあわてた様子。

「いや、要するにあなたを信用できないから解任するっていうことですよ。則男さん、そうでしょう」と私が引き取って則男の同意を求める。うなずく則男。

「さあ、もう解任ははっきりしたんですから、書類を返して下さい」

「分かりました。返しますよ。といっても訴訟関係書類も多数ありますし、急にいますぐといっても。それに清算しなければならないものもありますしね」と今度はニヤニヤしながら稲山。

「いいですよ、じゃあ、いつ渡していただけますか」

「そうですね、連休もありますし、いろいろ整理しなくてはならないこともありますので、連休明けの五月九日にして下さい」

「連休明けですか、……随分先ですね。……まあ、いいでしょう、じゃあ五月九日にもう一度来ますから、それまでに整理しておいて下さい」

私は則男とともに引き上げた。ちょっと先に延びてしまったが、関係書類等を受け取って、それを分析し、それから稲山の責任を追及すればいいと考えていた。これが甘かった。

約束の五月九日に、同僚の外山隆一弁護士、則男とともに、約束どおり書類等の返還を受けるために稲山法律事務所を訪れた。前と同じ五階の社長室、弁護士室の表示の出ている部屋に通されると、稲山が野本弘夫、魚沼昭雄の両取締役を率いて待ち構えていた。

「約束通り、書類の返還を受けに来ました」

すると稲山が「則男さんは、四月二七日付で㈱林田の代表取締役から解任されました。㈱林田の現在の㈱林田の代表取締役はここにおられる魚沼さんです」とニヤリと言って、㈱林田の登記簿謄本を示すではないか。

たしかに登記簿謄本を見ると、そのような記載となっている。私は、そんなことがあり得るのかと、一瞬呆然としてしまった。弁護士は依頼者の信を失い解任された場合には、後は関係書類の引き渡しや清算等の問題が残るだけで、解任された弁護士が逆に依頼者である社長を会社から追放してしまうなどとは、まさか夢にも思わなかったからだ。会社の経営権をめぐっての内部争いならともかく、弁護士と依頼者との間でそのようなことがあり得るはずがなかった。ところが、稲山はその「まさか」をしたのである。私は稲山を弁護士の範疇で考えていることが間違いであることに気付かされることになった。

違法とはいえ、登記簿上は代表取締役を代えられてしまったのだから、我々の側の完敗だった。二七日付で解任というと、則男が私を介して出した解任通知が二三日に到着し、二七日に私が則男と一緒に稲山に引導を渡しに行った日である。この時点で稲山は則男を説得することをあきらめ、則男の解任へと方針転換をしたのである。

後に、稲山を相手取り裁判をいくつも起すことになるが、その中でこの則男の社長追放策謀について稲山を追及したところ、次のようなご都合主義な答えが返ってきて啞然とさせられた。

内田「あなたは取締役会を開催させ、逆に則男さんを代表取締役から追放したでしょう」

稲山「私がしたわけじゃありません」

内田「……あなたのところの事務員が取締役ですよね」

稲山「ですから、原告のご長男である宏さんや奥様である好子さんや、その他の関係者が、是非ともこういった事態に立ち至った場合には、また病気が出ちゃったからとにかく解任してやってください、どうしようもありませんお願いします、ということで。他の役員方はそれにほだされて、しょうがないでしょう、止むを得ない、ということで、則男さんを代表取締役から解任したんです」

内田「そうしますと、則男さんから解任されたときには、あなたは社長の意向に逆らったわけですね」

それまでの尋問の中では、稲山は自己の不正はすべて社長の則男のせいにし、則男が㈱林田の資産を私的に使用することについてどうして諫めなかったのかという質問に対しては、一介の弁護士としては社長の則男に逆えなかったと責任逃れに終始していた。

稲山「ですから、そういう最終的な歯止めのときには。いわゆる何と言いますか『殿ご乱心』というようなときは諫《いさ》めざるを得ないから。それはそういう形でもって、多数の方もそういう意向を示したから則男さんの解任に入ったと。取締役が解任したわけです」

弁護士は依頼者の利益のために働く。すなわち依頼者が「主」であって、弁護士はあくまでも「従」の関係になければならない。ところが、本件では、本来「主」であるべき則男・㈱林田と「従」であるべき稲山の関係が、完全に逆転していた。前述の遺言書が象徴的だが、この主従逆転は、則男が㈱林田から追放された後も、則男の妻と息子である好子・宏と稲山の間に引き継がれた。どうやら私は、緒戦の段階では、この異常な主従の逆転関係がもたらす意味をはっきりとは理解していなかったようだ。その主従逆転関係をさらに逆転させ、正常に復させないかぎり、勝利の展望はない。緒戦敗退の後も、稲山にさんざんに叩かれ、苦しい後退戦を戦うなかで、そのことを痛いほど思い知るようになった。稲山の卑劣さをなじってみたところで始まらない。ここは戦線を組みなおし、反撃に出なければならない。さっそく代表取締役・魚沼の職務執行停止と職務代行者選任の仮処分申立を行なうことにした。

第二章　反撃への準備（一九九三・六〜一九九三・八）

盟友・キツネ目の男、宮崎学が参戦

林田則男・山川ユリエ・内田弁護士・外山弁護士・金沢弁護士

宮崎　学（49歳）・グリコ・森永事件「キツネ目の男」ではないかと疑われる。内田雅敏の早大時代の学友。内田弁護士と組んで稲山と闘う。

稲山弁護士・野々山一靖・野本弘夫・魚沼昭雄・林田好子・林田宏

岩本輝夫（52歳）・稲山弁護士のイソ弁（居候弁護士）時代の先輩。稲山の依頼を受け、好子の防衛に入るが、後に稲山側の中心弁護士として内田弁護士らと対峙。

川藤繁彦（50歳）・弁護士。稲山側の弁護士として登場するが、稲山の悪事を見抜き辞任。後に第二東京弁護士会会長を務める。

小東　勲（70歳）・弁護士。稲山弁護士の師匠。稲山側の弁護士に就任するが稲山の悪事に嫌気がさし辞任。

佐藤春雄（45歳）・弁護士。小東法律事務所のイソ弁。

学生運動仲間の会合で宮崎学に再会

則男から依頼を受けた私は、本格的に稲山との闘いを始めた。しかし、その闘いは稲山側に資料も株も何もかも押さえられ、実に苦しいものであった。裁判を起こせるだけの情報を集め、共に闘ってくれる盟友がほしい。そんなとき、ある人物のことを思い出し、連絡をとった。宮崎学――履歴書風にメモれば以下のような人物である。

宮崎学、一九四五年京都のヤクザの組長の次男として生まれる。六五年早稲田大学法学部に入学後、日共系活動家として学生運動で活躍。東大闘争に際しては、日共系のゲバルト組織「あかつき行動隊」の隊長として駒場（東大教養学部）の全共闘と対峙した。その後、大学を中退、『週刊現代』の記者となったが、実家の解体業の建て直しのため京都に戻る。この頃、日本共産党を除名される。結局、解体業の建て直しは失敗に終わり、倒産。再び東京に出て、経営コンサルタント、不動産業などをする。バブル経済期には都心の地上げなどで活躍するなど、いささか荒っぽいこともし、京都時代以来、㊡にマークされる。八四年のグリコ・森永事件で、その相貌がモンタージュ写真によって手配された「キツネ目の男」にそっくりであったことから、グリコ・森永犯に擬せられる。

八四年三月一八日、江崎グリコの江崎社長が誘拐され、「かい人21面相」を名乗る犯人側から一〇億円の身代金請求があった。結局、犯人側は身代金を取ることなく、江崎社長は救出されたが、犯人側が数回にわたって警察などに挑戦的な内容の声明文を発するなどしたため、社会に大きな衝撃を与えた。劇場型犯罪という言葉も生まれた。

この「グリコ・森永事件」は社会に大きな衝撃を与えたが、その犯行の派手さにもかかわらず、人を一人も傷つけていないということで、ある種の小気味よさを感じた人も少なからずいた。

今日では、かい人21面相の狙いは、身代金の奪取ではなく、企業を脅迫し、それを新聞やテレビ等のマスコミで大々的に報道させることによって、その企業の株価を下落させることを狙ったのではないかと推理されている。つまり、身代金の要求は陽動作戦で、実は株価操作によって巨額な利益を収めようとしたというのである。

事実、脅迫されている間、グリコ、森永、丸大食品等の株は下落し続け、事件解決後、旧に復した。この間に億単位の株取引をした人物がいたという話が、関西方面のその筋の間でまことしやかに語られている。

宮崎は、後に、このときのことや組長のボンボンであった幼年時代のこと、学生運動、そして地上げ屋時代のことなどを自伝風に描いた『突破者』を出版し、一躍ベストセラー作家となり、テレビのワイドショーでコメンテーターとしても活躍するようになるが、それはまだ先の話である。

大学卒業以降、私と宮崎とは行き来がなかった。ただ、風の便りに、彼が共産党を除名されたこと、週刊誌の記者をしていることなどを噂として聞いていた。そんな宮崎と再会したのは、㈱林田の事件に首を突っ込むことになる二年前の、あるパーティーの席上であった。

かつての学生運動の仲間で、大学中退後キューバに渡り、その後ニカラグアに移り、反政府軍革命運動を支援していた瀬戸実が、ニカラグアに鍼灸師の養成所を作りたいと、その資金集めのために日本に帰ってきたときのことであった。たしか四谷の主婦会館の一室を借りての立食パーティーだったと思うが、昔の活動家仲間が集まってきた。そんな中に宮崎がいたのだが、党派的な関係からして、なぜここに宮崎がいるのだろうと、いささか奇異な感じがしないでもなかった。

久し振りに会った宮崎は、全体にふっくらとしていたが、「キツネ目の男」に似ているとして知られるようになったその風貌には、昔の面影が留められていた。昔と違っていたのは、やや太めの身体を紺のダブルに包み、堂々たる感じで、堅気の人間にはない一種独特の雰囲気を発していたことである。瀬戸からのカンパ要請に、無造作に札入れから三万円取り出して渡したのには驚かされた。宮崎との立ち話で、彼がグリコ・森永犯として疑われていたこと、その他いろいろな話をしたが、その際、バブル期に池袋で地上げをしていた話も出た。

そのときのことを思い出し、もしかすると彼が㈱林田の件について何か知っているかも知れないと思い、連絡を取った。聞くと、池袋の昭和シネマ跡地地上げについて、知っているどころか深く関わっていたことが明らかになった。以前に、宮崎から外車を乗りまわしえらく羽振りのいい弁護士がいるという話を聞いたことがあった。その当時は私には無縁な話だと気にとめていなかったのだが、それが稲山のことであったのだ。もちろん稲山のことを詳しく知っていた。

内田には「天の配剤」、稲山には「青天の霹靂」

そういう背景もあって、宮崎学に共同戦線への参加を呼掛けると、即座に応じてくれた。以後、私は宮崎からの情報を得、彼をパートナーとして稲山との闘いを開始することになる。彼の手助けがなければ、稲山との闘いを継続することは不可能であった。驚いたのは稲山である。なぜ、内田と宮崎が手を組んでいるのか不思議でならなかったろう。私と宮崎の結び付きは、まさに「天の配剤」であった。私は宮崎に感謝し、彼を信頼していた。当時、宮崎は杉並の大邸宅に住んでいた（もっとも彼の所有ではなく、競売中の建物を占拠（?）していたようだが）。当初の半年間は三日に一度くらいの割り合いで会い、互いに情報交換しながら、対稲山の作戦を練った。

夜遅くなって、事務所から帰るときに、よく宮崎の自宅宛に電話をした。すると宮崎が中野駅まで車で来て、そこから小平の自宅まで送ってくれた。途中、車の中でいろいろ打ち合わせをする。もちろん車中からもあちこち電話で連絡を取った。宮崎の車には当時としては珍しかった自動車電話が内蔵されていて、電話が繋がってからは、受話器を使わなくても車内で直接声を発して会話でき、随分と便利だった。

宮崎との車内での打ち合わせでは、よくこんなやりとりがなされた。

「内田さん、もう面倒だから稲山を殺しちゃおうぜ。あんな奴は社会のダニだ。殺しちゃったほうが社会のためだ」

「いや、待て待て、それはまずい、俺も弁護士だ、プライドもある。そのような方法でしかこの件を解決できなかったとしたら、後々悔やむ」

もちろんこれは学生運動仲間ならではの、気を許し合った遊びの会話であって、対稲山の戦略は正攻法でいくことで確認し合っていた。すなわち、㈱林田の代表権を稲山の操り人形である魚沼から、中立公平な第三者に換える↓稲山に押さえられていた資料を回収して稲山の不正を暴く↓稲山のマインドコントロール下にある則男の家族を説得↓㈱林田の支配権を本来のオーナーである則男の側に奪還する。宮崎の役割分担は、そのための情報収集と則男の防衛であった。

かくして宮崎という力強い助っ人を得て、闘いを稲山の懐深く進めれば進めるほど、まさに稲山とは、アウトローがたまたま司法試験に合格したとしかいいようのない悪徳弁護士との思いをつよくするばかりであった。

宮崎の情報によると、稲山は四六年、東京生まれ、中央大学法学部を卒業して、私より二年あとに司法試験に受かり、弁護士になっている。

私や宮崎とほぼ同世代であり、ベトナム反戦や全共闘運動で大学が熱い空気に包まれていた時代に青春を送ったはずだ。しかし、そんな得にもならないことにはそっぽを向いて将来のゼニ儲けをめざしてせっせと司法試験の勉強でもしていたのであろう。

稲山は弁護士を開業し、しばらくして、㈱林田と木下産業㈱というカネづるを見つけてから、一挙に羽振りがよくなる。これも宮崎の情報だが、東京都高額納税者の弁護士部門で八七年から三年連続一位だったという。

稲山の蓄財ぶりは、この時期から始まる豪華な暮らしが証明している。

稲山は、八八年二月、世田谷区成城の約四五坪の借地上に鉄骨・鉄筋コンクリート造りの陸屋根、地下一階付き三階建て建物、床面積（一階から三階まで）二七七平方メートル、地下一階一〇八平方メートルの豪邸を建てて住んでおり、車庫にはベントレー一台、フェラーリ一台、その他一台の、計三台の車を保有している。カーマニアで、『弁護士年鑑』の記載によれば、趣味は「クラシックカーの収集」とのことであり、これらベントレー、フェラーリ以外にも数台の外車を保有しているようである。ちなみに彼の愛車フェラーリは、フェラーリ社の一〇〇周年記念として限定生産されたもので、プレミアが付き、その道のマニアによると時価一億円を下らないという。稲山の車に対する執着は尋常ではなかったようだ。

また犬が大好きで、一時期、稲山法律事務所の用箋には犬のマークが入っていたほどである。彼の場合には好きというよりも、自分に忠実な犬しか信用していなかったのであろう。

稲山は箱根に豪華な別荘も持っている。それは鋼板屋根、地上三階地下一階建て、二階には大きなプールと、外国映画に出てくるような豪勢なもので、外観からしても数億円の費用がかかっていることが分かる。ずっと後になって、この別荘の中に入ってみたことがある。二階のプールサイドに車を引き上げるためのリフトが取り付けられているのには驚かされた。車を走らせるには車庫まで降ろさなければならないから全く意味のないものだが、プールサイドに高級外車――そんな光景に得意になっていたのであろう。いかにも稲山らしい成金趣味だ。この別荘の建築は、不動産登記簿によると、九〇年七月二五日となっており、豊島区池袋の昭和シネマ跡地の地上げに関与して以降のものであることが分かる。

顧問弁護士による㈱林田の資産の食い潰し、それはあたかも蚕が休みなく桑の葉を食い尽くしていくのと似ており、まさに「蚕食《さんしょく》」と呼ぶのがふさわしいものであった。稲山はこの十年㈱林田の仕事しかしておらず、こうした贅をきわめた生活ぶりは㈱林田の蚕食によるものにほかならなかった。

私が宮崎学という盟友を得て反撃の準備を整えている間にも、稲山はかさにかかって陰湿な追撃をしかけてきた。

まず則男を翻意させようとさまざまな工作をした。今回の稲山解任騒ぎの主役は則男でなく、則男の「愛人」であるユリエだと考え、配下の野々山らを使ってユリエの説得に乗り出す。野々山はユリエを呼び出して説得した。「いままで仲良くやってきたではないか。

これからも先生（＝稲山）と社長（＝則男）を中心にして仲良くやっていこう」と。さらにユリエと稲山夫妻とは一緒に海外旅行に行くなど親密な関係だったので、それまでも稲山の妻・彩からユリエ宛に個人的な電話もよくあったが、五月二五日、二七日と二回にわたって、彩からユリエに電話をかけさせ、争いをやめて稲山の解任を撤回すれば、また元どおりの生活になるとさかんにユリエを説得してきた。このまま争いを続ければ、何年も時間がかかり、その間生活も大変だし、いろいろ恥部も出てくるとも言った。しかし、説得が功を奏さないとみるや、今度は脅しにかかった。則男の妻・林田好子の代理人であるという岩本輝夫弁護士から、六月三日付で内容証明郵便がユリエ宛に届いた。その内容は、ユリエが、則男と好子の夫婦関係を侵害したから、五日以内に金一億円を支払えというものであった。

則男は、六年前頃から妻と別居し、ユリエと同居していたが、この間、好子からユリエに対してこのような請求は一度もなかった。則男らの生活費については、稲山から則男に対して月額四三万八〇〇〇円、ユリエに対しては同じく二三万五〇〇〇円、そして好子に対しても同じく五〇万円近くの金が支払われていた。

ところが稲山を解任したとたん、則男及びユリエに対するこの毎月の支払いが止まった。つまり、稲山は最初は則男とユリエに対して自分の解任をやめるようにと説得し、それがダメだと分かると毎月の支払いを停止し、そして最後には好子を使ってユリエに対する損害賠償請求の脅しをかけてきたのである。

妻・好子ら家族の説得に失敗

依頼者であった則男を㈱林田の代表取締役から追放するにあたっては、稲山に大義名分が必要だった。彼は則男の家族を巻き込むことによってそれを達成しようとした。今回の騒ぎの契機となった稲山弁護士解任策動の背後には、則男の愛人の山川ユリエがいると、則男の家族に言いふらした。ユリエが同和団体と組んで㈱林田の乗っ取りを図り、則男に稲山弁護士を解任させた、このままだと㈱林田はユリエの自由になり、あなた方家族は則男の愛人のユリエから生活費を支給してもらうことになりますよ、それでもいいのですかと、則男の家族に迫ったという。

林田家の家庭の事情が巧みに利用されてしまったのである。稲山にこう迫られた家族は、則男の代表取締役からの追放を支持した。

私は、則男の家族の気持ちを稲山側から取り戻さなければならないと思い、則男とともに好子のところを訪れることにした。応対したのは則男の継母・ヨシノと妻・好子だった。説明すれば理解してもらえると安易に考えていた。誰がみても、稲山の不正は一目瞭然だと思っていたのだ。しかし、この説得は失敗した。ヨシノは私の説得に対してはかばかしい反応を示さなかった。則男の父の亡くなった後に則男とは財産を分け合っており、従って則男のことについては一切発言権はないし、また発言する気もないという態度であった。稲山から余計なことを言うなと言われているような節も見られた。好子にいたっては一切しゃべらなかった。

この話し合い（というよりも私が一人でしゃべっていたのだが）の席上には、岩本弁護士という立会人がいた。弁護士が来るというので、こちらも弁護士に立ち会ってもらわなくてはと好子が呼んだという。何も交渉に来たわけではないから、弁護士の立ち会いというのも妙なものだと思ったが、岩本弁護士も事情を説明すれば稲山の不正にうなずくだろう、むしろ立ち会ってもらった方が好都合だとも思っていた。

私は岩本弁護士に向けても事情を説明した。しかし彼も何の反応もしなかった。どうもおかしい。好子のアドバイザーとして同席しているというが、よく聞いてみると稲山からの依頼だという。しかし、と岩本は続けた。「稲山からの依頼ではあるが、弁護士として独立の立場に立って判断し、もし稲山に非があれば、それはそれとして指摘する」と。結構ではないかと私は思った。「くれぐれもそうして下さいよ」とお願いして、好子のもとを去った。

ところが、この岩本弁護士は稲山から独立どころか、全くベッタリで、ある意味では共犯者だった。後のち重要な役割を演じるので、彼について簡単にふれておく。四一年栃木県生まれ。中央大学法学部卒業、七四年第二東京弁護士会登録・二六期であるから、弁護士としては私より一期先輩、二九期の稲山より三期先輩ということになる。稲山とは、彼が第二東京弁護士会所属の小東勲弁護士事務所で居候弁護士をしていた時代に、同じように稲山が後輩として入って来たという関係である。中肉中背の風采のあがらぬ風貌で、

「ああ、うう」と一分間で喋れる内容を五分間もかけて喋るさえない男であるが、他方で打たれ強いというか「ノレンに腕おし」のタイプで、稲山の共犯者として我々を悩ませることになる。

この二週間後、則男の家族、とりわけヨシノの説得を試みようと、再び好子、ヨシノらのところに向かった。今度はアポイントを取らずに出かけた。夜七時頃訪れるつもりであったが、他の仕事が長びき、結局八時過ぎとなってしまった。ちょっと遅くなってしまったな、と思いながら訪れたところ、インターホン越しに好子が応対し、ヨシノは不在だという。それならば好子にと思って話しかけるが、帰ってくれの一点張りである。またしても説得に失敗してしまった。

これらの失敗は、林田家における則男の位置についての理解が欠けていたことが大きな原因であった。想像以上に稲山は好子らの気持ちを取り込んでいたのであった。女性というか〝おばさん〟に対する稲山の取り込み方は念が入っていた。ずっと後のことだが、例えば好子が風邪で寝込んで㈱林田での取締役会を休んだときなど、さっそく見舞と称して「風邪を召されたとかで大変心配しています。早く治られてまた元気なお顔を見せていただくのを楽しみにしています」と、歯の浮くようなメッセージを付して高価な花を贈ったという。

また別なケースでは、まだ木下産業㈱の法律顧問として木下社長の信頼をつなぎとめていた時代のことだが、木下の妻が蘭の花が好きだという情報を得るや、中元と称して五万円もする高価な蘭の花を贈った。中元や歳暮など山ほど来て、なんらうれしくない木下夫人も、さすがに「稲山先生って素敵な方ねえ」と喜んだという。

息子の就職祝いと称して、仕立券付きのワイシャツ生地を一〇本贈ったという。一〇本とはあきれてしまった。

これらの贈り物の代金が㈱林田から支払われたことはもちろんである。だいたい弁護士が依頼者から受け取るのならともかく、依頼者に、しかもその妻や愛人宛に中元や歳暮を贈るなどという話は聞いたことがない。

後に稲山は私の弁護士資格の停止を目論んで懲戒請求を行なうが、このアポイントなしの訪問が、面会強要だとして、その理由の一つとした。

かくして私は則男の家族への働きかけに失敗、稲山が長年かけて構築してきた分厚いマインドコントロールの壁を、いやというほど知らされたのであった。この城壁によって稲山は堅く守られている。これを破って稲山のいる本丸を落とすのは並み大抵のことではない。これは大変な消耗戦、持久戦になるぞ、と私は暗澹《あんたん》たる思いに囚われた。

稲山の解任への報復——則男の株券を差し押えて競売

反撃準備が十分に整わないわが陣営の虚をついて、またしても稲山はとんでもない作戦に出てきた。

九三年六月初め、二通の公正証書が則男のところに特別送達で届いた。公正証書によると、則男が八六年一一月六日、㈱林田より二億五千万円を八八年一一月六日限り返済の約定で、同じく八七年三月一三日、一億円を八九年三月九日限り返済の約定で、それぞれ借り受けたことになっている。

しかし、これは前述の遺言書と同様に、すべて稲山に言われるままに則男が書類を作成したものであり、実際に金銭消費貸借の事実があったわけではなかった。また当時、則男にはそのような多額の金を必要とする事情はなかった。八六年六月四日、則男はその所有する不動産多数を四億円で木下産業㈱に売却しており（もっとも、二四頁で述べたように、この売却も稲山の関与によるものであり、則男にも詳しいことは分からなかった）、多額の金を必要とする事情はなかった。しかもその約定によると、その返済期限はとっくに過ぎているにもかかわらず、則男はこれまで一度としてその請求を受けたことはなかった。

それが突然、公正証書二通が特別送達され、その上で稲山が則男から預かっていた㈱林田の則男の持株が差し押えられたのである。そしてこの差し押えに基づいて、稲山は彼が保管していた則男の株券九万株を競売させてしまった。競落人は林田好子ということになっているが、競落代金六六四二万円を好子がどのようにして工面したかは不明であった。この競落代金の調達について、稲山は実に手の込んだ操作をしたのだが、そのことが判明するのはずっと後になってからである。

この株券に対する「差し押え」及び競売は、則男が稲山を解任したことに対する報復以外の何物でもなかった。この株券は稲山が則男との「信託契約」によって保管していたものだが、則男は稲山の解任と同時に信託契約の解除をし、稲山に株券の返還を求めていた。この返還要求に対して、稲山は株券を保管していたことによって自分は則男に報酬を要求できるとし、この報酬請求権に基づく留置権を有すると称して返還を拒んだ。その上で、自分で保管している株券を彼が事実上支配している㈱林田をして「差し押え」させたのである。

報復といえば、稲山は、五月分以降の㈱林田よりの則男に対する支払いを全面的にストップさせていた。稲山は自分に対する解任を何がなんでも阻止するためになりふり構わず、可能なことはすべてやり、則男を徹底的に痛めつけて、解任を翻意させようとした。

魚沼昭雄、野本弘夫の二人の取締役が株主でもなんでもなく、ただ名目上の取締役に過ぎないことは彼ら自身も認めているところであった。もともと彼らが則男を代表取締役から「解任」したのは会社防衛（実は稲山防衛）のためやむを得ずと言っているのだから、公正証書があるのをよいことに則男の株式に対する差し押えまでしてくるというのは、彼らのいう「防衛範囲」を明らかに逸脱していた。この点について稲山側は、則男が手持ちの株式を第三者、たとえば裏世界の人物に譲渡するおそれがあり、そうなったら大変なので差し押え、競売によって予防的に則男の手持ち株式を確保したと弁明した。しかし、当時則男は㈱林田の代表権を回復すべく仮処分申立中であったのだから、自らのよって立つ基盤の株式を処分するなどということはあり得ない。怪しげな第三者に株式の譲渡をする、これはむしろ稲山の作風であった。ずっと後に私はそのことを知るに至る。

この差し押えは、則男が㈱林田の代表取締役であるならば、起こり得ないことであった。つまり、稲山は自己に対する解任に対抗するために逆に則男を代表取締役から追放し、そのことによって可能となった差し押えによって則男の株主としての地位まで奪ってしまったのである。いわば「毒を食らわば皿まで」というものであった。

さらに、驚くべきは、稲山による則男の株主剝奪攻撃によって、かねてより稲山が㈱林田の事実上の支配から法的支配をもくろんでいて、㈱林田の株式に対してさまざまな工作をなしていたことが明らかになったことである。用意周到というか細工は流々というか。それを整理すると、以下のようになる。

◎一九八六年一〇月二四日

㈱林田の発行済株式一四万株はすべて則男が所有していたが、これを稲山に信託させる。

◎一九九二年一一月二八日

㈱林田に資金調達の必要があるとの理由から、六万株の第三者割当による新株を発行し、㈲オリーブに引き受けさせる。

稲山は、この㈲オリーブが引き受けたことによって「調達できた」金九〇〇〇万円については、「金融機関その他からの借り入れが全く期待し得ない会社の財政内容からすれば、㈲オリーブによる引き受けは干天の慈雨に等しいものであったのです」とまで言い切っている。しかし、㈱林田は、前年の九一年六月二七日に国際メタル㈱から池袋の昭和シネマ跡地地上げの転売代金五四億円を受け取っているのであり、資金的には困っていなかったはずである。

この新株発行、㈲オリーブの引き受けにより、則男の㈱林田の株式支配は一〇〇%から二〇分の一四、すなわち七割に落とされてしまった。そのことの意味について、則男に知らされなかったのはもちろんである。

なお、この㈲オリーブが振り込んだ新株払込金の出所であるが、九一年六月一九日の取締役会決議により㈲オリーブ宛に支払われた仲介手数料名義の金二億九〇〇〇万円だと思われる。つまり、稲山は㈲オリーブが仲介業務を行なっていないにもかかわらず、池袋の土地の転売について仲介業務を行なったことにして、㈱林田の金を違法に金二億九〇〇〇万円も支出させておきながら、他方で㈱林田の資金繰りが厳しいとして新株式六万株の第三者割当の発行を行ない、㈲オリーブに取得させて自己の支配下においたのである。

◎一九九三年一月一一日

則男所有の株式五万株を好子に贈与させる。この贈与を則男は承知していない。なぜ贈与の必要性があるのか。稲山は相続対策と説明するが、当時、林田家にはそのようなさし迫った事情はなかった。しかもこの贈与によって発生する贈与税七〇〇〇万円を支払ってまでする必要は全くなく、新株発行と同様、則男の株式支配率を落とすためのものである。

則男の株式支配率は、この贈与により、二〇分の九すなわち五割を切ってしまった。

◎一九九三年六月一七日

則男が㈱林田に借金をしたことにし、その返済がないのを理由に、則男所有の株九万株を㈱林田に差し押えさせ、同年七月二三日、好子に競落させる。この差し押えは、則男が稲山に対する信託契約を四月二二日付で解除し、その返還を求めたものの、これを拒み続けた上で行なったものである。

これによって則男は㈱林田の株主ですらなくなり、まさに丸裸にされて外へ放り出されてしまったのである。

稲山陣営の弁護士が辞任

すでに我々は、則男を解任して魚沼を㈱林田の代表者にしたのは無効であり、魚沼を相手として魚沼の代表者としての職務執行停止及び公平な第三者による職務代行者の選任を求めて仮処分の申し立てを行なっていた。この事件の審理の中で、稲山側の代理人団の一員の中に顔見知りの川藤繁彦弁護士がいた。彼はちょうど第二東京弁護士会の副会長の役職を終えたばかりで、受任事件が少なくなっていたところ、稲山の師匠である小東勲弁護士から代理人団の一員に加わることを要請されたという。

相手方に川藤弁護士がいることを知り、私は安心した。彼とは以前に労働事件の相手方の代理人として交渉したことがあった。会社側ではあったがその誠実な態度は信頼できた。川藤弁護士を説得すればいいと思い、審理の進行の中で、私は少しずつ彼を説得していった。そして㈱林田の決算書類等を提出するよう求めた。川藤弁護士は、稲山の抵抗にあいながらも㈱林田の経理書類を提出させた。稲山と彼のダミー会社が㈱林田から法外な手数料の支払いを受け取ったとする情報を入手できたのも、彼のおかげであった。稲山側に一切の資料を押えられて裁判を闘わねばならず苦戦を強いられていた我々にとっては、敵陣からの有り難い援助であった。また、審理を担当したのはまだ若い判事補であったが、なかなか正義感の強い裁判官で、稲山側に厳しく対応した。

一方、稲山は裁判所がどう思うなどということは眼中になかった。やがて、稲山のこのような姿勢を如実に示す驚くべき事態が起きた。仮処分事件の審理が終結に近づいた九三年八月初め頃のことだ。

裁判所が私と川藤弁護士の両代理人を呼んで、仮処分事件の判断を示す日をあらかじめ打診してきた。裁判官が言うには、この種の仮処分事件の判断を示すにあたって、その日時を事前に通告することはしないが、いまは夏季休暇中なので、判断が示されたときにそれぞれの代理人が休みに入っていては、異議申立期間等の関係もあって不都合であろう。従って、あらかじめ両代理人の休暇の予定を聞いた上で、判断を示す日を決めたいということであった。

結局、裁判所が判断を示す日は八月一九日と決められた。ところが直前の八月一六日、稲山は川藤弁護士に何ら知らせることなく、株主総会を開いたとして、本件仮処分申立事件の対象者である魚沼に代表取締役を辞任させ、新たに則男の息子・宏を代表取締役に就任させた。判断の対象者を代えてしまったのである。

裁判所は、従来の手続の延長上では判断を示すことができなくなった。これは、稲山が裁判所の判断が自己の側に不利となるだろうと考え、それを回避するために行なったことであった。裁判官もカンカンになって怒った。仮処分の事件の審理中にこのようなことをするとは、正気の沙汰ではない。裁判官に悪印象を与えることは間違いない。川藤弁護士もこれには苦り切っていた。首をうなだれるのみである。私は、川藤弁護士を激しく責め立てた。「ここまで勝手なことをされて、まだ稲山側の代理人として残るのか。辞任せよ」と。稲山は九月に入ると、八月一六日に辞任した魚沼を再び代表取締役に復帰させた。

稲山はさらに驚くべきことをした。同年九月一日、突如、妻・彩と離婚したことにし、財産分与として成城の大邸宅を妻名義に移したのだ。しかし、邸宅には従前と同様、「稲山」の表札がかけられたままで、稲山の実母も一緒に住んでいるままだった。稲山自身は住民票を箱根の別荘（この別荘にも彩の実兄名義で数千万円の抵当権を設定するという念の入れようだった）に移していたが、実際は成城で寝起きしていた。財産隠しのための「偽装離婚」であることは見え見えだった。

稲山の神経が分からなかった。このような状況下でこんなことをすれば疑われるのは明らかなのだが、彼はそんなことは気にならないのだ。人がどう思おうと、法律的に有効なことならどんなことでもしてしまう。これが「法律オタク」稲山の真骨頂だった。私にとっては稲山は初めて出会うタイプで、次々と「まさか」と思うようなことをしてくる。八年にわたる闘いの中で、私はこの「法律オタク」の戦法に、どれほど悩まされたことか。

書類上はいかに整っていようとも、稲山に不正があることは明らかであった。川藤弁護士は、その後もしばらく稲山側代理人としてとどまり、稲山の非を指摘して㈱林田から手を引くべきだと主張し、好子や宏に対しても説得を試みた。しかし、逆に私と通じているのではないかと疑われ、ついに次のような内容証明郵便による通知書を発して稲山側の代理人を辞任した。

御通知書

……稲山弁護士に対し私の解決案を示すと共に、「㈱林田および林田則男氏との全ての代理関係につき辞任すべきである」旨申し述べましたが、意を得られず同弁護士の反感を買うだけに終りました。そして、好子氏および宏氏に「稲山弁護士を解任するお考えがないかどうか」を打診して頂いておりましたが、近時に至り、残念乍ら、両氏ともその意思はないとの報に接するところとなりました。

そもそも、貴社の資産は、その全てが、則男氏および好子氏・宏氏の資産というべきであります。全ての資産は、則男氏と好子氏、宏氏に然るべき割合をもって返還されるべきであり、右訴訟事件ほかの幾つかの継続事件もその方向に向けて解決が図られるべきでありましょう。そのためには、既に則男氏の信を失った稲山弁護士が不適当であることは言うまでもありません。

問題は、幾つかの事件の個々的勝敗にあるのではなく、林田家が陥っている問題の抜本的解決にあるというべきです。私が受任しております新株発行無効請求事件は現在長く中断されたままの状態にありますが、これからも稲山弁護士が貴社および林田家に関与する限りにおいては、私が同訴訟に微力ながらもその力をつくしますことは、同弁護士の意に沿うところとなり極めて不快であるのみならず、林田家が陥っている問題の抜本的解決に役立つものでないことは明らかであります。かくては、私が、今後なお貴社代理人を継続する意義はありませんので、ここに辞任させて頂く次第です。

裁判官の「但し書」に一条の光明

稲山側には、川藤弁護士の他に小束勲弁護士、佐藤春雄弁護士、岩本輝夫弁護士がいたが、小束弁護士、佐藤弁護士も私の指摘によって稲山の不正行為を知りつつあり、この頃にはもう事実上、手を引いていた。結局、稲山側に残ったのは、岩本弁護士だけであった。しかし残念ながら川藤弁護士の辞任で稲山がこたえたわけではなかった。むしろ「うるさ型」の先輩の忠告を無視することで意図的に厄介払いをしたふしさえあった。

こうした経過をうけて、則男の解任を無効とし、魚沼に代わる代表者の選任を求める仮処分申立は、宏を相手方として改めて提起し直すことになった。この間に稲山に預けられていた則男の㈱林田の株式は、稲山側の差し押え、競売によってすべて失われてしまっていた。再度申立をした仮処分事件についての裁判所の判断が示されたのは、年が明けてからのことである。稲山側がいかに不正なことをしようと、則男はもう株主ですらないので、裁判所としても不本意ではあったが、申立を棄却する以外なかった。稲山による裁判所の判断回避のためのウルトラCは、功を奏した。

しかしながら、決定書には、主文で「本件申立をいずれも却下する」としながらも、「理由」のくだりの中に、次のような「但し書き」が書き添えられていた。

ところで、当初は、第一事件において、債権者（則男のこと）を代表取締役から解任する旨の平成五年四月二三日付け取締役会決議の有効性が争われた。関係各証拠によれば、右取締役会決議は、招集権者である債権者の招集を欠く違法な取締役会において決議されたものであることが一応認められ、保全の必要性も疎《そ》明《めい》されていたから、裁判所において、債務者魚沼の職務執行を停止し、職務代行者を選任することを予定していた。ところが、裁判所が決定をする直前に債務者魚沼が代表取締役を辞任し、本件臨時株主総会を開催し、債務者宏他二名を取締役に選任し、引き続き取締役会を開催して債務者宏を代表取締役に選任し、さらに、同年九月一日、一旦辞任した債務者魚沼昭雄を再び代表取締役に選任したものである。（中略）

稲山弁護士が、債権者の（株券）引渡請求に対しては留置権を行使しながら、執行官への占有移転に際しては留置権を主張していないこと、裁判所が裁判する直前に本件臨時総会を開催していることを考慮すれば、右の強制執行手続（則男が所有する㈱林田株券の差し押え）の申立は、債権者から株主の地位を喪失させ、競売手続において株式を買い受けたうえ、株主全員が出席した株主総会を開催し、債権者を取締役から解任すること、瑕疵ある取締役会決議により選任された債務者魚沼に対する仮処分の発令を回避する目的でなされたことは明らかである。

また、債務者会社の当時の役員構成を考えれば、強制執行の申立ては、稲山弁護士の意図に基づくものであることが明白である。解任されたとはいえ、依頼者の権利を著しく侵害するものであり、かかる稲山弁護士の行為には、重大な疑問を抱かざるを得ない。

東京地方裁判所民事第八部　裁判官　森川丈弘

このように、裁判所としては、申立を棄却しながらも、末尾のところで稲山の行為を厳しく批判した。申立を棄却しながらも、あえてこのような意見を付け加えたのは、正義感に富んだ裁判官として稲山の行為が許せなかったからであろう。

宮崎といういささか怪しげな盟友の参戦を得たとはいえ、法律オタクのガキに連戦連敗で正直いってめげていた私にとって、これは一条の光明であった。森川丈弘という、私より一回り以上は若いと思われる三十代の裁判官に、私は大いに勇気づけられた。今から思うと、この「但し書き」があったから八年間もの長丁場を闘えたのかもしれない。

ところで、この森川裁判官には六年後、大団円で再会することになる。この物語の結末が分かってしまい読者の興味をそぐことになるのでことの詳細にはふれないが、運命のめぐり合わせを感じざるを得ない。

とはいえ、金銭面でみると、法律オタク・稲山のウルトラCによって則男の持株は競落されてしまい、これによって則男は、㈱林田の代表権だけでなく株主たる地位からも追放されると共に、これまでに失った二七億八〇〇〇万円に加えて約七〇〇〇万円をさらに稲山に食い潰されてしまったのである。

第三章　いざ、反撃へ（一九九三・八～一九九五・一二）

悪徳弁護士に「除名」の鉄槌を！

林田則男・山川ユリエ・内田弁護士・外山弁護士・金沢弁護士・宮崎学

石川　猛　（50歳）・内田・宮崎の学生時代の学生運動仲間。一見ヤクザ風。

分銅京二　（48歳）・内田・宮崎の学生時代の学生運動仲間。現在は不動産を手広く扱う実業家。

森川信二　（51歳）・弁護士。学生時代は都学連委員長という偉い人。現在はややアル中気味。

加藤章二　（57歳）・弁護士。㈱昭和シネマ（永野）側弁護士として稲山と対峙。ガンに冒され手術しなければ余命一年、手術して成功すれば三年と宣告されるが、手術をせずに一年以内に稲山と決着を付けるべく闘うが、寿命が尽き勝利することができなかった。

稲山弁護士・野々山一靖・野本弘夫・魚沼昭雄・林田好子・林田宏・岩本弁護士

伊達春邦　（52歳）・弁護士。
斎藤由也　（38歳）・弁護士。
稲山の依頼を受け、岩本弁護士とともに内田弁護士らに対峙、後、録音テープ不正入手事件を知り辞任。

磐田博幸　（43歳）・稲山の配下。裁判所で内田弁護士らの声をテープ録音する。

稲山に対して懲戒請求

ここまで稲山の悪辣《あくらつ》ぶりが判明した以上、通常の裁判の勝ち負けを争うことでおさまろうはずがない。我々は、一九九三年八月一六日、彼が所属する第二東京弁護士会に対して懲戒請求の申立をすることにした。ちなみに弁護士会の懲戒処分には「戒告」「業務停止」「退会勧告」「除名」の四種類があるが、稲山の行為は最も重い「除名」に相当するものとして申立書を提出した。稲山からバッジを剝奪する、つまり二度と弁護士活動はさせないというものである。

申立の理由は、双方代理、不当な報酬の受領、解任後の依頼者に対する不誠実な対応、の三点であった。

第一の双方代理とは、稲山が事実上、木下産業㈱グループの代理人でありながら、㈱林田の代理人として、木下産業㈱グループの国際メタル㈱との間で豊島区池袋の昭和シネマ跡地の転売契約を行なったことである。稲山は売主と買主双方の代理人としてこの取引に介在した。利害相反する双方の代理人となることは、民法第一〇八条が厳に禁じているところである。利害相反する双方の代理人となった場合には、いずれか一方の利益のために他方の利益を犠牲にしなければならなくなることがあり、それでは代理人として誠実にその任を果たすことができないからである。事実、この昭和シネマ跡地の転売契約でも、売主である㈱林田が、買主である国際メタル㈱の購入代金調達のために、㈱林田の虎の子の資産である大田区大森の土地五二〇〇坪に抵当権を設定するという、およそ通常では考えられないことになっており、これは明らかに㈱林田の利益を損なうものであった。その結果、㈱林田は競売によってこの土地を失うにいたった。

このように稲山は、法の禁ずる双方代理によって、㈱林田にとって危険な取引を行ない、㈱林田に損害を被らせた。そして稲山と稲山の息のかかったペーパーカンパニーである㈲オリーブらは、報酬等の名目で一二億七〇〇〇万円以上もの大金を得たのだ。この危険な取引が、稲山らのために行なわれたことは明らかであった。これが第二の懲戒請求理由である。そもそも本件昭和シネマ跡地はいわく因縁のある土地であり、㈱林田・国際メタル㈱間の転売契約に先立つ㈾昭和シネマ（中林良夫）・㈱林田間の売買そのものに問題があったのであるから、㈱林田・国際メタル㈱間の転売契約も完結しておらず、従って稲山の言う「転売の利益」も数字上のものに過ぎず、実際にそのような利益が出たわけではなかった。ところが、稲山らは利益が出たとして莫大な報酬を取ってしまったのである。稲山がしたことは、結局のところ㈱林田の不動産を担保に入れて調達した一一五億円の一部を「転売代金」という体裁で、国際メタル㈱という企業を経由して取得した。つまり、㈱林田の不動産を現金化し、それをぐるっと回して「報酬」名目で取得してしまったのである。まことに××の仕業としか言いようがない。

第三番目の理由は、解任されてからの稲山がなした則男に対する㈱林田の代表取締役からの追放、寄託を受けていた㈱林田の株式の返還拒否とその差し押え・競売であった。

この申立によって稲山を除名に追い込めるかどうかは、正直言って自信はなかった。というのは、後にも何度も触れるように、稲山のやっていることはとんでもないのだが、依頼人を自己の側に取り込み、自分の責任を免れるように巧妙に書類を作りあげていたからである。

私がそれを最初に気付かされたのは、則男が稲山によって書かされた「会社の運営その他についての所感」と表題をつけたワープロ打ちの文書である。これを見せられて、直観的に「はは あ、これは弁護士がアリバイとして作らせたな」と思った。

会社の運営その他についての所感（抜粋）

本日、稲山信実弁護士より当社のおかれている現状やこれに対処する方策などについての御意見を受けましたが、これについて私としてもほぼ同一見解であります。しかし、その際、稲山先生の御意見についていくつか私なりの考えもありました。只今、これらについて稲山先生より所感としてまとめ、記録として残した方がよいのではないかとの御指導を受けましたので、次のとおり私の所感を述べたいと思います。

第一　大森プロジェクト計画について

これについては、当社所有の大森物件を国際メタル㈱の為に新和ファイナンスに対して担保として提供し連帯保証契約を行っていましたが、昨年、国際メタル㈱が経営危機に陥って新和ファイナンスに対して利息支払いを停止してしまうと云う当社にとって予期もしない事態が起こりました。新和ファイナンスに対する担保提供は、池袋プロジェクトを遂行する関係上行われたもので、当社は池袋所在物件を国際メタル㈱に売却することで当時多大な収益を計上することが出来た訳であります。従って、当時の状況下において、担保提供は決して当社にとって不利な条件ではなく、国際メタル㈱の経営悪化、不動産市況の低迷などが生じなければ成功裡に終わった筈であると確信しています。

新和ファイナンスからの大森物件についての競売申立を回避する方法を考える際にこれらの担保設定状況から検討すると、競売申立を回避して、任意売却などの方法で大森物件を保全することは極めて困難であると思います。不動産市況の低迷により、大森物件の価値は下落しており、大森物件を二〇〇億円以上で売却することは到底望めないからです。最悪の場合、競売の価格は金一〇〇億円を下廻ることとさえ考えられるでしょう。

以上から、私としては、大森物件はこの際断念し、競売手続による処理に任せる他ないと思うのです。

第二　池袋プロジェクト計画について

これについては、昨年末、意外にも当社敗訴の判決を受け、現在控訴中ですが、仮に当社の所有権が否定された場合には、売主である中林良夫氏に対して代金等の返還を求めていくしかないと思います。稲山先生の御尽力を期待するしかありません。

以上のとおり㈱林田の運営について私の所感を述べました。全社員一丸となって難局を乗り越えたいと思います。

平成五年二月二六日

株式会社　林田　代表取締役　林田則男

要するに、池袋の地上げ失敗、虎の子の大森の土地の競売による喪失避けがたしという事態に直面して、会社の代表者をして「不動産市況の低迷が生じなければ成功裡に終わった筈であると確信しています」と、資産を失ったのはバブルの崩壊のためでやむを得ないのだと言わせているのである。どこにこのようなことを依頼者に書かせる弁護士がいようか。この文書は稲山が自己の責任を免れる目的で則男をして作らせたアリバイ文書であることはいうまでもあるまい。

後に、仮処分手続の中で、この「所感」と一字一句違わない則男の手書きの文書が稲山側から提出された。それは稲山がこのワープロ打ちした「所感」を則男に渡し、則男の自筆でこれと一字一句違わない全く同じ文書を手書きさせ、そして則男に署名・捺印させたものであった。

稲山を相手取った裁判の中で、私はこの同じ文面のワープロ打ちと手書きの二つを示して、稲山を尋問した。すると、次のような稲山らしい言い訳が返ってきた。

内田「ワープロ打ちしたものに署名もらうだけでもいいのではないですか。どうして、わざわざ本文まで手書きさせたのですか」

稲山「どうしてと言われても、そういう文書もあれば、違う文書もある、いろいろじゃないでしょうか」

内田「（この所感は）池袋の土地が競売になって失われるとしても、これは経済情勢が変わったんだから仕方がないと、そういう内容のものですね」

稲山「原告がそう言ってましたからね。私もそう思っていましたし」

内田「大森の土地は、その前年の秋には競売申立になっているわけですね。翌年の二月の時点でどうしてこういう文書を作ったのですか。則男さんがこういう文書を作りたいと言ったわけですか」

稲山「もちろんそうです。役員会でそういう討論をして、この文書にありますように、競売も来て難局を乗り切ろうと。それで、私のほうから、仮払い、貸付金が増加していると。こういったこともあるので、こういう経営環境を徐々に考えて、一致団結していきましょうと。こういう一致団結の枠組を社長として原告が示して、これはそうしましょうねということで作られたものです」

内田「そうすると、あなたのほうでもこのような文書を作りたいと言ったわけですね」
稲山「ええ、それはちゃんと文書に残しておいたほうがいいんじゃないですかと、そう言って文書の確認をして進んでおりますから、私との間では」

前述したように、顧問弁護士として会社に与えた一〇〇億円にものぼる損失を経済情勢のせいに転嫁しようという策謀である。そのために文書でアリバイを作っておく。これが稲山の一貫した作風であった。
弁護士が業務の中で、依頼者の意向をくみ取り、文書を作成することはもちろんある。しかしその場合にも、案として示し、訂正があれば打ち直し、そこに署名をしてもらうのが通常である。ところが稲山の場合は、一字一句違わないようにわざわざ手書きをさせて後日の証拠としようとするのだ。恐ろしい弁護士である。手書きさせた後、ワープロ打ちをしたものは回収するのであるが、たまたまこの「所感」だけワープロ打ちしたものの回収を忘れていたことからこのことが明らかになった。稲山の、文書に対する執着心は、前述の遺言書など随所に出てくる。

内田・宮崎、告訴される

さて、この「所感」で触れられている池袋の昭和シネマ跡地をめぐっては、㈾昭和シネマ→中林良夫→㈱林田へと移転したことは無効だという判断が一審でなされており、㈱林田は控訴していた。前回の審理では、私は控訴人席に座って、「㈱林田の代理人は我々則男側（内田と外山）だ」と主張したが、残念ながら法手続的には「則男は社長を解任されたので代理人たりえない」という稲山の言い分が通った。

九月一〇日、東京高裁第八二一号法廷で行なわれた審理には、私は控訴人席ではなく傍聴席に陣取り、宮崎と共に〝敵情視察〟をすることになった。

まだ裁判官が入廷しておらず、訴訟関係者が傍聴席で待機している。昭和シネマ跡地の㈱林田への売買の無効を主張している㈾昭和シネマのもう一人の無限責任社員の永野側は、加藤章二弁護士、㈱林田側は岩本輝夫弁護士、稲山法律事務所の事務員で㈱林田の取締役になっている野本、同じく元稲山事務所の事務員で㈲オリーブの社長・野々山も松葉杖をついて来ている。他に㈱林田の代表取締役と称している魚沼などもいる。

則男、宮崎とともに法廷に入った私は、岩本弁護士の姿を見つけ、さっそく近づいて隣に座り、話しかける。

「今日は稲山はどうしたんだ。来ないのか」

「うん……」

「あなたはまだ稲山にくっついているのか。稲山の悪さを知りながら、このまま残っていると稲山と共犯になるよ」

「うん、それは、稲山先生は……」

「あなた、言ったじゃないか。最初に好子さんのところで会ったとき、自分は稲山弁護士から依頼されたけど、好子さんの弁護士だ、だから好子さんの側の利益のために動く、もし、好子さんと稲山弁護士の利益が相反するようになった場合は、稲山弁護士と対決しても好子さんの側の利益を守る、そう啖呵を切っただろう」

「うん、そう言ったよ」

「いまがそのときじゃないか、稲山は犯罪者だよ、㈱林田の資産を横領しているんだよ。そんなことはあなただって分かっているはずじゃないか。川藤弁護士や他の弁護士もみんな気付いたんだよ。だから手を引いたんだ。あんただけだ、残っているのは」

「いや、それは、そのう……」

横で聞いていた則男が突然立ち上がり、大声をあげて岩本弁護士に詰め寄る。

「それはそのう、じゃねえや、一体お前はどうするつもりだ。俺んとこの家族をガタガタにするつもりか」

私は岩本弁護士を諭した。

「だから、あなたね、約束を守って下さいよ。好子さんに真実を伝えて、則男さんと好子さんが話し合えるような場所を作って下さいよ」

「いや、それは、いまは……」

則男が再び大声をあげる。

「何が、いまはだ。お前は自分のやっていることが分かってるのか。いい加減にしろ」

これらのやりとりを野本、魚沼は黙って見ている。

そのとき、見知らぬ小柄な男が近づいて来て、岩本弁護士の近くに座り、様子を見ていたが、突然、彼の内ポケットのあたりでガガッという音がした。野本が慌てて手でやめさせるような合図をした。

この小柄な男は磐田といい、やはり稲山の配下の者であった。以前の法廷で、裁判官の入廷前に傍聴席にいた私は稲山に、「×××！　恥を知れ！　もうすぐ、懲戒処分が出るぞ、おまえの弁護士生命も×××」等々言ったことがあった。それで、この法廷でまた同じようなやりとりがあったならば、それを隠し録りしようとして磐田に録音機を持たせて、傍聴席で待機させていたのだ。磐田は、私達と岩本弁護士とのやりとりを録音しようとして近づいたが、録音機が突然鳴り出したので、野本が慌てたのである。

このようなやりとりを見ていた宮崎が突然立ち上がり、野本の衿首を両手でつかんで「ちょっと来い」と法廷の外、廊下へ強引に連れ出した。これはやばい、と思った私も慌てて、廊下に飛び出した。廊下では、宮崎がガラス窓に野本を押し付け、「この野郎、ふざけるな」と野本の両衿を引っ張っていた。

「宮崎、やめろ。危ない、ひっかけられる」と私は二人の間に飛び込んでいった。そこへ磐田も飛び込んで来て、「宮崎さん、何をするんですか。やめて下さい」と大声をあげる。テープに録音しようというわけである。そうこうしているうちに、磐田の持っているテープがまたガガッーと鳴り出した。私も大声をあげる。

「ああっ、お前はテープを持ってるな、テープを出せ」

そして磐田の体を捕まえる。

「先生、何をするんですか。やめて下さい」と磐田。

野々山も松葉杖をつきながら近づいて来て、「先生、やめて下さいよ」。

「何言ってんだ。テープで隠し録りしようとしやがって、テープを出せ」

そこへ裁判所の警備員が、「やめて下さい。静かにして下さい。先生、やめて下さい」

と割り込んできた。

「いや、こいつが録音テープで隠し録りをしていたんだ」

「先生、弁護士さんなんでしょう。何があったか知りませんが、とにかくやめて下さい」

ということで、この場は一応収まった。他の事件で裁判所に来ていた弁護士数人がびっくりした顔つきで、この様子を見ていた。その中には私の知り合いの弁護士もいて、いささかばつの悪い思いをした。

これらのやりとりは、私と岩本弁護士とのやりとりも含めて、すべて磐田が隠し録りしていたテープに録音されていた。後に稲山側はこの録音テープを起こし、裁判所あるいは弁護士会の懲戒委員会などに提出することになる。

テープの前半は、則男が大声をあげているのは別として、私が諭すようにして岩本弁護士に迫っている様子が録音されていたが、問題は後半であった。後半には、磐田の声で「宮崎さん、何をするんですか、やめて下さい」(もちろん、これは彼の演技だが)、そしてテープの隠し録りに気づいて、「テープを出せ」と大声をあげて怒っている私の声がばっちりと入ってしまっていた。

稲山側の挑発にひっかかってしまったのだ。後日、私は東京地検でこのいきさつを尋ねられることになり、宮崎の野本らに対する暴行の事実はない、自分はそのような事態が発生したらいけないと思って止めに入った、ところが磐田が録音テープで隠し録りをしていたことが分かったので、磐田にテープを出せと迫ったのだ、と説明したところ、「それにしても、先生はずいぶん大きな声を出されているじゃありませんか」と、取調担当検事にニヤッとされた。なかなか可愛い女性検事であった。

損害賠償請求の印紙代にも事欠く

戦争と同様、裁判闘争もまた兵糧がモノをいう。そのへんを知り抜いている稲山はさっそく則男への糧道を断ってきた。それまで㈱林田の代表取締役として支給してきた月額一〇〇万円の報酬の支払いを拒絶してきたのだ。さらに則男から預かっていた個人の預金口座も、㈱林田の則男に対する債権と称するもの（判決を取る手間を省くため、あらかじめ公正証書を作っておくという周到さであった）で差し押え、則男を無一文としてしまった。

稲山との闘いを続けるためには、当時一緒に生活していたユリエも含め、則男の生活をどう支えるかということが、大きな問題になった。

私も少しは援助した。本来、弁護士としては、そのようなことをしてはならないのであるが、「稲山と闘う」ためには仕方がなかった。宮崎もいくらか負担した。しかし、時はバブル崩壊後の不景気、宮崎自身が不渡りを出しそうな気配で金策に忙しかった。則男の親戚筋を廻り、それとなく支援の要請をしたが、はかばかしい返事は得られなかった。だいたい、則男にはさっぱり働く気がない。こんな状態に陥ったのだから、ビルの掃除でもなんでもやって自分の食い扶持くらい稼ぐのは当然だと思うが、甘やかされて育ち、親父の会社の役員は別として、また腰痛の持病もあってのことだが、これまでまともに仕事に就いたことのない人物だった（そんな人物だからこそ、稲山にいいようにやられてしまったわけだが）。大変なお荷物を背負い込んでしまったが、とにかく闘いが始まったのだから、勝利に向かって貫徹するしかなかった。

金の問題は則男の生活費だけではなかった。則男から稲山宛にさまざまな裁判を起こすのに必要な裁判費用の問題があった。弁護士費用やその他の細かなコピー代などのことではない。問題なのは、提訴にあたって訴状に貼付する印紙代だった。

例えば、則男が稲山に則男の個人資産あるいは株式の一〇〇％支配を通じて㈱林田名義で有していた資産が食い荒らされたことについて、稲山宛に損害賠償請求訴訟を起こすことにしたのだが、提訴にあたって損害賠償請求額をどうするかが問題となった。稲山によって食い荒らされた資産の合計は、一〇〇億円を下らないものであった。しかし、仮に一〇〇億円の損害賠償請求訴訟だと、貼付すべき印紙の額は何千万円ということになる。とてもそんな大金は用意できない（日本の裁判は米国などと比べて、印紙代がやたらと高い）。

そこで一〇〇億円の損害のうち、内金として一部請求の体裁をとるのだが、仮に一〇億円の内金請求だと、印紙代が三一一万七六〇〇円。これとて大金である。一億円ならば四一万七六〇〇円で、まあこれくらいならなんとかなるという金額である。

しかし、一〇〇億円の損害を被って、内金とはいえ一億円の請求ではいささか気が抜ける。稲山側から足元を見透かされかねない。なんとか無理をしてでも、一〇億円くらいは請求する体裁としたかった。そうなると、印紙代三一一万七六〇〇円をどうするかだ。頭が痛かった。

戦線強化さる——学生運動仲間の分銅京二・石川猛が参戦

細川政権のすったもんだで揺れた九三年が暮れ、稲山との闘いは早くも二年目に入った。稲山との闘いは予想以上に長引きそうだ。そうなると問題は兵糧だった。則男の生活を支えねばならない。宮崎と相談したところ、

「内田さん、分銅から金を出させようと思うのだが」

「分銅？　あのブントの分銅か。しかし、あいつは協力してくれるかな」

ブントとは新左翼の一派「共産主義者同盟」の略称で、「同盟」のドイツ語に由来している。

「バブル崩壊後も、分銅は結構手堅く金を残している。条件次第だが協力してくれると思う」

「そうか、頼んでくれるか、分銅によろしく伝えてくれ」ということになった。

やがて、宮崎から分銅と話がついた旨の連絡があった。

分銅京二――六五年早稲田大学法学部入学、在学中は「社会主義学生同盟」（ブント系）の活動家として活動、卒業後もしばらくはブントの活動家として学生運動を続けるが、七〇年代初め頃にブントが分裂したことから嫌気がさし、運動から足を洗う。一転して不動産会社に勤め、八〇年代半ば頃、仲間とともに独立して㈱分銅企画を設立、その社長に就任し、実業家の途に。学生運動仲間で唯一、実業家として成功している人物である。もっとも強気の商売を続け、住宅専門金融いわゆる住専からの借り入れ額も二〇〇億円と、上位一〇社以内に入っていた。バブル崩壊後、手持ちの土地・建物等が下落し、㈱分銅企画としても資金繰りが苦しいはずだった。しかし、なぜか分銅個人は優雅な生活をしていた。

私とは卒業以来、行き来がなかった。

久しぶりに会った分銅は学生時代と体型、面差しともほとんど変っていなかった。ただ着ているスーツは立派で、実業家然としていた。宮崎や後に紹介する石川らはみな昔に返って「おい、お前」の気さくな口調でしゃべるのに、分銅だけは終始丁寧な口調を変えなかった。

宮崎が分銅に示した案は、分銅が軍資金としていくばくかを出す。そして則男の生活に必要な費用を継続的に負担する。その代償として事件解決の際に宮崎が則男から受け取る報酬の半分を分銅に渡すというものであった。宮崎が分銅とつめてきた支援の条件がいさささか気になったが、それはそのときに考えればいいと思った。かつての学生運動仲間であるという気安さもあったのだが、考えようによっては、私も相当な「ワル」だ。ある意味では、「友情」と「ビジネス」を曖昧なままにして、ひたすら闘いを進めようとしたのであり、これが後に大きな問題を起す原因ともなるのである。

このようにして分銅は、稲山と対決するための共同チームに入ることになった。それと同時に、分銅のもとに出入りしていた、これまた早稲田の学生運動の仲間である石川猛にも協力を求めることになった。

宮崎と再会した瀬戸のパーティーに、この石川猛もいた。彼は第一次早大闘争（六五〜六六年の授業料値上げ反対闘争）の頃、文学部の活動家で、当時の大口昭彦全学共闘会議議長の懐刀的存在であった。なかなか鋭い人物というのが、当時の印象だった。闘争敗北後、大学当局から退学処分を受けたが、闘争の責任者として大口議長らとともに威力業務妨害罪などで起訴され、裁判闘争を続けていた。私もよくその法廷へ傍聴に行った。その後、他の学生運動関係者と同様、石川もいろいろあったようで、一時期は総会屋をしているという噂を聞いたことがあった。たしかに、堂々たる体軀を持ち、長髪で髭をたくわえ、弁も立つのであるから、総会屋に向いていたかもしれない。現在は不動産業をし、伊豆で温泉旅館を経営しており（もっとも、この旅館も競売にかけられてはいたが）、宮崎と同じく、堅気にはない一種独特の雰囲気を醸し出していた。

前述のパーティー会場にいた評論家の呉智英（石川と同じ早大闘争の被告団の一員で、

その後、漫画評論や「封建主義」を唱える特異な評論家となり、テレビのディベート番組などによく出演。呉智英はペンネーム）の解説によると、石川は一時期、関西で本物の看板を背負っていたという。学生運動当時は学部の違いもあって、それほど親しい関係ではなく、会えば互いに挨拶する程度であった。ところが、このパーティーからしばらくして、妙なところで石川と会うことになる。以後、㈱林田の件もあってだが、今日では石川と私は「盟友」といってよいほどの親しい関係である。

妙なところというのは、東京駅構内での催事場での営業をめぐる、ある中国人女性に関しての事件である。あるとき、H駅長を最後に国鉄を退職した神林老人が困惑しきって駆け込んで来た。聞けば、退職後、××会に天下った彼が管理している東京駅構内の催事場で店を出していた中国人女性××との間で営業上のトラブルがあり、中国人女性側の代理人である石川と称する総会屋風の男に脅かされている、とのことであった。

相談を受けた私は、石川と会って話をつけようと思った。そのときは、その石川が、先日の瀬戸のパーティーで久方ぶりに会った石川と同一人物だとは想像もしなかった。とにかく会うためのアポイントをと思って、石川と称する男に電話をした。

「当方は神林さんの代理人弁護士の内田という者で、神林さんの件で一度話したい」と申し入れた。電話に出た石川は「石川じゃ」「そうじゃ」などと横柄な態度であった。私はこれと同じ口調をどこかで、それも最近聞いたような気がした。どこでだろう？　あっ、瀬戸のパーティーだ、そうすると石川というのは、あの「ヤクザの石川か」と一瞬考えた。

「おい、石川って、あんたは早稲田の石川か」

「……うん？　あんた誰だ」

「俺か、俺はこの間の瀬戸のパーティーで会った内田だよ」

「内田？　あっ、あの弁護士の内田さんか。ハッ、ハッ、ハッ、よし、じゃあ、この件は解決だ」

後は二人で「なんだよ、おまえ、最初から言えよ」と大笑いである。

結局この件は、中国人女性の側が石川に全部の事実を話していなかったことなどもあって、石川の側に誤解もあり、その後双方が歩み寄って、円満に解決することになった。

解決に際し、石川の事務所に行ったところ、なんとそこに森川信二弁護士がいた。オウムの弁護を買ってでるなど気骨のある弁護士である。森川信二は、私が大学に入ったとき早大学生運動のリーダーで、当時再建された都学連の委員長として日韓条約反対闘争などを指導していた。小柄ながらも精悍な感じで、「……東京都学連は全学連の中核部隊として……」というような名調子のアジ演説をぶち、常にデモ隊の先頭に立って機動隊に突っ込んでいく勇敢な男だった。逮捕歴も数回あった。運動の世界では一兵卒に過ぎなかった当時の私からしてみれば、雲の上の偉い人だった。

大学卒業後、就職先がなく、しかも母親に死なれて目が醒めた私は苦しまぎれに司法試験の勉強を始めたのだが、そのとき同じ試験場に森川がいたので、一兵卒であった自分はともかく、あんな偉い人が司法試験なんか受けていていいのかなと驚いたことがある。その後、大口昭彦元早大全共闘議長も受けるなど、当時、司法試験は学生運動関係者の逃げ込み先として、格好の穴場であった。前述したように同僚の金沢弁護士も東大闘争の際の安田講堂籠城組で、逮捕・起訴され、懲役刑（執行猶予）の判決を受けたクチだ。これは先輩である葉山岳夫弁護士、糖谷秀剛弁護士など六〇年安保世代にとっても同様である。

その後数年して、森川が司法試験に合格し、前述した、大口、石川ら早大事件被告団の主任弁護人であった杉本昌純弁護士事務所にイソ弁、つまり居候弁護士として入ったのは知っていた。〝世の中狭い〟などというありきたりの表現ではなくて、結局私らが狭い人間関係の中でしか動いていないということであろう。この森川弁護士にも後に㈱林田の件ではいろいろ協力してもらうことになる。

さて、こうして宮崎学に分銅、石川が加わって何とも頼もしい対稲山共闘チームができあがった。分銅が社長をしている㈱分銅企画の本社は新宿警察署近くにあり、私の法律事務所とも近かった。そんなわけで、分銅の法律相談役であった森川信二弁護士も含めて、しばしば㈱分銅企画の社長室で会議を行なった。社長室といっても分銅用の小さな書斎風の個室で、分銅はそこから電話で社員に指令を発していた。彼の背の本棚にはレーニン、トロツキーの本も並んでおり、普通の不動産会社の社長室とは少々異なっていた。

会議が終わった後、一緒に食事をすることもあり、近くの「フグ屋」でフグをご馳走になることもあった。私は外見に似合わず酒が全く飲めないのだが、フグには目がなかった。フグが食べられるかもしれないと思うと、大事な約束でも平気で破ってしまうところがあった。

会議の席上ではついつい昔の言葉遣い――「戦略」「戦術」「総括」といった言葉が使われたり、デモやバリケード闘争や大衆団交など昔の場面での出来事が引き合いに出されたり、あるいは稲山を「反対派」にたとえることがよくされた。互いにそのような雰囲気を楽しんでいたのかも知れない。

分銅らとの会議の中で、則男の身柄の安全のことが問題となった。稲山との闘いが始まった当初、則男はユリエと一緒に亀戸のマンションに住んでいた。しかし、闘いが長期化するに従って、則男の家族対策もあって、則男をユリエと別れさせることになった。引き続き若干の生活費を援助することで、ユリエも了承した。

こうして則男は亀戸のマンションに一人で住むことになったのだが、稲山が野々山らを使って自分らの陣営に戻るようにたびたびちょっかいを出してきた。則男の身にもしものことがあったら大変だった。どんな〝バカ殿〟であったとしても、彼が亡くなってしまったら、我々の拠って立つところがなくなってしまうからだ。しかるべき筋に頼めば、人一人くらい簡単に消すことができる。分銅が「自分が稲山だったらそうするかもしれない」と言う。まさかとは思ったが、それよりも則男が稲山側から一億円ほどの金をつかまされれば、稲山側に寝返ってしまう恐れもあった。それで石川が伊豆で経営している旅館に石川の叔父というふれこみで則男を送り込むことになった。

伊豆に送り込まれた則男はしばらくはおとなしくしていたが、やがて酒を飲んでクダを巻いたり、旅館の仲居さんにちょっかいを出したりして、旅館に居づらくなってしまった。本当に困った人物だった。自分の置かれている状況、そして私らが身銭を切って生活を支えている事実を理解していたら、働く気になるのが普通の人の感覚だ。そうすれば家族の見方も違ってくるはずであった。

宮崎は当面の軍資金として一五〇〇万円を分銅から受け取った。この一五〇〇万円は、私がこれまで則男のために費やしてきた金額を清算するためとして借り出したという。しかし、宮崎は預かった一五〇〇万円を自分の借金の穴埋めとして使用してしまい、私にはそのことを伏せていた。後にこのことが発覚し、宮崎が使ってしまった一五〇〇万円について分銅、石川、そして私の三人による宮崎に対する「査問会議」が開かれるのだが、それはまだ随分先である。とにかく分銅の協力によって、則男の生活を支えるという当面の問題は一応の解決をみた。

地検に稲山を告発するも、頓挫

これほどの稲山の悪行ぶりに対して、もちろん損害賠償訴訟という民事的対抗だけですますわけにはいかない。また、懲戒請求によって業務停止か除名による制裁を加えるだけでも不十分だ。なんとしても刑事罰をもって、稲山を塀の向こう側へ落とし、懲らしめなければならない。

そこで、昭和シネマ跡地転売に絡み、九一年六月中旬稲山が㈲オリーブに全く不必要な書類だけの仲介をさせ、㈱林田から㈲オリーブ宛「仲介手数料」名義で金二億九〇〇〇万円余を支払わせたことについて、稲山と野々山一靖を背任もしくは横領の共犯容疑で、東京地方検察庁に告発することにした。告発人は則男である。本来は告訴なのだが、被害者は不必要な仲介手数料を支払わせられた㈱林田なので、則男個人としては告訴をなすことができず、やむを得ず告発とした（註・被害者が訴えるのが告訴。第三者が訴えるのが告発である）。

四月五日、この告発状をもって、私は則男とともに東京地検の特捜部を訪れた。折から特捜部は佐川急便疑獄事件で大忙しだった。応対した特捜検事は田中と名乗り、まだ四〇歳前後の検事経験十数年の生意気な男だった。連日、新聞が特捜部の活躍を報じ、週刊誌などでも特捜検事の特集がなされていたりしたので、いささか天狗になっているようだった。私の説明を面倒くさそうに聞いた。

「なにしろいま、特捜部はご承知のような事情で忙しいものですからねえ」

「よく分かります。しかしこのように悪質なケースですので、是非ともご検討下さい」

私は必死だった。田中検事に資料を示しながら、いかに稲山の行為が悪質であるか訴えた。資料を手にとってパラパラと見ていた田中検事の顔つきが一瞬変った。それは稲山の箱根の別荘の写真を見たときだった。

「こんなすごい別荘を持ってるんですか」

「そうです。『００７』の映画にでも出てきそうな豪華な別荘でしょう。別荘だけじゃないですよ。ほら、このようにフェラーリとかベントレーとかの高級外車もすごいんですよ」と、稲山の持っている高級外車の写真を示して懸命に説得する。

「稲山弁護士というのは、一体、いくつぐらいなんですか」

「いやいや、まだ若いですよ。司法研修所での期も検事さんより後ですよ」

「へえ、すごいですねえ。佐川急便が終わったらやりますか」

「いやもう、是非ともやって下さい。われわれ弁護士もこんな悪い奴を放っておけないんですよ」

こんな具合で、ようやく告発状は若干の手直しを指摘されて受理された。しかし、受理されたからといって、すぐに捜査開始となったわけではない。検察庁からの連絡はなかなか来なかった。そうこうしているうちに春も終わり、夏になってしまった。

いったいどうなっているのだ。私は焦りを覚え、いささか精神的に追い詰められていた。このままでは法律オタクの稲山に逃げきられてしまう。そうなると私を支援してくれている宮崎、分銅、石川らも、友情よりビジネスを優先させるかも知れない。裁判を取り下げて、稲山と手を打とうという動きが内部から起きないとも限らない。そしてその動きに〝バカ殿〟則男が乗ってしまうかも知れない。そうなったら最悪だ。そもそも最初から闘わなかったほうよかったなんてことになったら……。私は正直いって内心不安でならなかった。

私の焦りは、なんとか癒されることになった。九四年六月二二日、第二東京弁護士会綱紀委員会がようやく結論を下したのである。「懲戒請求」をしたのが一年前の八月一六日だからずいぶんと待たされたが、結論は「懲戒相当」。これにより、いよいよ懲戒委員会での審理が始まることとなった。よし、これでみんなで展望をもって闘えるぞ。

弁護士に対する懲戒申立は、事件の相手方などから嫌がらせ的になされる場合もある。つまり、濫訴のおそれがある。そこでまず綱紀委員会において懲戒委員会に付すべきかどうか審議して(荒ごなしをして)、懲戒相当という判断が出ると、そこではじめて懲戒委員会で本格的に審理することになる。

この綱紀委員会の決定は新聞でも大きく取り上げられた。特に毎日新聞は「**管理資産担保に一一五億円、顧問会社の土地買収代金に、弁護士懲戒処分へ**」という見出しで社会面トップで報じた。宮崎がその人脈をいかし、テレビ、週刊誌への工作をした。その結果、テレビ朝日の「サンデープロジェクト」がこれを取り上げ、箱根の別荘の写真その他、稲山の生活も含めて本件について報道した。また写真週刊誌『フライデー』も、犬を散歩させている稲山の写真などを掲載するなど見開き一頁を使い、大きく報道した。この事件はその手口といい、また被害において巨額であったため、社会的にも大きな関心を呼んだ。

この頃、東京地検特捜部にも動きが出てきた。第二東京弁護士会綱紀委員会議決書、新聞報道などの写しを持って、特捜部に今度は白浜副部長を訪ねた。白浜副部長は、特捜部としても本件につき重大な関心を持っていると答えた。「特捜は動く」と、私は確信した。

八月下旬だった。特捜部の酒井検事から電話が入った。稲山事件に関して告発人たる則男から事情聴取したいという申出に私は小躍りした。「やった、これで稲山を刑務所にブチ込める」。

しかし、不安がないでもなかった。則男が特捜部の事情聴取に対してきちんと対応できるだろうか。酒井検事は、最初に対応した生意気な感じの田中検事と異なり、若いが温厚そうな感じの検事だった。これまで刑事部にいたが、今回初めて特捜部に配属になったという。

「実は告発人の林田則男なんですが、なかなか事情聴取が困難な人物でして、ある種の心神耗弱というか……」と、私は率直に説明した。

「そうですか。しかし、そこを聞き出すのが私達の仕事でして。じっくり聞いていきますから大丈夫ですよ」

「そうですか。よろしくお願いします」

さっそく、則男を酒井検事のところに連れて行った。どんな具合だろうかと気が気ではなかった。第一日目の事情聴取は終わった。則男にどんな様子であったか尋ねると、どうも要領を得ない。彼が署名押印した書類の作成経過についていろいろ聞かれたようだが、はかばかしい返事ができなかったようだ。酒井検事に連絡してみると、とりあえず書類作成当時のことをよく思い出すようにと宿題を出して帰したとのことであった。

そんな状態が三、四回続いた後、ついに酒井検事から連絡が入った。私と会いたいという。不安な面持ちで、酒井検事のところに行くと、いきなり、「内田先生、則男さんからいろいろ聞き出そうとしているのですが、なかなか難しくて……」と言われた。

やはり不安は的中した。いろいろ則男に宿題を出して、何とか思い出してもらおうと思ったが、どうにも無理。㈱林田の現在の代表者である好子も呼んでみたが、彼女は被害者のはずなのに、稲山弁護士のことをかばう。「あなたは被害者でしょう」といっても岩本弁護士がぴったりとガードしていてダメだった。従って、則男の聴取に基づいての立件は無理。あれでは公判で弁護人の反対尋問にとても耐えられないというのである。

「でも、私どもも稲山弁護士事件について諦めたわけではありません。なんとか立件したいと思っています。告発事実以外でもなんでもいいでしょう」という酒井検事に、私は「ええ、それはもう稲山の犯罪の摘発ならなんでも……」とすがるしかなかった。

その後、特捜部は稲山に対し、㈱林田の帳簿類等の任意提出を求め、その調査に入った。酒井検事の説明によれば、特捜部の事務官の中に帳簿読みの専門家がいて、彼らがじっくりと㈱林田の帳簿類等を検討し、なんとか稲山を立件できる材料を捜し出すつもりであるという。酒井検事の熱意に賭ける以外なかった。

ところが、その後、山口敏夫元労相が逮捕され実刑判決を受けることになる都内二信組の疑獄事件が発覚、特捜部が再び騒がしくなった。さらに年を越して早々にオウム真理教の一連の事件の発生である。地下鉄サリン事件などオウム事件はその異常性、規模、件数とこれまでに類を見ないもので、特捜部検事もこの事件の捜査に駆り出され、稲山事件は完全に飛んでしまった。稲山はなんと悪運の強い奴だと、悔しかった。せっかく癒されかけた私の焦りはまたぞろぶりかえした。告訴は当面だめでも、懲戒処分にかけるしかない。それもできるだけ早くできるだけ厳しい「除名処分」が望ましい。でないと、わが方の内部がもたない……。

則男陣営の苦戦続く——宮崎学に逮捕状

せっかく懲戒委員会の審理がはじまったにもかかわらず、林田家の〝稲山崇拝〟を崩すことができず、わが陣営は苦戦が続いていたが、さらにやっかいな事態が生じた。

×月×日午前八時。この朝、宮崎学はたまたまいつもと違って早く目が覚め、散歩をかねて近所の喫茶店にコーヒーを飲みに出かけた。スポーツ新聞で競馬の記事を読みたかったのである。出かけてしばらくして、目つきの鋭い数人の男が突如、宮崎のマンションを訪れた。応対に出た宮崎のかみさんに、

「丸の内署の者ですが、学さんいらっしゃいますか」

「いまちょっと出かけてますが、どのような御用件でしょうか」

少しも動じなかった。さすがに学とともに修羅場をくぐってきただけのことはある。

「いや、大したことではないんですが。お留守ですか。それではお戻りになったら、ここにお電話下さるように、お伝え願えますか」と言って、丸の内署の刑事の名刺を渡す。

それから、家宅捜索令状を示して、

「これも仕事ですので、ご迷惑かと思いますが、ちょっと家の中を調べさせてもらいま

す」

「それって令状ですか」

手に取ってみて、

「なんですか、この暴行、傷害被疑事件というのは」

「いや、詳しいことはご主人に聞いてみて下さい。では、ちょっと失礼して」

刑事は家の中をちょこちょこと調べただけで、間もなく帰って行った。かみさんは、刑事が家宅捜索をしているときに学が帰ってくるのではないかと、気が気ではなかった。幸い、学が帰ってきたのは、刑事達が帰ってしばらくたった午前一〇時頃だった。

かみさんから事情を聴いた学は慌てた。何か押収されたものはなかったかと尋ねたところ、何もなかったという。帰ったら、電話をさせてほしいとも言われたと、刑事から受け取った名刺を渡した。宮崎は直ちに家を出ることに決めた。簡単な身支度をして、かみさんにはしばらく潜るからと言って、家を出た。途中、公衆電話から丸の内署に電話を入れたところ、担当刑事から裁判所での野本とのやりとりについて聞きたいと言われたので、いまは腰の具合が悪いのでそのうち行くからと言って電話を切った。そして私に電話をしてきた。

「もしもし、内田さん、俺、宮崎だよ。今朝、丸の内が来た。野本の件で令状を持って来たようだ」

「えっ、それはまずい。で、大丈夫だったのか」

「うん、たまたま、デカが来る直前に散歩に出ていたので、助かった」

「逮捕しに来たのは間違いないのか、弱ったなあ」

「間違いないと思う。家宅捜索令状も持ってきたようだ」

「家宅捜索も受けたのか、何か持って行かれたのか」

「いや、何も持っては行かれなかった。それで、俺はしばらく潜ろうと思うんだが」

「うん、そうだな。いまお前が捕まるのはまずい。稲山が大宣伝するだろうからな、ここはしばらく……」

「そのつもりだ。それで潜るにあたって、ちょっと金を貸してもらえないか」

「分かった、いくらくらい？」

「××万円くらい……」

「よし、どこで渡そうか。××時に、××で」

以降、宮崎は三カ月にわたって潜ることになった。私とは二日に一度くらいの割合で、深夜、新宿や高田馬場などのホテルのロビーで会って、情報交換をすることになった。もちろん、この間、丸の内署の情報を取る必要があったため、裁判所での実際のやりとり、そして稲山の違法行為などについて説明するために丸の内署に、私は数回出向いた。

丸の内署の対応は、稲山のことはいま民事でやっているのだから、警察がどうこういうことではない、ただ、裁判所での暴行、傷害事件は告訴が出ているのだから警察としても捜査はしなければならない、だから、宮崎に出てくるよう説得して下さい、といったものであった。

それから三カ月後、諸事情を判断した上で、宮崎の了解を取り付けて、彼を丸の内署に出頭させることにした。いつまでもこのような状態を続けるわけにはいかないし、逮捕・勾留されたとしても、不起訴の可能性もある。いずれにしてもどこかで決着をつけておかないと、後々まで尾を引くと考えたからであった。

出頭した日、予想通り宮崎は逮捕された。私は外山弁護士、森川弁護士らと直ちに接見活動に入り、二日後の区検への押送の際には、担当の副検事に面会し、本件の背景にある稲山問題について説明した。稲山については、すでに弁護士会の綱紀委員会で懲戒相当の処分が出て、新聞、週刊誌、テレビなどで報道もされており、現在は懲戒委員会において審理がなされていること、さらに稲山の横領犯罪等について地検の特捜部に告発しており、特捜部において捜査中であることなどを説明した。担当の副検事は、これらの説明にはかばかしい反応を示さなかった。背景は背景であり、本件の暴行、傷害被疑事件とは直接関係はないという態度であった。感触としては、これは勾留がつくことを避けられないというものであった。ところが、なぜか勾留請求もされることなく、この日、宮崎は釈放された。

宮崎の説明によると、裁判官の勾留質問を受けるために、他の被疑者とともに護送バスで裁判所に向かおうとしていたところ、突然、担当の副検事が飛び出してきて、宮崎だけを護送バスから降ろして釈放だ、と言ったというのである。おそらく特捜部と連絡を取った結果であろう。

驚いたのは、丸の内署の刑事達であった。二〇日間の勾留をつけて（他の㊭関係のことも含めて）じっくり調べようと思っていたところ、宮崎が意気揚々と帰って来て釈放だと言ったからだ。

このようにして、稲山が企てた裁判所での野本との件を利用して、宮崎そしてあわよくば私をも刑事事件に陥れようという反撃は潰れた。しかし、もとはといえば、今回の件は宮崎の裁判所での軽率な行動がもたらしたものである。後日、「お前もチンピラじゃねえだろう。つまらんことでパクられるようなドジを踏むな」と注意した。宮崎は大して反省を示す風でもなく、「㊭のデカなんか何もできやしねえよ」と不貞腐れた態度を示した。

内田宛の不当利得返還請求訴訟——法律論では分がなくとも裁判所は好意的

自民党が社会党の村山委員長を首班に担いでポスト細川の羽田内閣から政権を奪還するという国民不在の権力闘争をみせつけられた九四年が暮れ、稲山とのわが闘いは二年目に突入。年明け早々、阪神・淡路大震災が発生、不穏な年の幕明けとなった。

稲山との闘いは長期化するとともに裁判合戦の様相を呈してきた。九三年一一月、㈱林田（稲山側）より不当利得返還請求訴訟を起されていた。私が被告となっている裁判だが、「不当利得」とは穏やかではない。

最初に則男から依頼を受けたとき、大田区大森にある㈱林田の五二〇〇坪の土地の駐車場としての収入、月額約一〇〇〇万円は稲山の口座に振り込まれていた。私は稲山の解任を通告するや、すべての賃借人に対し、稲山は不正行為をしていたことが発覚して解任されたこと、今後は㈱林田代理人弁護士・内田雅敏名義の口座に賃料を支払って欲しい旨を連絡した。

その結果、九三年五月分賃料中約五〇〇〇万円が私名義の口座に入金となった。もちろん、私はこの金にはいっさい手をつけず、そのままにして保管していた。則男の生活費の一部に充当したいと思ったこともあったが我慢した。則男の追放、魚沼の㈱林田代表取締役就任によって、㈱林田の代理人に復帰した稲山がなんらかの手を打ってくることが予想されたからである。

果たせるかな、稲山は私を被告として、この五〇〇〇万円を返せと訴えてきた。法律論としては、私の側に分がなかった。しかし、㈱林田に返すということは稲山に返すことになる。応じるわけにはいかなかった。

二月某日、東京地裁六一五号法廷に外山弁護士とともに出廷した私は、法廷で稲山の不正行為について述べ、本件はそのような背景を考慮した上で判断されなければならないと主張した。

㈱林田すなわち稲山の代理人として岩本弁護士が出廷していた。下を向いて目を伏せたまま聞いていたが、やがて立ち上がり、何か言いかけた。例のアーウーの調子である。私も立ち上がり反論をしようとしたところ、隣にいた外山弁護士が突然立ち上がり、岩本弁護士をにらみつけて「悪徳弁護士には返せないということだ」と大声で叫んだ。なかなか激しい。次の裁判のために傍聴席で待機している他の弁護士達も驚いた顔をしていた。

裁判所もある程度事情が理解できているので、外山弁護士を制止もせず黙っている。岩本弁護士は黙り込んでしまった。外山弁護士とすれば、私は被告とされているのでハネさせるわけにはいかない、ここは自分がハネなければと思ったのであろう。

東映やくざ映画風にいえば、「兄貴、ここは私にまかせておいて下さい」ということであろうか。この裁判は、法律論としては私の側に分がなかったが、それでもさまざまな理屈をつけて、なんとか一年間くらいもたせた。もうこれ以上は無理だというところで、問題の約五〇〇〇万円を㈱林田（稲山側）に返したのだが、最後のところで裁判所が次のようなアドバイスをしてくれた。

「内田先生、先生は㈱林田の代表者である林田則男さんから依頼を受け、㈱林田の代理人として本件駐車場代金等を受領したのですよね」

「はい、そうですが」

「㈱林田からは弁護士費用は受け取っていたんですか」

「いいえ、受け取っていませんが」

「そうすると、先生が㈱林田の代理人であったときの弁護士費用を請求し、それを本件五〇〇〇万円の中から差し引くという考え方もできるのではないですか」

なかなか好意的である。この裁判所の好意的な態度は、稲山との闘いとして行なわれた他のさまざまな裁判――例えば、魚沼の代表取締役としての職務執行停止を求める仮処分事件など――でも随所に見られた（逆にいえば、稲山の悪事は明白であったが、法律的にはさまざまな手が打たれており、裁判所としてもそれに拘束されざるを得なかったことを意味している）。

「ええ、そういう考え方も可能だと思います。しかし、弁護士費用としてどうこうするというのは、ある意味では稲山と同じ作風となってしまう恐れがありますので、そのような主張はしません」

そんなわけで、しゃくではあったが、預かっていた約五〇〇万円をそっくりそのまま㈱林田・稲山側に返した。闘争資金を援助してくれている分銅らの盟友たち、金が出て行くばかりで不安を感じはじめている事務所の同僚や職員たちの顔が浮んだが、弁護士費用と相殺するというのは弁護士としての私の矜持が許さない。もうしばらく辛抱してくれと心の中でみんなに詫びた。

稲山の報復――内田に対して懲戒請求

第二東京弁護士会で懲戒相当の決定が出るや、稲山は報復として私に対して懲戒請求をなしてきた。本当に手数のへらない法律オタクめ。次から次へとジャブを繰り出してくる。敵ながらそのマメさにはおそれいる。

懲戒請求の理由は、私が稲山のことを「×××」と呼んで名誉を毀損したとか、マスコミを使って虚偽の報道をさせたとか、威力をもって業務妨害をしたとか多岐にわたっている。もちろん、高等裁判所の廊下で宮崎が野本の「首を締めた」件も入っている。私も共犯だというわけだ。その他にも、前述の大森の駐車場代金を保管していて返さないことを「横領」だとしていた。

「俺は稲山とは違う、一緒にするな！」と私は怒った。㈱林田の懲戒請求人は、稲山の他に好子、野本、そしてなんと岩本弁護士までも入っていた。懲戒請求人の代理人としてならともかく（伊達春邦、斎藤由也両弁護士はさすがに代理人となることは断ったようだ）、請求人本人になるとは一体何事か。

請求書を読んでみると、高裁の傍聴席で待機していたとき、私が岩本弁護士に「稲山の不正を知って、弁護士は皆逃げた。残っているのはあなただけだ。このままだと共犯になるよ」と「説得」したこと（七八頁）が、「威力業務妨害」だという。

《許せん！　稲山をやっつけた後に、必ず岩本弁護士にも落とし前をつける》と決意した。

裁判所で岩本弁護士と会う機会があったとき、私は岩本弁護士をなじった。

「懲戒請求の代理人にならともかく、請求人本人になるとは上等じゃないか。自分のやっていることが分かってるんだろうな。覚悟しとけよ！」

「いや、あれは、一応付き合いということで……」と目を伏せて、ぼそぼそっと岩本弁護士。

「付き合いだと。ふざけるな。あんたには弁護士としての矜恃はないのか！　稲山と同じなのか！　絶対に許さないからな！」

　またもや威力業務妨害ということで懲戒請求の理由として追加されるかなと思わないではなかったが、そうなっても構わなかった。

　さて、私に対する懲戒請求事件の審理だが、友人の弁護士数名が代理人として就任した。もちろん、外山弁護士も入っていた。代理人をまじえて対策会議をすることになったが、内田はいささかやり過ぎだ、戒告処分くらいは仕方がないのではという意見も出なかったわけではない。そうなったらなったの話だと私は腹をくくった。とにかく、綱紀委員会に本件の背景——稲山の不正行為をどれだけ理解させることができるかだと思った。

　綱紀委の中には、日頃の弁護士会の委員会活動の中で親しくしている弁護士がかなりいた。その点では稲山とは全く違う。綱紀委員による事情聴取に際しては、代理人である友人弁護士から「俺達がきちんとやるから、お前はあまりしゃべるな」と釘を刺された。

　弁護団からの注文はもう一つあった。それは、宮崎との関係についてである。稲山はその懲戒請求書の中で、宮崎を「事件屋」と位置付け、内田はその「事件屋」と組んで則男をそそのかし、稲山を解任させ、㈱林田を乗っ取ろうとしていると主張していた。弁護団は、私に宮崎との関係を希薄にせよと求めた。宮崎を連れて来たのは則男であり、たまたまそこで出会ったことにしろ、と。

　宮崎の仕事の一部に不透明な部分があったことは確かであり、また彼がその筋の人間と接点があることも事実であった。しかしそれは、宮崎の生い立ちからのものであり、彼はヤクザでもなんでもないと私は確信していた。

私は反論した。――それは事実に反する。宮崎を連れて来たのは自分だ。則男はなにも分かっておらず、資料も全くなかった。宮崎の情報があったから、ここまで闘ってこられた。稲山も、なぜ内田と宮崎が共闘してと不思議に思ったに違いない。私と宮崎が友人であったこと、それが稲山の誤算であった。私と宮崎、それは天の「配剤」だ、と。

私は宮崎を信頼していた。かつて、党派的には異なっていたとしても、ともに社会変革を志し、同時代を生きた信頼感があった。それを宮崎なんて知らなかったなどと言うことはできなかった。

たまたま偶然ではあったが、私を支えることになった懲戒事件の弁護団は全員が東大法学部の出身者であった。彼らの友人関係と私学出身の私の友人関係は、はっきりと違っていた。前者の友人関係は官僚や大企業の社員が多く、いわば均質化されたものだ。しかし、私の友人関係はさまざまであった。一匹狼的実業家、マスコミ・出版関係者、労働組合専従者、自由業、そして宮崎や石川のように若干アンダーグラウンドの世界とも接点のある者など千差万別であった。私の交遊関係の広さには、日頃からわが事務所の東大出の外山弁護士らは感嘆していた。

結局は外山弁護士の「分かった、内田さんが宮崎さんとの関係を大切にする気持ちを尊重しよう」という言葉で決着がついた。

綱紀委員の事情聴取では、稲山の不正行為についてはともかく、どうしてそこまで追及するのかというような質問がなされた。

「法廷で稲山のことを詐欺師と叫んだと言っていますが、どうなんですか」

「いや、そんなことは言ってません。『恥を知れ!』と言っただけです」といった具合に答弁した。弁護団は、私が「言いました。だって本当に詐欺師なんだから仕方ないでしょう」などと言い出すのではないかと冷や冷やしていたようである。

綱紀委員としても、内心ではたぶん「詐欺師」と叫んだだろうと思ったかも知れない。しかし、私が否定したので、その言をそのまま採用した。結局、事情聴取は一回で終わり、東京弁護士会綱紀委員会は「懲戒不相当」と決定した。

このように私に対する懲戒請求については審理が始まってから約半年間、東京弁護士会綱紀委員会としては実にスピーディーに決定をなした。これに反して、稲山に対するそれについては、第二東京弁護士会綱紀委員会は、稲山に懲戒相当の決定を出すまでに約一年半もかかった。請求人としては長すぎると言わざるをえない。

私に対する懲戒請求、審査の結果は「シロ」と判定されたのに、それより六カ月も前に提出している稲山への懲戒請求はまだ結論が出ていない。どうなっているのだ。私は危機感を募らせていた。このままでは展望が見えてこない。

×月×日(月)午後一時頃、その前週に行なわれた第二東京弁護士会懲戒委員会での稲山懲戒事件審理の進行状況を尋ねるため、二弁の懲戒委員会担当の三田弘好事務局次長を訪れた。

応対した三田次長は、私を事務局近くの小部屋に案内した。

「どうでしたか。稲山事件の審理は進みましたか。そろそろ、結論は出そうですか」

「いや、先週はまだ、担当委員からの起案が全部はできておらず、十分な審議はできませんでした」

「ええっ！　まだそんな状態なの。懲戒委員会にかかってから、もうすでに二年以上経っているのに？　こんなに時間がかかっていたら、本来の懲戒制度の目的を達し得ないじゃないですか」

「先生、そんなことを私に言ってもらっても困りますよ。懲戒委員会も大変なんですよ。もともと、委員会は毎月二回、第二第四金曜日に開かれるのですが、事件が結構多いんですよ」

「そんなに事件が多いの。いま何件くらいかかっているの」

「八件ですね。ですからもう時間がとても足らないんですよ」

「八件も。それは大変だ。それで月二回程度の審理じゃ追いつかないや。どうしてそんなに多いの。もともと懲戒委員会制度は、そんなに懲戒事件が多いことを予定してないものだよね」

「そうですよ。問題ある弁護士さんが結構多いということじゃないですかね。東弁だって結構いますよ」

「そうですか。……ま、とにかく早く審理して結論を出していただかなくては、稲山に㈱林田の財産がどんどん食われてしまう。この事件はまだ現在進行中なんですよ。あとどのくらいかかりますかね。それと、どうですか、重い処分が出そうですか。こちらとしては、単なる業務停止程度では負けなんですよ」

「結構厳しいかもしれませんが、まだ今日出たばかりで、承認されたわけではありませんが、事実認定の一部についての案ですが、お見せしましょうか」

三田次長はいったん席を立って部屋から出て行き、やがて懲戒委員会で配られた資料の一部を持って来て、私に見せた。それは懲戒議決書中の事実認定に対する部分の原稿であった。一瞬、こんなものを見せてもらってしまって大丈夫かなと考えたが、しかしその中身を見たいという誘惑には勝てず、手にとって読んでみた。

事実認定としては、稲山の財産管理義務違反、解任後の則男に対する背信的行為など、結構厳しい内容のものであった。原稿を三田次長に戻し、くれぐれも早く結論を出してくれるよう要請して、二弁事務局を去った。

三田次長にもついもらしてしまったが、単なる業務停止では、こちらの負けだと私は思っていた。稲山は名を捨てても実をとる男である。㈱林田をとことん食い潰せるなら、一、二年間の業務停止など痛くもかゆくもないはずだ。一方、そうなれば、わが方は、展望を失って対稲山の結束がくずれ、場合によっては稲山との和解に走るものが内部からでるかもしれない。私はそんな不安を抱いていた。いたずらに時間ばかりがすぎてゆき、先の展望が見えなくなっていた。時々、とんでもない筋の悪い事件をつかんでしまったと思い悩むことさえある。

かつて母校の早稲田大学の学費値上げ反対闘争でも経験したが、展望が見えなくなると昨日まであれほどいた〝闘う仲間たち〟が引いていってしまう。早くしないとわが対稲山共同戦線が瓦解する。そうならないためには一日も早く懲戒請求の結論を出してほしい。それも最も厳しい除名処分を。とにかく、三田次長が見せてくれた資料の、稲山にとって厳しい内容に、望みをつなげることにした。

第四章　被害者同盟の成立と内部分裂の危機（一九九六・一〜一九九六・一二）

林田則男・山川ユリエ・内田弁護士・外山弁護士・金沢弁護士・石川猛・分銅京二・森川弁護士・宮崎学

木下拓弥　（62歳）・木下産業㈱社長。稲山と最後まで闘うと決意。

大河内睦　（52歳）・弁護士。木下産業㈱の顧問弁護士。

三田弘好　（50歳）・第二東京弁護士会事務局次長。稲山側に買収され、懲戒委員会議事録音テープを流し懲戒免職。

稲山弁護士・野々山一靖・野本弘夫・魚沼昭雄・林田好子・林田宏・岩本弁護士・伊達弁護士・斎藤弁護士・磐田博幸

山村芳紀　（42歳）・弁護士。亡くなった加藤章二弁護士の後任として、㈾昭和シネマの代理人に就任し、稲山弁護士と手打。

八幡雄治　（53歳）・D銀行麴町支店、三十数億円不正融資事件で起訴され有罪、服役出所後、宮崎と組んで、稲山と内田の和解を画策する（内田の抵抗にあって不首尾）。

木下産業㈱・木下社長の側面援助

さてオウムで揺れに揺れた一九九五年が去り、九六年。稲山とのバトルも三年目に突入した。年頭恒例の国立競技場ラグビー観戦は、久し振りにわが母校・早稲田と明治の伝統の一戦を楽しむことができた。早稲田は暮れの対抗戦で明治を破っているので大いに期待がもてたが、フタを明けてみると、9対43。なんと1トライもできず、決戦史上二番目という大差負けであった。稲山との闘いもこんなことにならないように気を引き締めなければならない。

一月に橋本内閣が成立、「住専」問題が議論の俎上にあがり、ようやくバブルの処理が国民的議論になる。しかし、あまりにも遅すぎる。このままでは日本全体がとんでもないことになる。バブルを象徴する稲山の事件に追われながら、つくづくそう感じざるをえなかった。

稲山との闘いが長期化し、膠着化する中、当方陣営の全員がそれぞれの立場でいらいらを募らせていた。そんな中で、私は、稲山のもう一方の被害者である木下産業㈱・木下社長との連携を模索していた。

もう一度、我々と稲山と木下産業㈱の三者の関係をおさらいをしておくと、以下のようになる。

㈱林田の顧問弁護士でもある稲山は、昭和シネマ跡地をめぐって、まず㈱林田に約三〇億円で買い取らせ、それを同じく稲山が顧問をつとめる国際メタル㈱に約九五億円で転売。そもそもこれは「双方代理」という違法行為であった。この取引のために、稲山は㈱林田の虎の子である大森の五二〇〇坪の土地を国際メタル㈱のために担保に入れる一方、国際メタル㈱はこれをもとに新和ファイナンスから一一五億円を借り入れ、この中から約九五億円を㈱林田に支払った。ところが、㈱林田と昭和シネマとの取引が㈾昭和シネマの無限責任社員二人のうちの一人の社員だけとの取引だったため、もう一人の無限責任社員・永野仁から売買無効の裁判が起こされてしまった。

一方、木下産業㈱側は稲山の息のかかった国際メタル㈱不動産部門の社員によって数十億円もの資産を横領されてしまった。そこで、稲山らを相手どって総額三億四〇〇〇万円にのぼる民事訴訟を起こしていた。

片やわが則男側は、稲山に対して、㈱林田の株式を差し押え、競売によって奪われたことによる一〇億円（内金請求）の損害賠償請求などの民事訴訟を起こしていた。

しかし、こすっからい稲山のことだから、巧妙な資産隠しをしており、裁判に勝っても実際にカネが取れるかどうかは分からなかった。

そんな事情もあり、木下産業㈱とわが則男陣営は、ともに稲山を相手に闘ってはいたのだが、両者には必ずしも「稲山の敵は我が方の味方」とはならない事情があった。とりわけ宮崎・石川・分銅らにとっては、〝分け前〟がへるおそれもある。裁判をふくめて別個に闘いを進め、稲山に奪われた資産をできるだけ取り戻す――これが第一義であって、共闘は組みにくい関係にあった。

ところが、私と木下産業㈱の木下社長との間には、互いに知り合うようになってから、カネを超えて稲山をやっつけたいという強固な連帯感が生まれるようになっていた。

そもそも私との間をつないでくれたのは宮崎だったが、木下社長は稲山を懲らしめたいという私の情熱に共感し、側面援助を約束してくれた。もっともありがたかったのは、後述するような仕事の発注である。前にも述べたが、無一文で働く気のない則男を抱え、友人たちに資金援助をしてもらってきたが、損害賠償の印紙代にも事欠き、本来は一〇〇億円の請求額を内金請求として一〇億円に「値下げ」する始末であった。

火災保険金請求

×月×日、東京地裁第一六民事部和解室、木下産業㈱対山田火災、火災保険請求事件の和解兼弁論期日。

二年ほど前の暮れ、福島県飯坂温泉の山木旅館で火災が生じ、宿泊客七名が死亡するという事件があった。この山木旅館は経営難から数年前に木下産業㈱から資金援助を受けており、木下産業㈱が同旅館のオーナーになっていた。私は、木下産業㈱から山田火災に対する火災保険金の請求訴訟を行なう依頼を受けた。

山木旅館は、旅館業を営むものとして人身保険と火災保険に加入していたが、人身保険については契約者の東京海上火災保険が比較的速やかに死亡保険金を払ってくれ、遺族との間で示談を成立させることができた。ところが火災保険金七億円については、契約者である山田火災海上保険は様々な口実を作ってなかなか払おうとしなかった。曰く、保険契約の内容と現実の建物との間に不一致があり、これを照合し、確認してからでないと支払えない、火災後なお建物の一部が残っており全焼とはいえない、等々である。

前者については、この種の旅館は増築に増築を重ねているのであり、保険金については保険会社の代理店が現場を見て一覧表を作成し、保険契約をさせるのであるから、細かな点では契約内容と実際の建物の現状とが一致しない部分が出てくることは、ままある。旅館側としては、保険会社の代理店の査定によって長年にわたって保険料を払ってきたのであるから、火災が発生した場合に建物の現状が保険契約の内容と異なると指摘されても困るのである。また、全焼かどうかについても、確かに火災によって建物が完全には焼け落ちていないにしても、その残った建物、柱等を利用して建物を再築することは不可能である。柱が残っていたとしても火が通ってしまっているのであるから、もはや使用できないことは常識で分かる。現に、消防署では全焼という認定をしている。

ところが山田火災側は、この点についても鑑定する必要があるとして、露骨な裁判の引き延ばしを図ろうとしてきた。山田火災側は、どうもこの火災事故について保険金詐取を目的とした放火の疑いを持っているようだった。しかし、裁判の場では表立ってそういうことは言うことができないので、時間稼ぎを狙っているようだった。警察の捜査の結果、旅館側は失火責任を問われた事実はあるが、放火などとはとんでもない言いがかりであった。

火災保険会社がこうまで金の支払いを渋るとは思わなかった。とにかく難癖をつけて時間延ばしである。保険金が出ないので現場の跡片付けも十分にはできず、焼け残った建物の一部がそのままに放置されていた。地元の旅館組合からも早く撤去して欲しいという要請があった。

裁判では、山田火災側の弁護士と私との間で怒鳴り合いの喧嘩である。

「焼けたといっても柱などが残っている部分もあり、全焼といえるかどうか鑑定してみる必要がある」

「裁判の引き延ばしを止めろ！　早く保険金を支払え、こういうときのための火災保険契約ではないか」

ついに業をにやして、木下産業㈱側は、焼け残った建物に、

「山田火災は保険金を支払え　保険金を支払わない山田火災の保険に入っても無意味です」

というタレ幕を吊るした。

裁判の場で山田火災の代理人がこれを撮った写真を示し、直ちに撤去してくれとクレームをつけてきた。山田火災の代理人としては、私が当然応ずるものと思ったようだ。

「私がやらせているのではないから、私に言われても困りますよ。大体お宅が鑑定だとかなんとか言って露骨な引き延ばしをしているからこういうことになるのだ」

と突っぱねた。山田火災の代理人は私のこの対応にびっくりしたようだ。今度は裁判官に止めさせてくれと泣きついた。

これを受けて裁判官も、一応は私に対してタレ幕を外したらどうかと打診してきた。しかし、私はこれを拒否した。そして逆に、山田火災側の不誠実さを指摘した。またそこで山田火災側の代理人と喧嘩である。途中で裁判官が割って入る。

「まあまあ、お二人とも抑えて抑えて、お二人が喧嘩するのはすべて私が悪いのですから」と茶化し、双方の緊張を解こうとする。なかなか変わった裁判官である。あるとき、山田火災の露骨な引き延ばしに抗議し、私が裁判を早期に進めるために、争点整理表を作成して裁判官に示し、この整理によって早急に証拠調べをして裁判所の判断を示して欲しいと迫ったことがあった。この整理表を見て裁判官は、

「争点整理表ですか。格好いいですね。本来、裁判所で作らなくてはいけないものですが、作っていただいてしまいまして」と愛想を言い、さらに、

「この裁判では原告側は山田火災を相手に横綱相撲をしていますよ」と付け加えた。このようにして私は裁判官のケツを叩きながら山田火災を追いつめていき、暮れのギリギリになって全体で五億二〇〇〇万の保険金を支払わせることで、和解を成立させた。

この件についてはかなり効率よく相手を追いつめることができたのであるが、それは私が必死だったからである。必死だったのは、保険金が支払われないから火災現場が放置されているということだけではなかった。この件は、裁判の対象となっている請求額が数億

円という高額なものであるから、解決した際には弁護士としてもかなりの額の報酬を請求することができるからである。和解によって五億円余りの保険金を支払わせたことから、木下産業㈱から一〇〇〇万円の報酬が支払われた。この報酬額は弁護士会の報酬基準額の半分であったが、私としては全く異論はなかった。これによって、随分事務所の経営が助かったのである。

前述した悪徳弁護士稲山との闘いを遂行するにあたって、私の事務所の経営を考慮して、木下産業㈱の木下社長がこのような効率のよい事件を回してくれるのは、強力な援護射撃でもあった。

宮崎、稲山との和解を画策、内部大いに混乱す

木下産業㈱の木下社長の心強い援護射撃がある一方で、わが学生運動仲間の同盟に隙間風が吹き始めていた。すでに分裂を予兆させる事件が起きていた。宮崎学がからんだ「高級美術品」遺失事件である。

私の依頼者の一人に、神奈川県藤沢市で会社経営をしているK氏がいた。彼はこれまでにも、よからぬ連中に欺され、あるいは高利の金に手を出すなどして会社の経営が苦しかったが、九五年暮れ頃には破産状態に追い込まれていた。

当然、債権者から厳しい督促を受けていたが、その中でも池袋に本店を置く××企画からの督促は厳しかった。ついに彼らはK社長の自宅玄関前に車を乗り入れ、そこでK社長

の動きを終日監視するという挙に出た。つまりK社長夫妻は、彼らによって軟禁状態に置かれてしまったのである。

相談を受けた私は考えた。彼らと交渉し、K社長を救出しなければならない。しかし、彼らと交渉するにあたっては、多少なりとも借金の返済について具体的な話を持っていかなければならない。ところが、この具体的解決案は全く出なかった。とにかく身体の安全の確保が第一で、このまま放置したらK社長は自殺すらしかねなかった。

そこで、その筋に詳しいという宮崎に相談したところ、宮崎は「すぐにでも、こちらから実力行使をしなければならない」と言った。そこで「兵隊」を用意し、夜半に車三台でK邸に向かった。K社長の息子二人、私、宮崎とその他宮崎の集めた兵隊四人の総勢八人であった。K邸に着くと、まず兵隊達が監視部隊を制圧した。監視部隊といっても、相手は二人だけであったので、全く抵抗することはできなかった。直ちに邸内に入り、K夫妻に場所を移ることを提案した。夫妻は連日の支払いの督促と軟禁状態で憔悴しきっていたが、脱出の件を事前に電話で連絡してあったので、身支度をして待っていた。

監視部隊側の応援が駆けつけると厄介だからと迅速に行動した。K夫妻を邸内から連れ出し、あらかじめ用意した車に乗せて都内に向けて車を走らせた。この間、監視部隊のメンバーは「Kさん、どこへ行くのか」などと大声を出したが、こちら側の兵隊によって制圧されているため、車の外に出ることすらできなかった。

脱出したK夫妻はとりあえず、宮崎の自宅にかくまってもらうことにして、落ち着いてから、どこか安いアパートでも借りるつもりであった。K夫妻は私と宮崎に盛んに感謝の気持ちを述べた。

こちらの方が数で勝ってはいたが、相手はヤクザ、何らかの抵抗をするだろうということは覚悟していた。しかし、彼らは言葉のやりとりは別として物理的な抵抗は全く断念したので、ひそかに彼らの身の上を心配したほどであった。K夫妻軟禁の任務を果たせず、後で組からリンチを受けたり、指を詰めさせられたりしないであろうか。翌日の朝刊の社会面の片隅に、彼らが所属している同じ組の者が射殺死体で発見されたベタ記事が載っており、一瞬冷やっとした。

K夫妻の自宅にはルノアールの絵や鼈甲細工の亀の置物（購入時の値段は約七〇〇万円であったという）などがあり、その一部を脱出の際に持ち出していたが、これらを換金して、K夫妻の当面の生活費を捻出しようということになった。宮崎が翌日の夜、前日と同じように兵隊を連れ、再びK邸に行き、残されていた絵数枚を持ち帰った。

問題はここからであった。持ち出した絵、置物の換金作業を宮崎が担当することになったのだが、彼は絵や置物を持って行ったきりで、いっこうに代金を持って来ないのだ。

この点について宮崎にたびたび問い合わせをした。そのつど彼は、いまやっているからと答えていたが、しばらくして

「内田さん、Kさんのあの絵のことだが、全部偽物だったよ」

「そうか、それは仕方のないことだな。しかし、それなら絵は返してもらってくれよ」

「うん、分かった」

K社長が集めたという絵の真贋については、私もあまり信用しておらず、偽物の可能性は大いにあり得ると考えていたので、宮崎の回答はそれほど意外でもなかった。

ところが、その後も宮崎はこの本物でなかったという絵や置物をいっこうに返さなかった。いろいろ問い質してみると、どうも彼自身の借財絡みで浅草のヤクザ者のところに沈めてしまったようである。

紹介した手前、責任もあるので、宮崎に会うたびにこの絵のことを持ち出した。しかし宮崎は、いつまでたってもこの絵をK社長に返還しない。

ずっと後になって、宮崎が自伝的な内容の『突破者』を出版し、一躍ベストセラーとなったが、この本を読んだとき、随所にK社長の絵のようなケースがあるのを知って、思わず〝ここに絵画事件の原型がある〟とつぶやいてしまった。

宮崎には、『突破者』の印税がかなり入ったはずであった。印税の中から一部でもK社長に返すよう繰り返し求めた。宮崎は「そうだなあ、少しでもな」と言うきりで、いっこうに履行しなかった（その後五〇万円ずつ三回、合計一五〇万円持って来た）。宮崎の印税については、他の債権者も狙っているので、彼としては督促の厳しいその筋を優先させているようであった。

彼らの取り立ては厳しく、宮崎が「キツネ目の男」としてテレビのワイドショーに出演しているところにも押しかけて、そのため宮崎が裏口から逃げ出すといったようなドタバタもあったようだ。

傑作なのは石川猛で、逃げ回っている宮崎を捕まえようとしていたところ、たまたま新聞のテレビ欄で宮崎がワイドショーに出演するのを見つけ、「それっ」とばかりにテレビ局に押しかけたところ、宮崎の出演は生ではなく、録画であったという。

とにかく、宮崎はあちこちに不義理をし、その筋からも追いかけられているのだが、妙に人なつっこいところがあり、憎めない男であった。これも「組長のボンボン」という育ちの良さのせいであろうか。

宮崎の協力を求めたことは、対稲山の関係だけでなく、前述したK社長のケースなど他にもあった。浅草のある靴屋の倒産に絡んで債権者集会にヤクザが来そうだという情報があり、彼の協力を求めた。宮崎に、彼の「身内」を二人ほど連れて来てもらって、彼らに受付をやってもらった。結局、ヤクザは来ず、債権者集会は順調に進んだのだが、「おいおい」というような場面があった。受付付近で私と話をしていた宮崎がタバコをくわえたところ、受付にいた彼の「身内」がさっとライターを出し、タバコに火を付けた。その動作があまりに決まりすぎていたので、私は慌てた。「おいおい、ここではそういうことはやめてくれよ」と。

美術品の着服事件はまだ許せたが、やがて笑ってはすまされない事件が起きた。長期化すると起きるかもしれないとかねてから危惧していた事件が、ついに起きてしまった。対稲山共同戦線から宮崎が離脱を始めたのである。

九六年八月某日夜八時頃、宮崎から自宅に電話があった。自動車電話らしい。大事な話があるから、これから会いたいとのこと。自宅近くまで来るという。近所のファミリーレストランで会うことにした。

「昭和シネマの地上げにからんだD銀行麴町支店不正融資事件の被告だった八幡雄治が、府中を出所してきたんだよ。あいつが稲山には貸しがあるといって、稲山の所に乗り込むことになっている。稲山も八幡の言うことだけは聞かなけりゃならない立場にある。借りがあるんだよ、八幡に。それで八幡が乗り込んだ際に、ついでに林田の件も決着をつけてもらうことにしようよ。八幡にはもう話はしてある。稲山から二～三億円出させて、それで手打ちとしよう」

以前、宮崎は、八幡雄治がパクられた後、八幡の後を継いで、豊島区池袋の昭和シネマの地上げを請負い、けっこう稼いだという経緯があり、八幡には借りがあるようであった。

「それで、懲戒事件のほうはどうなるんだ」と私は尋ねた。

「もちろん取り下げだ。仕方ないじゃないか。則男というお荷物を抱えて、これから先何年もやっていけないよ。もう内田さんは十分にやったよ。ここらへんで決着をつけて、内田さんは本来の仕事、ほら憲法とか戦後補償とか、そちらの仕事に全力を尽くすべきだ」

「あんな悪い奴は許せねえ。懲戒で除名処分をとって、それから好子や宏など家族を説得して稲山包囲網を作れば絶対勝てる。この状態であいつと和解するのはケッタクソ悪い」

「まだそんなことを言っているのか。家族は目が覚めねえよ。もともとは則男が悪いんだ。あの馬鹿親父が家族を顧みず、外に女を作ってやりたい放題やってきた、そのツケが回ってきたんだ」

「則男に問題があったことは最初から分かっていたことだ。しかし、だからといって、それを弁護士が騙すなんてことは許されん。俺は稲山を許すわけにはいかない」

「稲山については、俺が必ず後で落とし前をつけるから、この件はもう決着をつけようぜ」

「稲山に落とし前をつけるというなら、いますぐつけろ。お前もヤクザを自認するなら稲山を東京湾に×××てこい。話はそれからだ」

「弁護士がそんなことを言っていいのか。稲山ととことん争って、本当に稲山を除名にできるのか。もし本当に除名になったとしても、則男の生活はどうなるんだ。経済的な回復はできるのか。できなかった場合に、誰が則男の生活の面倒をみるのか、弁護士として責任が持てるのか」

「……とにかく、今日はもう遅いからこれまでにしよう。俺もよく考えておくから」

「分かった。これで帰るから、内田さん頼むよ。よく考えておいてくれ」

帰路、宮崎は、車を運転しながら、こんなことを考えていたに違いない。

《内田は尋常じゃない。稲山と私闘をしている。こうなったら、もう俺の判断で動く。内田をはずして則男と稲山とを和解させる。なあに、則男の生活を確保するにはこの方法しかない、と言えばいい。弁護士の任務は、則男の生活を確保することであって、稲山をやっつけることではないんだ。内田は稲山憎しで凝り固まっている。それ以外見えない。もっともそれが奴のいいところかも知れないが……。しかし、弁護士としては深入りし過ぎてしまった》

一方私は、自転車をこぎながら、こんなことを考えていた。

《稲山と和解だなんて、冗談じゃねえ。あんな悪い奴を許すわけにはいかん。和解するとしても、稲山の首を取ってからだ。一体宮崎はどういうつもりだ。昔はあんな奴じゃなかった。学生時代のあいつはもっとシャープだった。日共・民青ながらいい活動家だったのに、変わってしまったのか。金の回収の一心だ。もっとも俺も則男の経済的支援を求めるなど、彼らに甘えてきたことは事実だし、本来弁護士としてここまで深く立ち入ることはないのだが、しかしもうここまできた以上、それを貫徹する以外にないのだ。宮崎だって、それは分かってくれると思うのだが……》

宮崎学に対する「査問会議」が持たれるも……

九月某日、午後一一時頃、石川宅で宮崎の「査問会議」が持たれることになった。宮崎の変節に頭にきた私が関係者に呼び掛けたものだ。

家族は誰もおらず、犬が一匹いるだけ。石川によると、女房は数年前に出て行き、子供達は社会人、大学生でそれぞれ家を出ているので、いまは犬との二人暮らしとのことだ。

石川、宮崎、分銅、森川弁護士、私の五人が、宮崎を真ん中にして皆で座って話す。先ほど来、ビールを飲みながら話が始まっている。ただし、酒の飲めない私はウーロン茶。

「宮崎、お前、山上（×××教関係者である電化製品業）の件はどうするつもりだ。山上は捕まっている間、会社をお前に預けておいたら、ガタガタにされた上、お前に預けておいた金×千万円も返してもらえず、怒っているぞ。お前を告訴すると言っている。俺はお前が告訴される分にはかまわないが、山上にお前を紹介した森川弁護士にも累が及ぶのは、なんとしても止めなければならない。どうするつもりだ」と、石川が口火を切る。

「申し訳ない。山上の件は俺が責任を持って処理する」と宮崎。

「責任を持って処理するってどうするつもりだ。一体お前は山上の金をどこに使ったんだ」と再び石川。

「山上の金だけじゃない。㈱林田の件で内田先生の事務所が立て替えている×××万円も、内田先生に返すということで貸したのに、全く返してないというではないか。一体どうしてしまったんだ。私としては事件で弁護士事務所が金を立て替えるというのは、本来あってはならないことだと思う。だから、宮崎から林田さんの支援を要請されて支援することになったとき、まず弁護士さんにそのように立て替えてもらっているお金を清算すべきだということで、当面の費用も含めて、全体で一五〇〇万円用意したのに、それが全く渡ってないなんて」と分銅も話に加わる。

「この事件は、私が皆を巻き込んでしまったのだから、私に対する清算は事件がすべて解決してからでかまわない。ただ、宮崎に聞きたいんだけれど、山上の金、そして分銅からの金、一体これらはどこへ消えてしまったのか。お前はどうしてそんなに金がいるのか、それを教えてほしい」と私。

「……」と無言のままの宮崎。ややしてから、うつ向いたまま涙ぐんで、「皆の友情を裏切って申し訳なかった。ただ俺としては、京都時代の兄貴の会社の倒産整理がまだ終わっていなくて、三〇〇〇万円くらいどうしても作る必要があって、それであんなことをしてしまった。本当に申し訳ない」

「宮崎、お前は何かあるとすぐに兄貴の会社の倒産というが、倒産なんて随分前のことじゃないか。なぜ、いつまでもそんなに金がいるのか」と私。

「たしかに兄貴の会社が倒産してから数年経つが、かなりややこしいところからも金を借りていて、だから踏み倒すわけにもいかず、未だにこうして尾を引いているのだ」

「そうか」

もう、だいぶ酩酊した様子で、森川弁護士が、

「学ちゃん、友情を裏切ったらあかん。公安の連中は、今回の件で山上をたきつけて告訴をさせ、俺の首を取ることを狙っているんや。俺はそんなことにびくともせん。山上との信頼関係は保っている。あいつは俺を信用してくれている。だから、俺達もあいつを裏切っちゃいかん。学ちゃん、俺達にあるのはそれだけやないか。信頼を裏切ったらいかん。信頼を裏切って喜ぶのは公安の連中だけだ。あの連中を喜ばすようなことは絶対したらい

かん」

「宮崎、森川先輩もこのように言ってくれているではないか。友情を裏切ったらいかんぞ、山上問題は責任を持って解決せよ。もうそれほど時間的余裕ないぞ、急ぎ解決せえよ」と石川。

「分かった」

五十男が四人、深夜に酒を飲みながらこんなやりとりをしているのだから、端から見れば滑稽だと思うだろうが、しかし、当人達はいたって真面目だった。酒が入ってもう森川弁護士もメロメロだし、これ以上やっても仕方がないと判断し、「今日はこんな遅い時間に皆に来てもらったが、こうしてざっくばらんに話ができてよかった。外山も心配しているが、今日は急なことでもあったから、彼は参加できなかったが、くれぐれも皆さんによろしくということだった。宮崎！　稲山、あんな悪い野郎を許すわけにはいかん。また皆で頑張ろう。遅いから今日はもうこれで散会しよう」とまとめた。

それから数日後のこと。東京地方裁判所ロビーで、司法記者クラブの同盟通信の木川記者とバッタリ会った。以前、日弁連人権大会で戦後補償問題のシンポジウムをしたとき、その準備過程で私はシンポジウム実行副委員長として、南京に調査に出かけたことがあった。その際、調査団員の一員と親しかった木川記者が同行した。木川記者とはそれ以来の付き合いである。その後、彼が司法記者クラブに配属されるようになって急速に親しくなり、稲山の件については、その都度、木川記者に話をしていた。

「先日の夜半、石川の所で宮崎を呼んで、石川、森川、分銅、私で宮崎をとっちめてやった。あいつは友情を裏切って悪かったと涙を流して謝ったよ」

「そうですか。……でも森川さん達もいろいろ問題もあるんですよね。先日も宮崎さんの誕生日だということで、銀座のクラブでパーティーをやっていたんですが、あ、内田さん来ませんでしたね。いろいろ来ましたよ。石川さん、森川さん、大河内弁護士もいましたね」

大河内は木下産業㈱の対稲山裁判の代理人弁護士をつとめている。

「俺は知らないよ。俺には何の話もなかった」

「……、ああそうですか。とにかく宮崎さんが上機嫌で、ほらあのなんとかいう宗教団体の詐欺事件が潰れたでしょう、『木川、お布施、お布施、人生は楽しいなあ』って具合ですよ」

「なに、そんなことしているのか。しようがない奴だなあ」

「森川さんだってそうですよ、向島の料亭に行って、宮崎さんや、石川さんなんかと一緒にドンチャン騒ぎをやっていますよ。××センターの中田さんもいました」

「そんな馬鹿な、森川さんがそんなことをするはずがない」

「嘘じゃありませんよ。僕もいたんですから」

「なに、お前も行っていたのか。どういうつもりだ。そんな馬鹿なことをしていて。じゃあ、一体この間の宮崎の『査問会議』は何だったんだ。宮崎が涙を流して友情を裏切って申し訳なかったと謝って、森川さんが涙声で『学ちゃん、裏切ったらいかんよ、裏切ったら喜ぶのは公安だけだ』と諭していたのは……」

「……」

「そういえば、あのときは皆、酒を飲んでいて、シラフなのは俺だけだったなあ。クソーッ、確認してみる」

「そんな、僕から聞いたなんて言わないで下さいよ」

「そんなことは言わないから大丈夫だ。しかし、向島の料亭で豪遊なんて、それは半端な金ではないだろう。一体そんな金、誰が出しているんだ」

「さあ、宮崎さんではないでしょうか」

「なにい、宮崎が……」

その後、分銅と会ったときにこの話をして確かめてみた。分銅曰く「どうもそのようだ。自分も誘われたが、自分はそういう所は好きではないから断わった」。

同じように石川にも確認してみた。すると、石川は、「いや、森川さんが好きでよく行くんだ。酒を飲んで、俺がチンチン出して踊っていたら、チンチンに女の子がこよりでリボンつけた。それを見て中田もパンツを脱ぎだした。ハッハッハッ」と答えた。

宮崎学『突破者』出版と稲山の反撃

和解工作以外にも、宮崎は大いに物議をかもして私を悩ませた。

前にも少し触れたが、宮崎が、京都のヤクザの組長の息子であった幼少のこと、早大時代の学生運動のこと、週刊誌記者を経て家業の解体業に戻り、その倒産から、再び東京に出て地上げ屋をしていた頃のこと、そしてその間にグリコ・森永犯の「キツネ目」の男として警察当局からマークされていたことなどを自伝風に綴った『突破者』が一〇月に出版されることになった。

宮崎が原稿を書いていることは知っていた。しかし、その内容については毒にも薬にもならない程度のものであると思っていた。ところが、南風社の社長から事務所に送られてきた地上げに関する部分のゲラを見て驚いた。薬にはともかくとして毒があまりにも強すぎた。しかも、稲山事件のことがそっくりそのまま実名で書いてあった。ちなみに私については最近では「珍種ともいえる護憲派」となっており、私の要請を受けて稲山との闘いに加わったと書いてある。そのこと自体は事実であるから別段支障はないが、宮崎がヤクザの世界に半分身を置き、事件屋的な顔を有することが公にされることはいささかまずかった。というのは、稲山がこの本に書かれていることを取り上げ、この件は内田がヤクザと組んで㈱林田を乗っ取ろうとしているのだと反撃してくることが必至であったからだ。

折しも、稲山の懲戒に関する第二東京弁護士会懲戒委員会の審理は大詰めを迎えるところであった。

「もうすぐ弁護士会の結論が出る、あと二カ月だ、なんとか出版を二カ月先に延ばしてくれ」と宮崎に頼んだ。

宮崎は「言論弾圧する気か」と怒った。出版社の社長もこの本は売れると読んで、早く出版したがった。結局、原稿中の稲山事件に関するくだりはすべてカットすることで合意した。

『週刊文春』が三度にわたって「グリコ・森永犯　キツネ目の男衝撃の手記」といったような調子でこの本を報道し、大いに宣伝した。テレビのワイドショーでもたびたび取り上げられ、宮崎はインタビューでグリコ・森永犯であるかについては否定もせず肯定もせず、思わせぶりな態度を取った。

宮崎のマスコミ人脈もあって、『突破者』はかなりの評判を呼び、「朝日新聞」読書欄の著者インタビューにも宮崎が登場したほどであった。いささか品性には欠けるが、確かに面白い本だった。特に幼少の頃の話はよかった。実録とうたってはいたが、実際には虚実入り混じっており、事情をよく知っている者が読めば宮崎「原作」で、他の者の筆が入っているのが分かるのであるが、とにかく話題を呼ぶものであった。

学生運動のことも各派の対立を理論的な面からではなく、あたかも暴力団同士の抗争（実際そうだという人もいるが）と同じように描いているのが読みやすさとなっていた。聞くところによると、十数万部売れたという。すでに五〇歳前後に達している全共闘世代のオジサン達が半ば郷愁を感じて読んだのだろう。ちょうどその頃、岩波ホールでスペイン市民戦争（一九三六〜三九年）を題材にした、イギリスのケン・ローチ監督の映画『大地と自由』が上映されていたが、『大地と自由』を観て自分達の学生時代に重ね合わせて涙し、『突破者』を読んで笑いこける、こういうオジサン達が少なくなかった。

宮崎は一躍「作家」ということになり、テレビのコメンテーター、若者向けの週刊誌で人生相談を担当するなど、売れっ子となった。そのこと自体は結構なことであり、友人として喜ぶべきことであった。

しかし、問題は稲山であった。彼のことだから、この本を使って必ず何かを仕かけてくるであろうと思った。そこで、懲戒委員会担当の第二東京弁護士会・三田事務局次長に、もし稲山側がこのことに関しおかしな書面を出してくるようなことがあったら、即座に反論書を提出するから必ず連絡してほしいと頼んでおいた。

はたせるかな、一〇月四日付で稲山側から懲戒委員会に、『突破者』にからめて「本件紛争の背後で中立人林田則男、同木下産業㈱をあやつり、㈱林田の乗っ取りを画策した張本人の正体について」と題して、「上申書」なる書面が提出された。『突破者』に関して報じた『週刊文春』の記事三週分のコピーも添付されていた。

以下にその要旨を掲げる。

内田弁護士は自ら宮崎について、「宮崎の協力がなければ本件の解明は不可能であって、且つ宮崎の協力を得て本件の解決に当たっている」と述べている。これは内田弁護士が民事介入暴力団の宮崎に従って前記違法行為を以って本件の解決に当たっていることを自ら告白していることに他ならない。

週刊文春にとりあげられた宮崎の手記によれば宮崎はグリコ誘拐事件の主犯であることを否定してはいるものの、同事件に何等かの関係があることを匂わせており、世間一般の読者がこの手記を読めば宮崎がその主犯であることを確信するものである。宮崎は本件以外の数々の裏社会におけるトラブルに介入し、マスコミを使ったり、怪文書を流したり、ありとあらゆる方法によって事件に介入することを仕事とするプロの民事介入暴力団なのである。

弁護士は自身に関する攻撃には弱く、脆いものである。宮崎は、このことを十二分に知って各種のシナリオを描き、㈱林田の乗っ取りを画策したのである。

本件事案の真相を究明するに際し、以上の背景をご考慮の上是非とも事実に根をおろした判断をなされたく上申する次第である。

直ちに一〇月一二日付で「反論書」を提出した。

本件について宮崎氏の協力を求めたのは内田の側からであって、宮崎氏が内田に協力を求めたのでは決してない。稲山弁護士が林田則男からの信用を利用し、また同人の家庭環境をうまく利用し、同人を自由自在に操って、同人および㈱林田の資産を食い潰し、他方、手数料名義等で法外な報酬を取っていたことは本件審理の中で明らかにされた客観的な事実である。このことは仮に宮崎氏がグリコ犯（とてもそんな緻密なことのできる人物ではない）であったとしても動かしようのないことである。

自己の不正行為を隠蔽し、他人――山川ユリエ、宮崎学、内田雅敏――のせいにし、例えば通常の感性の持ち主ならとても耐えられないようなあの恥ずべき内容の遺言書の作成は、佐藤広二弁護士が作ったといい、そして依頼者から預かっていて返還を拒んだ株式の差押、競売という弁護士として許されない行為については、岩本弁護士のアドバイスによるとする稲山弁護士に対して、貴委員会が一刻も早く厳罰に処することを強く求める次第です。……

それにしても「弁護士は自身に関する攻撃には弱く、脆いものである……」という稲山の「泣きごと」には笑ってしまった。

対稲山共同戦線に亀裂――宮崎の裏切りに、則男をかくまう

分銅、石川、森川らの協力を得て、〝査問委員会〟が開かれ、宮崎の和解工作を引っ込めさせたが、どうやらあれは宮崎のポーズであったらしい。

九六年九月某日午前一一日頃、事務所にいたところ、突然、石川から電話が入った。宮崎が無断で則男を連れ出し、八幡のところに連れて行くようだ。則男を和解に応じさせ、稲山からなにがしかの和解金をとろうというこの間の話をまた復活させたんじゃないかと思うが、という話だった。宮崎も懲りないやつだ。私は慌てて則男のいるマンションに電話をした。

「あ、則男さん、大丈夫、何か変わったことはありませんか」

「先生ですか、ちょうどよかった、さっき宮崎さんから電話があって、ハンコを持ってすぐ来てくれというんですが、行っていいですか」

「行くって、どこへ」

「宮崎さんのところです。帝国ホテルの一階ロビーの喫茶室に来てくれっていうんです。先生に話してあるって言ってましたが」

「いや、私は何も聞いていない、行ってはダメだ。則男さん、よく聞いて。いいですか、これから着替えを持ってすぐそこを出て下さい。それでうちの事務所に来て下さい。いいですね」

「はい、分かりました」

宮崎が私をはずして、則男を連れ出し、稲山側と和解させようとしていることは明らかだった。こうなった以上、則男を大森のマンションに一人で置いておくのは危険であった。すぐにどこかに避難させなければならなかった。前に稲山側からの働きかけ、あるいは危害を恐れて避難させた石川の経営する伊豆の温泉旅館はもう使えなかった。滞在中、則男が女性の従業員にちょっかいを出し、従業員と気まずい関係になっており、則男自身もそこに再び行くのを嫌っていた。それにこの伊豆の温泉旅館は宮崎も知っており、それでは則男を避難させたことにならなかった。

そこで、学生時代から行っている信州白馬の山麓のスキー小屋(スキー小屋といっても、ちょっとしたプチホテル風になっている)に則男を隔離することを考えた。あそこなら宮崎も知らないし、経営者のM夫妻も私の頼みなら快く引き受けてくれるだろう。それに食事の心配はいらないし、則男ものんびりできるだろう。

幸い夏山シーズンが終わり、秋の紅葉の季節にはまだ間がある、小屋としても客の少ない暇な時季であった。さっそく電話をし、事情をかいつまんで話し、しばらく匿ってくれるよう頼んだ。M夫妻はもちろん快諾してくれた。

私は午後の法廷に出かけなくてはならなかった。急いで銀行に行き、個人口座から××万円を引き出し、事務所の職員に渡し、則男が来たらすぐ新宿駅に連れて行き、特急あずさに乗せ、松本経由白馬大池まで行き、そこで降りたらバスもしくはタクシーでスキー小屋へ行かせるよう、簡単なメモを渡して指示した。

こうして則男を白馬山麓に送り込む段取りを取った上で、午後の法廷に向かった。

この日、則男は午後一時発の特急あずさ五九号にて新宿を発ち、午後七時頃、スキー小屋に着いた。以後、一〇月初めまで一カ月余り滞在することになった。

大森から則男がいなくなったことを知った宮崎、八幡らは名古屋から八幡の配下を呼び寄せ、則男の行方を捜したが、見つけることはできなかった。まさか信州のそれも糸魚川に近い山奥のスキー小屋に匿われているとは予想もできなかっただろう。ただ、後日になって後述するような経緯で八幡と会ったとき、彼の方が則男の行方について、どうも諏訪あたりの温泉にいるんじゃないかと思っていると、かまをかけてきたことがあった。私はニヤニヤして答えなかったが、内心ではだいぶ近づいてきたかなと思っていた。

則男のスキー小屋滞在中、数日ごとに則男に電話をするとともに、M夫妻に則男の様子について尋ねた。とりわけ、外から則男に電話が掛かってくるようなことがあったらすぐに連絡してほしい旨依頼しておいた。しかし、そのようなことはなかった。

九月も半ば過ぎの日曜日、私は石川運転の車で白馬のスキー小屋に向った。朝九時頃国分寺駅で拾ってもらい、中央高速で松本、豊科インターに向かった。途中笹子トンネルあたりからかなり渋滞が続いた。しかし、甲府を過ぎると渋滞も解消し、比較的スムーズに走った。小淵沢、茅野あたりでは南側に南アルプス連峰、とりわけ甲斐駒ヶ岳の雄大な稜線が、そして北側には八ヶ岳の広大な裾野が、列車の車窓から眺めるのとはまた違って、圧倒的な量感をもって迫ってくる。

やがて前方左側に諏訪湖が太陽の光を反射して鈍く光っているのが見えてきた。しばらくすると、こんどは前方右側に穂高岳など北アルプスの山々が見えてくる。

豊科インターを降りて、大糸線に平行して白馬大池まで走行したのだが、ここからが長かった。安曇追分を過ぎた頃であった。前方をサイドカーを付けたオートバイがゆっくり走っている。近づいてみると、オートバイを運転しているのは、初老の男性でサイドカーにはその妻であろう、初老の婦人がゆったりと座っている。道端にはコスモスが咲き乱れ、絵になる光景ではあるが、しかし、それにしてもあまりにもゆっくり走っている。単にオートバイだけなら簡単に追い越せるのだが、サイドカー付きなので、それもできない。かといって老夫婦がせっかく睦まじくドライブしているのを後ろからクラクションを鳴らすのも不粋である。街中を走っているときなら「オラオラ、何をテレテレ走っているか――」とすぐにもクラクションを鳴らす石川だが、「内田さん、急ぐ旅でもないし、しばらく付き合いますか」とゆっくり走った。

ドライバーの男性は、被っているヘルメットの上に風防メガネを押し上げ、首に赤いスカーフを巻き、白いもののまじった口髭をたくわえ、穏やかな顔つき、なかなかお洒落である。婦人の方は後ろ姿しか見えない。

あんな風に年を取ってゆくのもいいかななどと、しばらく見惚れていた。老夫婦も後ろから付けてくる車が気になったのであろう。やがて道路からやや奥まって建っている家の前を通りかかると、そちらに車を寄せてわれわれに路を譲ってくれた。再び、速度を上げ一路北に向って走る。この道は、その昔、大糸線が開通するまでは、糸魚川から松本まで魚や塩が牛車で運ばれて、別名「塩の道」とも呼ばれていた。信濃大町を経て、白馬駅――以前は「信濃四ッ谷駅」という味のある名称であった――を過ぎ、白馬大池駅まで行き、左側に折れ、山道を登る。学生時代以来、何度も通った道だ。もう新潟との県境に近い。

しばらく登って峠を越すと、前方に高原が見えてくる。栂池高原だ。高原の奥よりの所に則男を匿っているスキー小屋がある。三〇年以上前、初めて来た頃は、小屋もポツポツであったが、今では一大ペンション村となっており、高原の入り口は八ヶ岳の清里に似た雰囲気となってしまっている。峠を超えるとき、私と石川は思わず後ろを振り返って見、「宮崎が付けてきてはいないだろうな」と言い合って笑ってしまった。

則男は黒く日焼けをして元気そうだった。私と石川は対稲山をめぐる最近の状勢について則男に話したうえで、彼の生活ぶりについて聞いたりした。外出したりしているようであるが、やはり退屈しているようだった。則男は高校が学習院だったが、その頃スキーで白馬に来たことがあるとのことだった。

私、石川、則男の三人で一緒に食事をし、一休みしてから私、石川の二人はスキー小屋のM夫妻に則男のことをくれぐれもよろしくと頼み、帰途についた。M夫妻は石川の持つ、普通の勤め人とは違う独特の雰囲気にいささか不安気な様子であった。私は石川は学生時代の友人で、今回の件については意気に感じて協力してくれている義と俠のある人物だと説明した。実際そうだった。前述したように、本件をめぐっては学生時代の友人ら独特のキャラクターを有する多くの人物が登場したが、石川はなかなか義俠心のある人物であった。しかし、やがてその義も俠もある石川も、稲山との和解路線に傾いてゆき、一時期ではあるが、石川と私の仲が険悪になった。

やむなく路線転換——全面対決から和解へ

すでに宮崎の和解工作が露見して、わが陣営に隙間風が吹いていることは感じていたが、宮崎以外の盟友たちは、私の味方だろうと思っていた。しかし、分裂か、さもなくば路線変更かを迫られるほどの危機的状況が確実に忍び寄っていた。

ここにきて、これまで私の全面対決路線を支持してくれた石川、分銅らが宮崎と組んで和解に向けて私を「説得」にかかった。その迫力は尋常ではなかった。「内田弁護士の役割は則男の生活をどう保障するかであって、稲山との私闘ではない。和解によって則男の生活を保障することができるならば、稲山側と和解してもよいではないか」——これが彼らの説得の論理だった。

私は宮崎、石川、分銅らの学生時代以来の「友情」に訴え、この「説得」をなんとかしのいできた。しかし、それももう限界だった。

前歴のある宮崎はともかく、つい二、三カ月前には、宮崎に和解を撤回させるのに協力してくれた石川、分銅がなぜ宮崎と共同戦線を張って、私に和解を迫るのか……？　稲山に鉄槌を下すということで三年間も苦しい闘いを共に闘ってきたではないか。あと二、三カ月もすれば懲戒委員会の結論がでる。三年も頑張ってきたのに、どうしてあと三カ月が頑張れないのか？「孤独はのがれがたく連帯の中にはらまれている。無傷なよろこばしい連帯というものはこの世界に存在しない」と書いたのは誰であっただろうか。

　今にして思うと、彼らの路線転換には以下のような背景があった。あと二、三カ月もすれば懲戒委員会の結論がでるが、せいぜい一年間の業務停止だろう。それは、稲山も覚悟している。一年間の業務停止など痛くもかゆくもない。稲山は名を捨てても実をとって、㈱林田をとことん食い潰すことだろう。そうなったら、宮崎、分銅、石川らにはビジネスチャンスはなくなる。ビジネスが成立するとすれば、稲山に業務停止の処分が下る前に、和解を持ち掛けることである。だから三年も頑張ってきたのに、あと三カ月が頑張れないのだ。

　もちろん懲戒委員会の結論が業務停止でなく、懲戒除名であれば、話は別である。しかし、私にも除名か、それとも単なる業務停止か、確信が持てなかった。私は全面対決か妥協かを迫られていた。従来どおりこの先全面対決を貫いたとしても、必ずしも勝利の展望があるわけではなかった。こんな動揺と不安が私を弱気にしていた。そこで、全員で集まって忌憚《きたん》のない意見交換をし、しかるべき方針を出そうということになった。

　一一月某日、宮崎、石川、分銅達との会議が新宿総合法律事務所会議室でもたれた。

　宮崎より、八幡雄治が間に入っての稲山側と交渉の経過についての報告があった。私は交渉（和解）にはあまり乗り気でなかったが、則男の今後の生活の保障という観点から、以下の条件が実現されるならば、和解に応じてもよいという立場をとっていた。
①則男を㈱林田の代表取締役に復帰させる（原状回復）。ただし、復帰と同時に代表取

締役を辞任する。

②稲山は則男に対し、金三億円及び現在則男が住んでいる大森のマンションの所有権を則男に移す（ただし、設定されている抵当権等をすべて抹消し、完全な所有権として引き渡すこと）。なお、金三億円については、稲山個人の負担においてなすものであって、㈱林田の負担においてなすものであってはならない。

③以上のことが実現されるならば、則男側は現在進行中の稲山に対する懲戒請求はもちろんのこと、現在係属中の裁判はすべて取り下げる。

これに対し、分銅から、国際メタル㈱のために担保に入れていた大田区大森の土地五二〇〇坪（現在競売開始決定中）の処分を則男側すなわち分銅に委ねるという一項を不可欠とすることが、④の条件として追加されていた。

分銅とすれば、彼の不動産業のノウハウによって、大森の土地をマンション用地として、競売でなく任意売却して一〇億円近い利益をあげることができるという計算をしていた。分銅はその収益の中から、これまで則男のために彼が支出した金約三〇〇〇万円（初めは一五〇〇万円であったがその後増えた）、そして彼の利益としての取り分、石川、私らの費用請求分を捻出しようと考えていた。そのためには、稲山と和解して、大森の土地の処分を、できれば分銅が単独で、それが困難ならば、稲山と共同ですることが不可欠であった。分銅は稲山との和解を渋る私に対し、則男の生活を保障するために、則男が受け取ることになる金三億円中の一億円と同じく、取得することになる大森のマンション（時価五

○○○万円)を分銅が引き取り、その代わりに分銅が品川区荏原に有している賃貸用マンション）を提供しようと提案してきていた。その建物は時価約五億円で、毎月一〇〇万円近い家賃収入をあげることができるという。

私は不動産取引の実情に疎いので、どのような計算でそのようなことが可能となるのかよく分からなかったが、しかし、本当にそのような解決がなされるならば、稲山に対する懲戒請求を取り下げるという点において、いささか悔しい気持ちはあったが、それはのみ込み、和解をする腹であった。

宮崎の話によれば、稲山側の回答は、①については、絶対ダメである、②については、現金としては一億五〇〇〇万円くらい、マンションについては了解、③については異存がない。④については、大森の土地は担保が目一杯ついており、何の価値もない土地だと答えるのみで、はっきりとした返事はなかったという（なお、後になって、稲山はこの土地をめぐって、競売妨害的な手法で三億円～五億円の金を稼いでおり、その意味では、目一杯の担保がつき、競売中にもかかわらず金を生む材料としての価値は十分あったようである）。

また宮崎によれば、稲山は則男の謝罪を求めているという。私は一瞬耳を疑った。

「謝罪って、稲山が謝罪するのじゃないのか」

「いや、そうじゃなくて、則男の謝罪だよ」

「冗談じゃないよ。なんで則男が稲山に謝罪しなくちゃならないんだ」

「内田さん、どうでもいいじゃないか。稲山ってのはそういう奴なんだよ。謝罪でもなんでもしてやればいいじゃないか。だいたい則男に問題があるから、こういうことになったんじゃないのか」

「それとこれは全く別だ。なんで稲山に謝罪しなくちゃならないんだ」

と、もともと和解に消極的な私はここぞとばかりに頑張った。さすがに分銅も則男が謝罪しなければならないなんておかしいと相槌を打ち、石川も同調した。

「宮崎さん、謝罪とかそんなことは互いになしにして、もうちょっとビジネスライクにまとめるということで話をして下さいよ」

と、分銅がその場をおさめた。宮崎はなにも私に謝罪しろというわけではなく、則男にというわけなんだからと、なお不満そうであった。

とにかく、そのようなやりとりでこの日の会議はいちおう終了し、宮崎は帰った。宮崎が帰ってしばらくしてからだった。残っていた石川の携帯電話が鳴った。八幡からの電話であった。

「二時から和解が成立するということで、稲山、岩本らと帝国ホテルで部屋をとって、待っているから、早く来い」という。

寝耳に水の石川が確認を求めると、宮崎がお膳立てした話らしい。

急いで、石川が行ってみると、そこに、八幡、稲山、稲山の子分の野々山、野本、そして岩本弁護士が待っていた。八幡の話によると、この日、二時に宮崎がここに則男を連れて来て、稲山側と和解するという段取りになっていたという。ただ、内田は立場上来られないので解任し、その代わり、宮崎が京都時代にいろいろ世話になった前日弁連会長・中坊公平弁護士に立ち会ってもらうことになっていた、とのことである。

石川は訳が分からなくなった。そんな話はこれまで宮崎から一度も聞いたことはなかった。この話は宮崎が勝手に書いた絵であり、中坊弁護士云々も、もちろんでまかせのものであった。

そこに宮崎が入って来て開口一番に、「申し訳ない。内田が言うことを聞かないので、話がまとまらない」と言って、土下座をして謝ったらしい。

「話がまとまらないって、内田弁護士は解任して則男を連れて来る約束だったじゃないか」

「……」

「どういうつもりだ。子供の使いじゃあるまいし。こっちはがん首揃えて待っていたんだぞ」と怒る八幡。

石川は、宮崎が八幡に全く頭が上がらない姿を見て、日頃宮崎が言っていた八幡との関係が話と違って対等でないということを理解した。その後も、八幡は宮崎を怒鳴りまくった。

稲山も「いいんですよ。無理に和解しなくても、弁護士会の処分なんてどうせ大したことないんですから。そっちが和解したいというから、乗っただけなんですから」と厭味を言い、チェックアウト、チェックアウトと部屋を出て行ってしまったそうだ。

徹底抗戦派の木下社長に励まされ……

それから旬日をおかない某日某夜、私にとってもう一方の盟友である木下産業㈱の木下社長と会合をもった。場所は木下社長の弟が経営している神田駅前の飲み屋で、旨い魚を食べさせる店だ。会食の目的は、先日宮崎らとの会議できまった和解路線への転換を木下社長に了承を得ようというものであった。木下社長にとっては、昭和シネマ跡地売買で、稲山が木下産業㈱と㈱林田の双方代理を務めて大損をさせられて以来、稲山は不倶戴天の敵であり、その稲山と真っ向対決している我々を陰になり日向になり援助してくれている。

いろいろ考えたが、則男側としてはこれ以上稲山との闘いを継続することは困難であること、従って近々稲山側と和解することになるが木下産業㈱として了承してほしい、そんなことなどを、私は歯切れ悪く木下社長に話した。木下社長は納得がいかない様子であった。

「則男さんがそう考えるなら仕方ありませんが、私の方は死ぬまで稲山と闘います。私が死んでも稲山と闘うように遺言状を書いておきますよ。だってそうでしょう、あんな悪い奴はいませんよ」と、酒が入っているせいもあって、いつもよりテンションが高い。

私は言葉がなかった。それはそうである。これまで則男の生活費など木下産業㈱側の財政的支援も受けて稲山と闘ってきたのであるから、ここで則男だけが戦線を離れ、稲山側と和解をするなんて信義に反することであった。私としても全く不本意であった。

宮崎に対する関係はともかくとして、分銅による財政的支援、石川の尽力についてはその労を多とする気持ちがあり、彼らの「説得」を蹴っ飛ばすことは困難だった。それで私は分銅、石川らの「説得」を受け入れたのだが……。

木下社長の話を聞きながら、私は考え込んでいた。たしかに、いま稲山側と和解するのはいかにも不本意だ。時計に目をやると午後一一時だった。明朝、稲山側との和解を詰めるために宮崎と石川が稲山側の窓口である八幡と会いに名古屋に向かうことになっていた。府中刑務所を出所したばかりの八幡は、まだ東京に拠点がなく、活動の本拠を彼の地元の名古屋に置いていた。和解の方針を変えるならば、今夜しかない。よし、いまから石川の家に行こう。私は腹を決めた。

「木下さん、分かりました。いまから石川のところに行って、和解をやめるよう話をしてみます」と切り出した。

「そうですか、よろしくお願いしますよ」

さっそく出かけようとしたところ、外山弁護士も一緒に行くという。心強い。外山弁護士は節目節目で実に適格な動きをする。

石川の家に着いたとき、一一時半を過ぎていた。石川は「どうしたの、こんな時間に二人で」と、怪訝《けげん》な様子であった。私は、石川の持つ義と侠に訴えようと思い、単刀直入に切り出した。

「石川さん、明朝、宮崎と一緒に名古屋へ行ってもらうことになっているのだが、しかし、いろいろ考えたけれど、どう考えてもここで稲山と和解するのは、寝覚めが悪い」

「……そうだよなあ、寝覚めが悪いよなあ」と石川も同調する気配を示した。

この石川の態度に元気づけられて、重ねて、

「ここはやっぱり、稲山とは闘わなくてはならないと思うんだが」

「うん……」

外山弁護士は無言で座っているのだが、もちろん、その気持ちは石川にも分かっていた。外山弁護士がそこにいるだけで無言の説得活動になる。しばらく考えこんだ挙げ句、ついに石川が言った。

「分かった、内田さん、この和解の話はナシにしよう」

「そうしてくれますか」と、私は石川の手もつかまんばかりであった。

「それで、明朝の名古屋行きだが、どうしますか」

「そうだなあ、とにかく行ってきますよ。ただし、和解の話は壊してきます」

石川の家を出たときは、もう午前一時を回っていた。

翌朝早く、石川は東京駅に向かう前に宮崎に電話をかけ、この和解の話は進められないという前夜の私達との話の内容を伝えた。宮崎はそれでは話が違うと慌てた。今回の和解の件は、分銅、宮崎、石川、内田の四名の合意として決めたことだ、それを内田と石川の二人だけで勝手に変えてしまうなどということはできない、と抗議した。しかし、石川は

「わしはもう決めた」と抗議を受け付けなかった。「とにかく、予定通り名古屋に行って八幡に会おう。話は新幹線の中でしよう」と宮崎。

新幹線に乗るまでの間、宮崎は分銅に電話をかけ続けた。分銅と二人で石川を説得しようとしたのである。しかしすでに分銅は出かけており、連絡がつかなかった。

東海道新幹線ひかり号車内で、石川と宮崎はこんな会話を交わしたという。

宮崎の説得に「わしはもう腹を決めた。今日の八幡との話は決裂だ」と石川は応じない。ついに宮崎も説得を諦め、

「分かった、今日はそれでもいい。しかし、八幡との話は俺にまかせておいてくれ。今日のところはまだ話が煮詰まっていないから時間をくれということにしておくから」

「うん、わしもその点はどうしたら一番いいかと考えとるところだ。ストレートを投げるのがいいか、それとも変化球がいいか」

「いや、今日はストレートはやめておいて変化球にしよう」

ところが、八幡に会ったとたん、石川は変化球ではなくストレートを投げてしまった。

「今回の和解案の内容では則男側は飲めない」と。

八幡は驚き、話が違うじゃないかと怒った。しかし、石川が動じないので、「分かった、内田弁護士だろう。よし、最後の手でいこう。内田弁護士を解任すればいいじゃないか……」そしてさらに、「内田弁護士は蒲郡出身だということだが、蒲郡周辺で調べてみたが評判悪いよ」といい加減なことを言った。

しかし、石川は八幡が何を言おうとも、とにかくこの内容じゃ和解できないと繰り返すだけで、内田・外山との信義を守った。

東京に戻った石川から稲山との和解の話が壊れたという話を聞いて、分銅は怒った。しかし、彼も話の分からない男ではない。私が謝ったところ、結果については了承した。ただ、今回の和解の件は、「林田問題」という事業を担う我々のチームで討論して決めたことだから、それを覆すならば、それはそれなりの手続きでやってもらわないと今後は困ると述べた。いかにも元左翼活動家らしい言い方であった。もっともなことである。

いったんは稲山側との和解交渉は頓挫させたものの、しばらくするとまた和解の話となり、今度は石川らも私の説得を聞かなかった。やむを得ず、私は和戦両様の構えをとることにした。

そうした頃のある日、仙台市を中心とした市民運動家達に招かれて、憲法・戦後補償問題について講演した。講演後、皆で一関市郊外の須川温泉で一泊し、その夜は交流会、翌日は栗駒山までハイキングした。須川温泉は岩手県の南部、秋田県との県境にあり、近くには鬼首《おにこうべ》の古戦場などもある。ＮＨＫの大河ドラマ「炎立つ」の舞台にもなったところである。

栗駒山から宿に戻り、事務所に電話を入れた。出張中に出先より入れる定期通信である。依頼者からいろいろと電話が入っており、処理が可能なものはその場で電話して処理をするのだ。この中に石川からの電話があった。電話をくれとのことだ。用件は分かっている。稲山との和解の件だ。少々憂鬱な気分になった。いまここで彼らと和解するのは、どうにも釈然としない。

石川らの要求に対して、のらりくらり対応しながら、なんとか第二東京弁護士会懲戒委員会の処分が出るまでの時間稼ぎをしようと考えていた。電話をするのは気が進まないが、しないわけにもいかなかった。

「もしもし、石川さん、ああ、内田です。電話いただいたようで」

「ああ、内田さん、例の稲山との和解の件だが、いまどこにいるの」

「東北の方なんだ」

「いつ戻る？」

「明日。だから帰ってからゆっくり話を聞かせてもらって」

「ゆっくりもしていられないんだが。こっちから電話できないの」

「うん、いま公衆電話からなんだ。明日帰ったら電話するから」と言って、とりあえず電話を切った。

《もうこれ以上引っ張りきれないのかなあ》。倉庫のように大きな建物の中の湯船につかりながら考えた。《しかし、それにしても稲山みたいな奴と和解なんて、私の弁護士人生にとって汚点を残し後々まで尾を引く》と、やりきれない気持ちであった。

もう対稲山の共闘は崩れたと判断し、一〇月半ば頃、則男をスキー小屋から戻すことにした。私と石川との関係が変化し、彼らによって則男が連れ去られる恐れがあったことも事実であるが、それよりもこれ以上、M夫妻に迷惑をかけたら学生時代以来の大切な人間関係が壊れてしまうと考えたからである。すでに栂池高原は秋色も濃く、小屋もスキーシーズンを迎える準備に忙しい時期となった。

木下産業㈱の木下社長と相談したところ、則男を同社の八幡支店の社員寮に預かってもらえることになった。わが大学時代の友人たちとの盟約が失われてしまったことを残念に思う一方で、新たな盟友の援助が嬉しかった。則男を特急あずさに乗せ、新宿まで連れ戻し、新宿駅で出迎え、一緒に大森のマンションに戻って着替えを詰め込み、秋から冬の服装に着替えさせ、羽田空港に向かった。羽田空港では木下産業㈱の社員が福岡行きの切符と社員寮の地図を持って待っていた。それを則男に渡し、飛行機に乗せた上で、誰もつけていないことを確認して事務所に戻った。

この後二カ月近く、則男は福岡の社員寮に匿われることになった。腰痛などで体調も必ずしも十分ではない則男は、五十代半ばを過ぎて、このようにあちこち知らない土地に行かされ大変であった。則男には稲山の懲戒処分の出るまでの辛抱だからと言って説得した。

事件屋・八幡雄治が稲山との「和解」を仲介

稲山側の八幡との交渉には石川があたっていたが、八幡が内田が稲山側と本当に和解する気があるかどうか不安だと言っているという。そこで石川が私にとにかく一度、八幡に会ってくれと言ってきた。私はあまり気が進まなかったが、石川の手前、断るわけにもいかなかった。そこで、石川がこれまでに則男側の解決案として示している三項目について、私としても了承していることを、八幡に会って告げようということになった。

会談の場所は八幡が指定してきた。六本木の料理屋だった。そんな場所でと思ったが、石川がとにかく会ってくれるだけでいい、そこで則男側提案の和解案に内田も了承しているると告げたらすぐ帰る、というので二人で出かけた。

なかなか小奇麗な料理屋で、一階の大きな水槽には平目などの魚が泳いでいる。あれを刺身にして食べさせるのだろうか。八幡の名を告げたところ、お待ちしてましたという感じで二階の部屋に案内された。

部屋の真ん中のテーブルには刺身の大皿が置かれ、ビール、ウイスキーなどが用意されていた。大きく切られたメロンもあった。酒は全く飲めないのでビールやウイスキーにはなんとも思わなかったが、刺身とメロンには心を動かされた。《旨そうだな――しかし、ここは食べるわけにはいかない、八幡にこちらの気持ちを伝えたらさっさと退散することだ》と考えた。

間もなくして、八幡が現われた。私は八幡とは初対面である。大手銀行から三六億円もの不正融資を引き出した稀代の×××だから、稲山と同類のりゅうとしたなりのバブル紳士風を想像していたが、職人風のおっさんだった。「自分は……であります」といった体育会系の口調だがこちらを射すくめる眼光には鋭いものがある。

「いや、先生、どうも、どうも、わざわざおいでいただきまして」と愛想よく言い、ビールとウイスキーとどちらがいいか聞いてきた。それを断り、来訪の目的を手短かに話して、用が済めば直ちに退散すると答えた。

八幡は「まあまあ、そんな固いことは言わずに、いいではないですか。どうぞ、どうぞ」といった具合だった。

私は、お茶だけいただくと言って、さっそく要件に入った。石川もお茶だけで神妙に控えている。私の手前、飲食物に手をつけることはできなかったのであろう。

私は則男側提案の和解案について自分も了承していることを述べ、さらに若干の説明などをした。一言だけで帰ってしまうのも角が立つというものである。石川もしばらくはじっとして私が話しているのを見ていた。ところが突然、話の最中に、石川が手を延ばして皿の上のメロンに手をつけるや、いきなりガブッとやった。それが本当に旨そうだった。私は「あっ、まずい、早く退散しなくては」と思った。幸い、石川はそれ以上は食べ物に手をつけなかった。

こうして、私は八幡との会談を終え、帰途についた。しかし、メロン、そして山盛りにされた刺身、あれは旨そうだった。私は魚が大好きで、とりわけフグとなると目がない。もしあそこで八幡がフグ刺を用意していたら、それを拒むことはできなかったはずである。幸いなことに、八幡は私のこの弱点を知っていなかった。

それから数日おいた午後九時から、私の事務所の会議室で稲山側との和解をめぐっての集まりがもたれた。出席者は外山弁護士、石川、分銅、森川弁護士、そして私。会議の開始が夜の九時からと変則的なのは、この日、私が憲法集会に参加し、この時刻でないと時間がとれなかったからだ。

この間、石川が則男側の窓口として稲山側の窓口である八幡と水面下で交渉し、稲山や岩本弁護士とも会っているようだった。稲山側は則男側が本当に和解をする意思があるかどうか半信半疑で、とりわけ内田に和解の気持ちがあるのかどうか疑っていた。

石川の提案で、この段階で則男側も弁護士を表に出し、稲山側と和解をする意思があることをはっきりさせ、かつ石川と八幡で詰めた内容を確認した上で前に進む必要があるということになった。石川はそのために石川と八幡の立ち会いのもと、外山弁護士と岩本弁護士との間でその確認をさせたい意向であった。私はそのような役割はこの事件の主任たる自分自身でやると主張して譲らなかった。外山弁護士もそれが筋で、自分の出る幕ではないと述べた。

石川、分銅らは私に本当に和解をする意思があるかどうかをいま一つ信用しておらず、私が出て行ったのでは話をぶち壊しにしてしまうのではないかと恐れていた。だからここは私ではなく、おとなしそうな外山弁護士（実際はなかなか激しい性格を有しているのだが）が行って解決してくるのが望ましいと思っていた。それでなんとか私を行かせまいとして「親分が出ていくのは段取りがついてからでいい。内田さんはじっと構えていてほしい」と懇願してきた。それでも私は「外山君ではダメだ、私が行く」と言い張った。

最後の決め手になったのは、外山弁護士の発言だった。

「内田がそこまで言っているのだから、内田にまかせたらどうですか。内田だって解決してくると言った以上、責任を持って解決に向けて動くでしょうよ」

すかさず私が、「もちろん、私も解決の腹を固めた以上、話を壊すようなことはない。信用してほしい」と言った。

これで決まった。二日後に帝国ホテルで稲山側の代理人・岩本弁護士と会うことになった。もちろん外山弁護士も同席し、稲山側は八幡、則男側は石川がそれぞれ立会人としてつくという条件であった。

こうして、この日の会議は終了した。もう午後一時になっていた。石川、分銅らが帰った後、「外山君、有難う。今日はうまくいったな」と礼を言ったところ、にこりともせず、「内田さん、約束した以上、ちゃんとまとめてもらわなくちゃ困ります」。

慌てて、「分かっとる、分かっとる、大丈夫だよ。とにかく今日は有難う」。

その二日後の午後三時、帝国ホテルの一階ロビーに隣接した喫茶室。分銅、外山弁護士が待機しているところへ私は出かけて行った。ロビーは結婚式と思われる着飾った人が多く、華やかな雰囲気、何といっても天下の帝国ホテルである。もっとも、事情通氏によると、帝国ホテルのロビー、喫茶室は詐欺師の巣窟であるという。たしかに、よく観察していると、なにやら怪しげな人種も結構いる。自分らもその怪しげな一団だなと苦笑してしまった。

分銅の説明によれば、いま石川と八幡で最後の詰めをやっているので、しばらく待ってほしいとのことであった。分銅、石川らは私を岩本弁護士と会わせる前に、とにかく大筋を固めておこうということのようであった。約一時間くらいして、石川がロビーに降りて来た。準備は整ったという。石川に案内されて、外山弁護士と私は岩本弁護士の待ち構えている一六階の部屋に向かった。分銅はそのまま喫茶室で待機した。

エレベーターの中で石川が、「内田さん。いいですか、話をまとめて下さいよ」。

「うん、分かっとる」

部屋では、岩本弁護士と八幡そして八幡の舎弟らしき者が一人、待ち構えていた。石川が、「それでは、これまで稲山さん側の代理人の八幡さんと、則男側の私とがある程度話を詰めてきましたが、ここは稲山さん側は岩本弁護士に、そして則男側は内田弁護士ということで、弁護士さん同士で話し合ってもらうことにしました。岩本さん、内田さんよろしく」と挨拶をした。

岩本弁護士が、「ええと、それでは……」と、一分間でしゃべれる内容を、アーウーで五分間もかかってしまう例の調子でしゃべろうとした。

すかさず私が、「ちょっと待った。岩本さん、私はあなたを稲山の単なる代理人とは思っていない。というのは、あなたは稲山の代理人としてだけでなく、当事者としても私を威力業務妨害の罪で告訴し、あるいは弁護士会に対して懲戒請求をしているということを忘れてもらっては困る。あなたは当事者でもあるんだ」。

「それは、そのう……」と弁解しようとする岩本弁護士。「内田さん、ちょっと待って、その話は……」と石川が慌てて割って入ってきた。「いや、この話はそれだけで、だからといって和解をしないというわけじゃないんだから」と話を引き取った。

冒頭このような話をしたのには理由があった。日頃、法廷などで岩本弁護士は私の前ではしゅんとしているにもかかわらず、石川らの前では「内田弁護士は偉そうなことを言っていても、裁判官の前ではへいこらしている。人権派といっても大したことはないですなあ」などと言っているということを石川から聞いたことがあった。

「あのガキ、そんなデタラメを言っているのか、上等じゃないか」というのが、それを聞いたときの気持ちであった。それで一発かまして、岩本弁護士と私との力関係がどのようなものであるか、石川や八幡らに教えてやる必要があると思ったのだ。

このようないきさつを経た上で、和解に関する双方の立場を述べ合った。話は終始、私がリードした。私が提案したのは、前日の会議で決まった——

①則男を㈱林田の代表取締役に復帰させる。ただし、直ちに辞任する。

②稲山は、則男に金三億円及び則男が現在住んでいるマンションを、担保権等を抹消して完全なものとして引き渡す。

③大森の土地の処分権限を則男に渡す。

の三つを骨子とし、それが容れられるならば、弁護士会懲戒委員会に寛大な処分をという上申書を提出してもいい、というものであった。そして②は稲山個人の負担においてなすべきであって、㈱林田の負担においてなしてはならないと釘を刺した。

岩本弁護士の回答は、①はダメ、②は金額を二億円にして欲しい、その負担先については問わないでくれ、③については大森の土地は担保が目一杯ついている、というものであった。そして、岩本弁護士は、逆に稲山は則男に謝罪を求めていると述べた。

「冗談じゃない。謝罪は稲山こそすべきだ。しかしまあ和解だから、こっちは引っ込めたんだ」

「いや、私もそう思うんだが」と岩本弁護士。

「それから則男に対する賠償だが、これは稲山個人の金から出すのは当たり前で、会社の金から出すんじゃ、稲山は何も責任をとったことにはならない」

「それはそうだが……」

「とにかく、岩本さん、この二点を稲山に確認して下さいよ。それから大森の土地は無価値でもいいから処分権限を則男側に渡して下さい」

「うん、そうだ」と石川。

というようなやりとりで、岩本弁護士がもう一度、稲山と相談してくるということになり、会議は私の一方的なペースで終わった。八幡、石川はいささか不満気な様子であったが、しかし、彼らが口をはさむ余地はなかった。

翌日、岩本弁護士から連絡が入った。

「あのう、稲山先生と話をしたんですが、そのう、なかなか……」と例の調子。要するに、稲山には和解の必要はないということらしい。弁護士会の処分を「最悪でもせいぜい一年の業務停止」ぐらいに甘く見ているのだろう。私自身も、この時点では、稲山から弁護士バッジを剝奪する自信はなかったのだから、稲山が甘く考えても当然といえば当然であった。

「それでは仕方がないね。とことん決着がつくまでやるしかないな」

稲山が条件を出してくれれば、私たちには、さらに譲歩する用意もなくはなかった。私が稲山なら少々の金は払っても「和解」に応じたはずである。なぜ稲山はことここに及んで和解を拒否したのだろうか？　私なりに分析すると、理由は次の二点にあったのではないか。

一つは、いずれ出される懲戒処分はせいぜい「一年程度の業務停止」と判断していたのだろう。その程度の処分なら経済的には失うべきものは何もない（「名誉」なんて金にもならないものはどうでもよい）。失うべきものもないのに、なぜ和解をして敵に塩（金）を贈らなければならないのか。

二つめは、稲山には「自分こそが㈱林田の主人である」という主従逆転の意識があったことである。自分のものである㈱林田からもビタ一文も払いたくないと考えたのではないか。私なら、いや普通の弁護士であれば、好子ら㈱林田の依頼者のことを考えて、少々の金は払っても泥沼の争いに終止符が打てるなら、和解を考えるだろう。しかし、稲山にとっては、あくまでも主人は稲山自身であるのだから、すっかり自分のことを信用している依頼者のことなど考える必要などさらさらないのである。かつて、木下産業㈱が池袋の昭和シネマ跡地の売買をめぐり、㈾昭和シネマの無限責任社員の一人から「売買無効」との訴えをなされたとき、当時木下産業㈱の顧問弁護士であった稲山は宮崎らによる「和解」の勧めに対して、それを蹴って、結果として裁判に負け、木下産業㈱に大損害を与えたが、おそらくそのときの解せない稲山の判断も、木下産業㈱は自分のものという意識によるものではなかったか。そう思うと、目先の金をケチって大損をするという、およそ銭××らしくない行動も理解できるではないか。

いずれにせよ、私にとって「和解」は友人や則男の今後を考えての苦渋の選択であっただけに、稲山の「和解拒否」は嬉しい誤算であった。これで奴をとことん追い詰めることができる、といったん萎えかけた私の闘志がまたむくむくと燃え盛り始めた。

しかし、徹底抗戦派の私を何とか和解派へとオルグした宮崎、分銅、石川らは私とは逆であった。これでビジネスと友情の二つが満たされると喜んだのも束の間、拍子抜けしてしまったことだろう。これを機会に、彼らとは、かつてのような熱っぽい関り——会議を持ち、議論をし、たまにフグを食って友情を暖めるといったことはなくなってしまった。これは私にとって大変に悩ましいことだった。これまで何度も述べてきたように、懲戒委員会の決定が単なる業務停止だったら、私たちの負けである。宮崎、分銅、石川らとの共闘にかつての熱を取り戻させ、また依頼者の則男に報いるためにも、なんとしても除名処分を勝ち取らなければならない。

林田好子から山川ユリエに五〇〇〇万円の損害賠償請求

九三年四月、則男が稲山を㈱林田の顧問弁護士から解任、これに対して稲山は則男を㈱林田の代表取締役から解任することで対抗。これによって長い長い闘いの戦端は開かれたのだが、稲山側は則男解任と同時に、「ユリエが則男と好子の夫婦関係を侵害したので五日以内に一億円を支払え」とする内容証明を送り付けてきたことは前に述べた。代理人は岩本弁護士である。もちろん私たちはこんなこけおどしに乗るはずもなく、突っぱねて三年余が過ぎていた。好子は則男にユリエという女性がいるのは仕方のないことと承知をして裁判を起こすことはなかった。

ところが、九六年七月になって、則男の妻・好子が、則男と暮らしていた山川ユリエに対し、「不貞行為を理由として五〇〇〇万円の損害賠償金を支払え」という裁判を起こしてきた。ユリエに対する報復あるいは則男側に対するゆさぶりであるのは明らかであったが、この頃はもう則男とユリエは別れていた。

好子側の代理人は岩本弁護士、ユリエ側の代理人は私であった。私としても非常にやりにくかった。「不貞」の事実は存在するわけで、損害賠償額はともかく、判決になった場合は間違いなくユリエの側が敗訴するからであった。

そこで、この裁判の狙いがどこにあるのかを明らかにするために、㈱林田をめぐる稲山の不正行為について裁判の中で指摘し、裁判官に訴えた。裁判官としては、このような背景については十分理解をしつつも、裁判の争点としては不貞の事実があったのかどうか、あったとしたら、その損害賠償額をどのように評価すべきかという点での判断をせざるを得なかった。

すでに原告である好子の尋問を終え、次は被告のユリエの尋問の予定であった。この頃、ユリエはリンパ腺の病気で入退院を繰り返しており、出廷が困難であった。

裁判当日、私は、この事情を裁判官に報告すべく、定刻よりやや早めに法廷に向かった。法廷に入ってみて驚いた。傍聴席の様子がいつもと違うのである。いつも来ている稲山の子分の野本、魚沼らは誰もおらず、代わりにヤクザ風の男が数人いた。稲山のボディーガード的役割と見られる山村だけがいて、彼がヤクザ風な男達を引き連れてきたのだ。証言するユリエにプレッシャーをかけようとして稲山が手配したことは明らかだった。

そこへ岩本弁護士が入ってきた。私は岩本弁護士を法廷外に連れ出し、今日はユリエが出廷できないことを伝えるとともに法廷内の様子を伝え、「いったい、どういうつもりだ」と責め立てた。

岩本弁護士は困ったという顔をし、「稲山さんは何を考えているのだろうか。こんなことをしたって何にもならないのに、本当に嫌になっちゃうよ」と答えた。私は裁判官の控室に入って法廷の様子を伝えるとともに、ユリエは病状が思わしくないため出廷できない旨を説明した。硬派の裁判官はヤクザ風の男云々に怒り、そのような連中に対しては毅然たる態度をとらねばならないと息巻いたが、まあまあと説得し、結局今後の進行について和解室で話し合うことにした。山村らのプレッシャーは空振りに終わった。

地裁一六階の民事三一部和解室で、岩本弁護士、私、裁判官の三人、そして部屋の隅に司法修習生が一人いた。

冒頭、「この事件は嫌な事件だ。岩本代理人、訴えを取り下げたらどうか」と裁判官が切り出した。

「いや、それは難しいです。彼女は私の意見をなかなか聞かないのです。私なんかより、はるかに稲山弁護士を信頼していまして、まあ譬えて言えば、オウムに入信しているのと同じで、なかなか私の説得を聞かないのです」

「譬えでなく、オウムそのものだ。弁護士として稲山さんは説得できなくても、好子さんを説得することはできるでしょう。それが代理人としての責務ではないですか。腐っても弁護士でしょう。稲山さんが会社を実質的に支配しているのが異常だ」。そして、「内田先生、稲山さんに対して最後の切り札を出してやったらどうですか」と裁判官。

「何ですか、それは」

「懲戒事件取り下げの上申書を出してやることですよ」

「私の方でも、和解ができるのなら出してもいいと言っているんですよ」

「それは則男さんの名前で出してもいいということでしょう。そうではなくて、内田先生ご自身の名前で上申書を出してやるんですよ。稲山さんの行為も無理からぬところがあるとかなんとか書いて」

「冗談じゃないですよ。私としては、頓挫はしたが、この間、関係者間で進めてきた和解の話について、本心としては反対だったが、則男の代理人弁護士としての私の任務は、一人の悪い弁護士をやっつけるだけではなく、依頼者である則男の生活を現実的に保障しなければならないことだと思って、不承不承和解の話に乗ってきたんです。それを稲山が和解金額を値切ってきたのみならず、則男さんの謝罪まで求めてきたから話が壊れたのです。あんな奴に私の名前で上申書を出すなんてとんでもありません。そんなことできるわけがありません」

「いや、内田先生は弁護士としての務めを十分に果たされていますよ。ですから、もういいではないですか。……ところで、懲戒処分の方の見通しはどうですか」

「なかなか予測の難しいところでして、除名かあるいは単なる業務停止か、微妙なところです。そうですよね、岩本さん」と、私は岩本弁護士に水を向けた。

「そうですね」

「岩本さん、先ほど裁判官からも話がありましたが、好子さんが稲山の言う通りになっていると分かっているのなら、なぜあなたが自身の立場で好子さんを説得しないのですか。あなたは弁護士でしょう、それが好子さんの代理人としてのあなたの任務でしょう」

そして私は、このやりとりをずっと見ていた司法修習生のほうをちらっと見てから、再び話し始めた。いささか演説調である。

「今日は修習生も同席していますが、このような話をずっと聞かされていて、彼はきっと『弁護士ってのは、なんて汚い職業だろう』と思いますよ。裁判所だって、そのように考えると思います。しかしね、これが弁護士のすべてだと思ったら、それは間違いです。大半の弁護士は皆、真面目にそして地味にコツコツと仕事をしています。稲山のようなケースはごくまれなものです。稲山のような一人の弁護士によって弁護士全体の仕事がおとしめられてしまう。私はそれがたまりません。……岩本さん、あなたの説得で好子さんが応じなければ、あなたは辞任すべきです。川藤弁護士が辞任したのは、そういう理由ですよ。弁護士は依頼人にベッタリではなく、一定の距離感を持って接するべきです。それが弁護士の矜持でしょう」

「いや、それは私だって……」と岩本弁護士は口ごもり後の言葉を飲み込んでしまったが、この時点では彼の逡巡がどれほど強いものか、考えもしなかった。

競売妨害と稲山のボス弁護士の暗躍

稲山側は「和解」を蹴ると、またぞろ悪だくみの画策を始めた。

稲山が池袋の昭和シネマ跡地を国際メタル㈱に転売するにあたり、同社の「資金調達」のために㈱林田の大森の土地約五二〇〇坪を貸主である新和ファイナンスに一一五億円の抵当権を設定、この抵当権に基づき、九三年八月一一日、同地に対する競売開始決定がなされた。

ところが、稲山はここでもまた悪知恵を働かせた。

新和ファイナンスが大森の土地に一一五億円の抵当権を設定した当時、同土地上には㈱林田名義の無登記の建物とストックヒル名義で登記された建物があった。新和ファイナンスとすれば、土地だけでなくこれらの建物、とりわけストックヒル名義で登記された建物についても抵当権を設定しておかなくてはならなかった。というのは、この建物は敷地について借地権を主張し、土地の競売に対抗し得るからである。しかもこの敷地は大森の土地全体の中で道路近くの重要な部分を占めていた。しかし、迂闊にも新和ファイナンスの担当者は現地を実際に見ずに登記簿謄本だけで抵当権を設定したので、この建物の存在に気づかなかった。一一五億円もの大金を融資するというのに、なんと杜撰《ずさん》なと思われるが、バブル期はそういう異常な雰囲気に包まれていたということであろう。

稲山はこれらの建物をテコとして、新和ファイナンスからの競売に対抗しようとした。これらの建物によって、新和ファイナンス側に競売の遂行を諦めて競売を取り下げさせ、大森の土地を任意に売却することによって一定額の金を新和ファイナンス側から出させようとしたのだ。そのためには買主を捜さねばならなかった。この種のいわゆる事件物については、真の買主は表には登場せず、ダミーを使って競落させ、地上げをさせて権利関係を整理した上で引き取るというのが通常だった。

ダミー役を果たしたのは、文京区所在の角川建設という会社であった。この会社はその世界では知られた存在で、かなり荒っぽいやり方をするので恐れられていた。角川建設が関与しているならば仕方ないと手を引かされた業者も少なくない。

稲山は、この角川建設と組んだ。角川建設の顧問をしていたのが、稲山と同じく第二東京弁護士会の大幹部である畑中光弁護士であった。彼はなかなかのやり手で、第二東京弁護士会会長、日本弁護士連合会副会長などを務めたこともあり、第二東京弁護士会内の有力派閥である法曹同友会の重鎮でもある。ちなみに稲山も法曹同友会の所属である。畑中弁護士の仕事ぶりについてはとかくの風評があり、いわゆる清濁併せ飲むタイプと言われていた。清濁というと聞えはいいが、実際には濁が半分以上であるのがこの種の人物の常だった。九六年頃より稲山は畑中弁護士とひんぱんに連絡をとり、大森の土地の任意売却についての画策をしていた。

このような動きを知った私は、畑中弁護士に会って、㈱林田をめぐる稲山の不正行為について説明し、彼とは手を切るよう進言しようとした。第二東京弁護士会所属で畑中弁護士と同じ法曹同友会に属する川藤繁彦弁護士に相談し、畑中弁護士に連絡をとってもらったが、なかなか面談が実現しなかった。そこでさらに、派閥は違うが同じく第二東京弁護士会の幹部である、知人の三塚素夫弁護士に依頼して畑中弁護士との間をつないでもらった。

もう九六年の暮れもおし迫った頃、銀座の東武ホテル隣の建物内にある畑中弁護士の事務所を訪れた。弁護士会の大幹部の法律事務所だけあって、さすがにきれいな重厚な感じの事務所だった。わが貧乏弁護士事務所とは比べものにならない。

挨拶して名刺を手渡そうとしたところ、「いやいや、内田先生のことはよく知っています。先生は有名人ですから」と畑中弁護士はやけに丁重な態度を示した。そしてさらに、「いや、川繁や三塚君から内田先生に会うように言われて、私も先生とはお会いしたいと思っていたのです」。

川繁とは、川藤繁彦弁護士のことで、かつて後輩の稲山に頼まれて稲山の代理人弁護士を引き受けたものの、稲山のやり方に愛想をつかし、辞任をした気骨のある男である。

「……」

「三塚君からは内田を怒らすとこわいぞと言われましてね。私は決して逃げ隠れなんかしません。……」とべらべらしゃべる。

私は慌てて、「いや、先生、そんな、逃げているなんて、そんなことは」と応答しながらも、妙なことを言うな、とかすかに疑問を持った。この疑問は後になって解けた。

とにかく、その場では、稲山の不正行為を説明し、稲山との関係については慎重であることを求めた。

「分かりました。当社（＝角川建設のこと）は危険な取り引きはしません」

そして続けて、「しかし会社としてもビジネスですので、もろもろの事情が解決すれば、当然、取り引きをすることになります」とも言った。

私は畑中弁護士も理解してくれたと早飲み込みをした。畑中弁護士と稲山の深い付き合いを知らなかったのである。後になって分かったことだが、この年の春頃から、稲山は畑中弁護士とひんぱんに連絡をとっていた。畑中弁護士は懲戒請求をされている稲山が関与している大森の土地五二〇〇坪に、その特有の嗅覚で金の匂いを嗅ぎつけていた。そして、懲戒処分の結果を心配する稲山に、処分は弁護士バッジを剝奪されるような重いものではなく、せいぜい業務停止一年くらいのものだといい加減なことを言って稲山を「ヨイショ」していたのだ。懲戒処分の結果をもっとも恐れていた稲山は、畑中弁護士のこの「ヨイショ」に喜んだ。

「畑中先生の情報は正確だ。畑中先生が業務停止程度だと言っているからには間違いない」と岩本弁護士らに語っていた。このようないきさつを知らなかった私は、畑中弁護士も分かってくれたと簡単に早飲み込みをしてしまったのである。

さて、大森の土地をめぐる稲山の画策は着々と進められた。

九六年一一月二二日、競売の入札期日（九七年一月二二日～二九日）の通知が来るや、一二月九日に大森の土地上に未登記のまま残っていた㈱林田の建物を㈱林田名義で保存登記をし、そして一二月二五日付で売買を理由として角川建設名義に変更した。角川建設は翌九七年一月九日付で同じく大森の土地上にあったストックヒル名義の建物を買い受けた。そして角川建設はこれら買い取った二つの建物を、入札の終わった後の一月三一日付、二月二日付で取り壊した。

この二つの建物を角川建設名義にしたのは、入札期間、同社がニラミを利かし、他社に対し入札しても後が大変だということを示したことに他ならない。つまり、特定の者に落札させる目的でなしたのである。従って入札期日が終わるや、角川建設はせっかく取得した建物を取り壊し、登記簿上も閉鎖登記をしてしまった。これは稲山が畑中弁護士と組んでしたことであり、競売妨害の疑いが濃厚である。

果たして、入札者はトータルハウジングという一社だけであった。同社には稲山の息がかかっていることは間違いなかろう。

この「競売妨害」では、稲山・㈱林田に三億円が入った。ということは、畑中弁護士、角川建設側にも同じような金額が支払われたということを意味する。もっとも、業界通によれば、それぞれに支払われたのは三億円ではなく五億円であるとも言われている。

本来なら一銭にもならないはずの土地に法律的細工を仕掛けて、なんと三億円も五億円ももうけるとは……。法技術を金の匂いのするところにばかり活用する、まさに銭××弁護士・稲山の面目躍如であった。稲山と和解の話を進めていたとき、こちら側の条件の一つとして、「大森の土地の処分権限を則男に渡す」ことを求めると、稲山からは「担保が目一杯ついているので意味がない」と拒否されたが、それは口実であって、実はこんなウラがあったのである。

かくして、大森の土地は失われ、この土地の処分をまかしてもらい、利益をあげて対稲山のために出した軍資金三〇〇〇万円を回収しようという分銅の目論見は、潰《つい》えることになった。私の責任ではないが、分銅よ、申し訳ない！　また、わが依頼人の則男にとっては、これで一時期ではあるが、時価一〇〇億円以上はした虎の子の土地が失われてしまった。代理人弁護士としては残念でならない。

昭和シネマ跡地転売のトラブル和解——稲山窮地脱出か

九六年晩秋、稲山の事情がにわかに変わってきた。つまり私にとっても事情が激変しつつあったのだが、私は稲山のような情報源をもっていなかったため、それを知ることはなかった。もし知っていれば、少しは余裕を持てたかもしれないが……。

稲山は焦りはじめていた。当初は業務停止処分くらいで済むだろうと考えていたのが、後に判明するとんでもない（いかにも稲山らしい）やり口で入手した懲戒委員会の審理経過情報によると、状況はかなり厳しく、弁護士バッジを失うことになるかもしれないと知ったからだ。

外に対しては虚勢を張り、「弁護士なんかいつでもやめてやる」などと言ってはいたが、実際は随分と自尊心の強い男で、現金、成城の大邸宅、箱根の別荘、フェラーリなどとともに、弁護士バッジも彼が最も大事にしているものの一つであった。

今回の一連のトラブルの大本は、豊島区池袋の昭和シネマ跡地の購入・転売が頓挫したことにある。あれをなんとかすればと稲山は思った。

すでに㈾昭和シネマのもう一人の無限責任社員であった永野仁の申立てにより、㈾昭和シネマ↓中林良夫↓㈱林田間の土地の移転が無効なことは、高裁でも判断が出ていた。㈱林田としては最高裁に上告していたがこれは全く見込みがなかった。上告が棄却されるのは時間の問題であった。

永野仁の代理人であった加藤章二弁護士と稲山との間では、かねてから和解のための話し合いが持たれてきたようであるが、和解金の額をめぐって話がつかなかった。漏れ聞くところによると、稲山側が二億円を提供するとしたのに対し、加藤弁護士は一〇億円を要求していたという。加藤弁護士も、バブルのツケで数億円の借金を負っていたらしい。このように当事者本人というよりも、その代理人弁護士の欲の張り合いで、和解は成立しなかった。その間に土地の値段がどんどん下落してしまったのだから、皮肉なものだ。

稲山とはまさに犬猿の仲の加藤弁護士が、この年の夏、ガンで亡くなったのである。亡くなる直前の加藤弁護士の様相は痩せ衰えて、凄まじいものであった。医者からは手術をしなければ半年から一年の命、手術が成功すれば三年間の命、ただし成功の確率は五分五分と言われ、彼は手術せずに一年間の命に賭けた。この一年の間に稲山と決着をつける、と。稲山と金に対する執念である。しかし、この執念は果たされなかった。稲山には起死回生にして千載一遇のチャンスがめぐってきた。つくづく稲山は悪運が強い男だ。

加藤弁護士の後任となったのは山村芳紀弁護士であった。私はさっそく山村弁護士の事務所を訪れ、稲山の不正行為について説明した。山村弁護士は私より若かったが、丁寧な応対をし、なかなか感じがよく、こちらの立場を理解してくれたと思った。ところが後に分かったことだが、この山村弁護士はとんでもないことをしてくれた。この年の暮れになって、山村弁護士は稲山と話をつけ、金二〇〇〇万円の和解金と引き換えに最高裁でも勝訴間違いなしの、㈱林田に対する前記訴訟を取り下げてしまったのだ。

その結果、㈾昭和シネマ→中林良夫→㈱林田という土地の移転が有効なものとなった。稲山は、これで懲戒委員会での審議の流れを変えることができると勇躍した。私たちは蒼い顔になった。宮崎、石川、分銅ら学生運動仲間にとっても、また木下社長ら被害者同盟にとっても青天の霹靂だった。稲山に対する懲戒請求の理由の根幹のところで事情が変わってしまったのだ。懲戒委員会の審議の遅れがこの事態を導き出したともいえる。もう稲山に対する除名処分は無理かもしれない、またしても稲山は逃げ切るのかと暗澹たる想いにとらわれた。おそらく宮崎、石川、分銅たちの心中には、だからもっと早く和解をしておくべきだったのだという思いが生じたことであろう。もし稲山に逃げきられたら、彼らにも面目が立たない。

私にとって、山村弁護士が稲山と和解したのはショックだった。あれほど説明したのに……。それにしても和解金がたったの二〇〇〇万円とは、加藤弁護士の頃の一〇億円とは随分違うと怪しんだ。後に判明したところによると、やはり裏があった。今回の和解金は二〇〇〇万円とするが、池袋の昭和シネマ跡地が売却された際には、その売却代金中から数億円がさらに支払われるという密約が稲山と山村弁護士間でなされていたのだ。相手方弁護士を取り込む、これが稲山のやり口だった。

かつて稲山は、この方法を㈾昭和シネマ（中林トシ、良夫側）代理人の大川秀晃弁護士に対しても使っていた、という話を宮崎から聞かされたことがある。池袋の昭和シネマ跡地がまだ㈾昭和シネマ名義であった頃、稲山は中林の番頭をしていた㈲アルダス企画の北輝夫、大川弁護士のところへ日参し、土地を売ってくれたら謝礼として五億円を支払うと約束した。この誘惑に乗らない手はない。北輝夫、大川弁護士は中林トシ、良夫に働きかけ、昭和シネマ跡地を㈱林田に売却させ、この売買が本件紛争のもととなったのである。

売買がなされたことによって、稲山は約束の五億円のうちの半分の二億五〇〇〇万円を北輝夫、大川弁護士らに対して現実に支払った。どうしてこの事件には、このように悪い弁護士がこんなに登場するのであろうか。

以前、テレビ朝日「サンデープロジェクト」が稲山問題を取り上げたときのことを思い出した。もちろん私自身も登場し、稲山のさまざまな不正行為を解説したのだが、それについて他の弁護士あるいは除名された元弁護士がコメントした。元日弁連会長の中坊公平弁護士は当然のことながら稲山の行為を厳しく批判し、「弁護士というのは坊さんと同じだ。人の不幸につけ込んで仕事をさせてもらってるんだ。だから弁護士が受け取る金はお布施と同じなんだ。そのことを忘れたらいかん」と、なかなか味のあるコメントをした。

ところが、赤坂のクラブ「ミカド」をめぐる詐欺事件で弁護士会から除名処分を受けた石田実という男がすごいことを言った。私はこの石田実と研修所が同期だったので、彼がどうコメントするか興味深かった。

「人間誰しも欲望がある。いい家に住みたい、いい服を着たい、旨いものを食いたい、寒いときには暖かいところに行きたい、弁護士だって皆同じですよ」

いかにも彼の言いそうなことだった。そして、「弁護士も一万五〇〇〇人からいるんですから、まあ一〇人くらいは……」。

この「一〇人くらいは」の後は当然、「悪い弁護士もいる」と続くと思い、「一〇人？ちょっと控えめだな」などと考えながら聞いていた。

ところが石田は、「一〇人くらいは立派な人もいますが、あとは皆、稲山氏と同じようなものですよ」と、とんでもないことを言った。

「奴は全然反省していない」と、開いた口がふさがらなかった。

第五章　形勢逆転！（一九九七・一〜一九九七・七）

稲山に除名処分

林田則男・山川ユリエ・内田弁護士・外山弁護士・金沢弁護士・石川猛・分銅京二・森川弁護士・木下拓弥・大河内弁護士・宮崎学

安弁護士・在日二世の好漢

稲山弁護士・野々山一靖・野本弘夫・魚沼昭雄・林田好子・林田宏・岩本弁護士・伊達弁護士・斎藤弁護士・磐田博幸・山村弁護士・八幡雄治

弁護士会懲戒委員会、稲山を除名処分決定

薬害エイズ訴訟が和解し、国政史上初の小選挙区選挙で自民党単独政権が復活した一九九六年が去り、九七年が消費税五％値上げ議論で明けた。稲山との闘いは四年目に突入した。私の年頭行事は、前年に続いて早明決戦の国立詣でとなった。母校・早稲田に昨年の雪辱を期待したが32対22で負けた。後半は2トライ2PGで3点差まで詰め寄ったのに、ミスを連発して逆転の好機を逸してしまった。稲山との闘いでも、ポカと気のゆるみは禁物だ。彼を追い詰められるかは、懲戒処分の決定にかかっていた。それも単なる業務停止では話にならない。除名処分を勝ち取ることによってしか我々に勝利の展望は開けない。

二月初め、突如終結されてしまった花岡事件裁判の原告である中国の老人達と打ち合せのため、私は三月、中国・北京に行った。

花岡事件とは、戦時中、日本に強制連行され、強制労働させられた中国人のうち、とりわけ待遇が過酷であった秋田県花岡市の花岡鉱山鹿島組（現㈱鹿島）の出張所で虐待に耐えかねた中国人が蜂起し、憲兵隊、警察によって弾圧され、約五〇〇人の中国人が殺された事件である。

北京では、原告達との話し合いだけでなく、外交部やその外郭団体である中国友誼促進協会の幹部らとも会食、ちょうど年一回の全人代（全国人民代表大会）の開催中で、我々の友人劉彩品女史が台湾省の代表（もちろん、北京政府の一方的な指名）として参加して

いるので、原告の老人達を彼女にも会わせて、協力を要請したりした。

三月の北京は、思ったより暖かかった。中国には花岡事件の関係で、九〇年代に入って何度も来ているが、最近では高層のホテルが次々と建てられ、若者の服装も色彩豊かとなり、随分変わった。

夜、ホテルに戻った私は、第二東京弁護士会の三田事務局次長宅に国際電話を入れた。今日あたり、稲山に対する処分が出るはずであった。あいにく、三田次長は不在であった。処分の内容については一応、除名らしい感触を得ているものの、こればっかりは正式に処分が出されてからでないと、なんとも言えないと気が気ではなかった。とりわけ、稲山が最終局面で山村弁護士と談合して昭和シネマ（永野仁）側と和解してしまったことがどう評価されるか、これを全く無視することができるであろうか、と。

夜遅くなってから、再び三田次長宅に国際電話を入れた。しかし、またしても三田次長は不在で、電話に出た三田次長の妻は、なぜ東京弁護士会の内田からわざわざ自宅宛に、それも二回も電話がかかってくるのか不思議そうであった。

結局、三田次長とは連絡がとれなかったのだが、この間に第二東京弁護士会所属で木下産業㈱代理人の安弁護士から事務所の方に電話が入っていた。どうも除名処分に決定したようだ、と。この連絡を聞いて、一応はホッとした。やっとここまで漕ぎつけることができた。しかし他方では、正式発表までは安心できないとも思っていた。

うれしいことに、情報は正しかった。

弁護士、裁判官、検察官委員によって構成される第二東京弁護士会懲戒委員会は、詳細な審理をした上で、九七年三月一七日、稲山を除名処分としたのである。

除名とは、弁護士資格を剝奪することで、弁護士に対する懲戒処分中、最も重いものである。懲戒委員会決定は、以下のように述べる――

①被審査人（稲山、以下同）は、池袋物件の購入を渋る木下産業グループに対しては大森の土地の担保提供と抱き合わせという好条件を、㈱林田に対しては第一次業務協定の取決めを大幅に上回る価格による転売という一見極めて有利と映る条件を、それぞれ提示することにより双方を納得させて危険な取引に引きずり込んだ。

②大森の土地の担保が解消しない限り成功とは言えないのに、被審査人は、地上げ事業が成功したとして、自らの報酬金八億五四九〇万円、㈲オリーブの報酬金二億九〇〇〇万円を、それぞれ㈱林田から支払わせた。

③その後国際メタル㈱は、池袋物件の再開発や転売に努力した形跡もないまま、新和ファイナンスへの借入金返済を怠り、大森の土地の競売を招いた。

④被審査人は、則男からの信頼を失って全面的に解任されると、則男を㈱林田から締め出すとともに、則男所有の㈱林田の株券差し押え等の背信的な裏切り行為に走った。

⑤池袋物件の転売によって㈱林田の財務内容は従前より悪化しているのに、被審査人は、右報酬の支払いを含め、その全てが適正妥当であると主張して何ら反省の色を見せない。

この点から推して、被審査人は、当初から右財務の悪化という結果を予想し容認し、むしろ積極的にその結果を招来したとすら認められる。

右①②③④⑤の事態の進行から見れば、国際メタル㈱に対する転売・担保提供は、むしろ、被審査人が池袋の地上げ事業の破綻を予測しつつ、その破綻前に㈱林田の資産を取り込もうとした背信的な行為の一過程にほかならない。（略）

それまでの経緯を仔細に検討すれば、則男自身の浪費癖や資産管理能力の欠如もまた右結果の招来に大いに影響していることは否定できないが、それを考慮に入れたとしても、被審査人が受任弁護士としての職責も省みず、弁護士報酬にことよせて依頼者の資産を取り込むのに熱中した挙げ句、依頼者の信頼を失った途端、手のひらを返すように背信行為に走るという、この被審査人の倫理観念の欠如した行動は、断じてこれを容認することができない。

当委員会における審理の過程で、被審査人が終始反省悔悟の素振りもなく、ひたすら責任逃れに腐心したことは、もはや被審査人に弁護士の職責を担う資格のないことを自ら表明したも同然である。そこで、当委員会は、被審査人の弁護士資格を失わしめるのが相当であるとの結論に達した。

なお、私がもっとも気をもんだ「永野側との談合和解」についての評価であるが、懲戒委員会では激論が交わされたという。

「訴訟の取り下げによって土地の売買は有効になったわけだから、懲戒理由としては消えることになる」

「いまさら売買が有効になっても遅い。もとより危険な取り引きをしたことが問題だ。それも自分の利益を得るために……」等々である。

しかし結局、厳罰論が維持された。このことについては、外部委員（懲戒委員会は弁護士、裁判官、検察官、学者からなる一五名の委員によって構成されている）、とりわけ裁判官委員が厳しい意見を述べたという。

さて、この除名処分はそれぞれの陣営にどのような反応をもたらしたのだろうか？　まず稲山だが、大いなる読み違いであり、予想外の敗北であったことだろう。しかし、従来の主従逆転関係（稲山が主人で好子らが従者である関係）が維持されていれば、まだまだなんとかなる。稲山側にはまだ池袋の昭和シネマ跡地をはじめ渋谷区円山町の土地、㈱林田の株などあわせて一三〜一五億円もの資産が残っている。これをじっくりと蚕食《さんしょく》すればいい。ただし、則男側から一〇億円の損害賠償を請求されているので、巧みに資産隠しをして、仮に賠償金を支払えという判決がでてもこれを逃れるすべを講じておかなければならない。また、依頼者がマインドコントロール下にあれば、告訴だって逃れられる。

一方、わが則男陣営はどうだろう。これまでは苦しい消耗・持久戦が続いていた、時には渋々和解を進めなければならない厳しい局面もあったが、この除名処分をもって一気に攻勢に転じることができる。まさに除名処分をもって一点突破全面展開へと向かうのだ。

三十数億円にのぼる則男の失われた財産を稲山から取り戻す一方で、残りの財産を蚕食しようとする稲山の動きを封じ、さらに稲山を刑事告訴をもって塀の内側へ叩き落すのだ。そのためには、何がなんでも好子たちを稲山のマインドコントロール下から引きはがさなければならない。

悩ましいのは、宮崎、石川、分銅らわが盟友たちである。いま一度スクラムを強固に組みなおそうと、それぞれに報告をかねて連絡をとった。みな一様に喜んではくれたが、かつてのような熱い反応は感じられなかった。それぞれの思惑どおりの金銭的リターンができるかについては、自信がなかった。しかし、彼ら盟友たちの友情に報いるためにも、稲山を裁判で追い詰める一方で、なんとしても奪われた金を取りもどさなければならない、と決意を新たにするのだった。

ところで、稲山が大森の土地をめぐって「競売妨害」による土地転がしを行ない私腹を肥やしたことを記したが（二七一頁）、これらの「仕事」は、稲山が除名処分を受けた九七年三月一四日の直前に完了している。見事としか言いようがない。これに協力したのが第二東京弁護士会の会長までも務めた、同会の大幹部である畑中弁護士なのだ。このいきさつを知り、ようやく私は畑中弁護士との面談の際、同弁護士がやけに丁重な態度を取ったことに合点がいった。稲山は除名となるが、畑中弁護士に責任はないのであろうか。

稲山に対し一億円の損害賠償を命ずる判決

三月一八日午後一時一〇分、東京地裁六二六号法廷。九三年五月、則男が突如㈱林田の代表取締役を追放され株主としての権利を奪われたことに対して、稲山に損害賠償を求めていたが、その判決言渡しがあるのだ。緊張して原告代理人席に就く私と外山弁護士。被告側は誰も出席せず。但し、傍聴席の後にメモを用意して一人で座っている女性は稲山が放った偵察員と思われる。同じくメモの用意をして都税のマルサもいる。

裁判官が入廷し、法廷が開かれた。最初に「げ」と言うか、それとも「ひ」と言うか。「げ」ならば「原告の請求を棄却する」で原告敗訴、「ひ」ならば「被告は原告に対し金×××円を支払え」で原告の勝ちということになる。

裁判長が判決文を読み上げる。

「主文。被告（稲山）は原告（則男）に対し、金一億一四九万円及びこれに対する平成五年一二月八日から支払済みに至るまで年五分の割合による金員を支払え」

原告は、弁護士である被告に株券を信託したところ、被告がその一部を①無断で原告の妻に贈与し、また②架空債権に基づいて競売させられてしまった。さらに、被告は、③他者のために会社に担保提供させ会社に財産的損失を与え、また新株発効により、受託株式の株価の低下をもたらし原告に損失を与えた。さらに、被告は原告からの④預り金を返還しない。そこで、原告は、被告に対して、信託契約違反または不法行為に基づき、損害賠償を請求した。

これに対し、本判決は、「①は無断ではない。②は執行債権があるが信託契約違反であり、時価と競売代金の差額の損害賠償責任を認める。③は会社が請求するのが原則であり株主であった原告が直接請求することはできない。④は証明がない。」と判断して、②についてだけ請求の一部を認容した。

法律的には困難な点もあったが、一部認容とはいえ、裁判所はよく工夫して判決を書いたと、裁判所の判断に感謝した。裁判所としても長期間にわたる審理、とりわけ、三回(六時間)にわたった稲山に対する尋問を聴く中で、依頼者の信頼を食い物にした稲山弁護士の行為が許せないと考えたのであろう。

稲山を除名処分に付した第二東京弁護士会の議決も、そして本日の一億円余の損害賠償を命ずる判決も、いずれも稲山が則男に行なった則男の㈱林田の株式の差し押え、競売を最も重大な権利侵害として把えている。当然だと思う。近視眼的には法的な手続きを踏んで、合法的なように見えても、全体としてみれば違法なものであることは明らかである。

判決もその理由の中で、「被告(稲山)の原告(則男)に対する債権回収は権利行使の名目であり、真の目的は、㈱林田の株主権の原告からの排除であり、かつ被告は助言者にとどまらずこれに主体的に関与したと解される」と断じている。

法的正義ということを考えるならば、当然そう考えるべきである。ところが、手続的に「適法」ならば、何をしてもいいという「法律オタク」の稲山にはそれが理解できない。

小手先細工でその場限りの切り抜け策を講じ、一時的にうまくいったように見えたとしても、結局は墓穴を掘る結果となってしまったのである。

前代未聞の懲戒委員会録音テープ流出事件

このように、九七年三月一七日、第二東京弁護士会は、稲山を除名処分にした。ところが、本来秘密のはずのこの懲戒委員会の審議の内容が録音されたテープ数回分が稲山側に渡り、写真週刊誌の記者に提供され、公にされるという前代未聞の事態が起きた。稲山とすれば、テープの存在を秘した上で懲戒委員会の経過を公表し、自分がいかに不当な処分を受けたかを明らかにさせようとして、写真週刊誌に働きかけたのであるが、そうは稲山側にだけ都合よくはいかなかった。

写真週刊誌は、懲戒委員会の審理経過もさることながら、あり得べからざるべき録音テープの流失という点に重点を置いた記事を書いた。当然である。稲山は弁護士であったにもかかわらず「違法収集証拠は排除される」という法原理を忘れてしまっていたのである。逮捕・家宅捜索等については捜査当局の恣意的な振る舞いを封じるため、法は裁判官の発する令状によってこれを行なうとしている。このような手続きを踏まずに収集された証拠は証拠能力が否定されるので、たとえそれが有罪の決め手になる証拠であっても無罪ということになる。「デュープロセス」法理といって憲法三一条に規定されている。稲山は懲戒処分がなされる以前の段階で、この不正に入手した録音テープを岩本弁護士らに聴かせ、

「どうしてこんなものが」と驚く稲山の代理人である伊達、斎藤両弁護士らに「ＣＩＡですよ、ＣＩＡ」と得意気に話したという。もともと㈱林田をめぐる稲山の行動そのものが不正行為の繰り返しだったのであるから、録音テープの不正取得など、彼にとっては平気なことであったのであろう。

ゲラの段階で、写真週刊誌の記事が、稲山が録音テープを所持していることを明らかにしたものであることを知った稲山は、さすがに慌てた。ライターに電話し、「録音テープは廃棄したので、もうこの地球上には存在しない。もし録音テープを所持していたことを書いたら、お前を殺す」とわめいたという。

四月初め、この記事が発表された。**「弁護士会『懲戒委員会』の審議隠し録りテープ流失！」**という大きな見出しが踊っていた。第二東京弁護士会は大騒ぎとなった。審議経過を録音していたのは誰か、それを稲山に渡したのは誰か、さっそく第二東京弁護士会会長を委員長とした真相究明委員会が設けられ、懲戒委員らからの事情聴取を開始した。

私も独自の調査を直ちに開始した。まず録音テープが隠し録りされたものであるかどうかの確認が先決だった。夜、第二東京弁護士会の三田事務局次長宅に電話をした。

「三田さん、記事、見た」

「見ました」

「それで確認したいんだけど、懲戒委員会ではいつもテープを録っているの」

「いや、録っていません」

これではっきりした。懲戒委員会でテープを録っていないとすれば、もう隠し録り以外になかった。だとすれば、それは懲戒委員の誰かがやったとしか考えられない。犯人は懲戒委員のうちの弁護士委員に違いない――なぜなら、発覚すれば自らの首も確実に飛ぶが、このようなことは単なる稲山からの依頼だけではいくら金を積まれたとしても絶対にやらない、それ以上の力が働いた結果である、その力とは弁護士会のボス支配に基づく力だ――と思っていた。

そして、弁護士出身委員の出身派閥を調べた結果、稲山と同じ二弁の法曹同友会に所属する某弁護士に突き当たった。この法曹同友会には、前述したように、稲山が除名処分を受ける直前に、大森の土地に関し競売妨害的行為をして数億の金を手にした際、一緒に組んだ畑中弁護士がボスとして君臨していた。稲山が畑中弁護士に泣きつき、そして畑中弁護士が懲戒委員の某弁護士に命じた、これが真相だと確信した。

しかし、この推理は間違っていた。録音テープ流失の犯人は、なんと、三田次長だったのだ。第二東京弁護士会真相究明委員会で事情聴取された際にこのことを知らされたとき、私は愕然とした。三田次長も悪い稲山をやっつけるために、その立場上、許される範囲で協力してくれる盟友だと考えていたからである。

「そんなはずはない。だって、三田さんには動機がないじゃないですか」

「いや、動機がないこともない。それに本人が認めていますしね」

「ええっ、そんな、本人が認めているって……」

驚いたのはそれだけではなかった。懲戒委員会の審議があった数日後に私がよく二弁の事務局を訪ね、三田次長に審議の経過を聞いていたこと（といってもそれは進行具合であって、審議の中味ではなかったことはもちろんであり、しかも秘密裡ではなく公然と訪れていたのであり、このこと自体はなんら問題となるものではなかった）、懲戒委員会の最終局面の頃に、三田次長の自宅に数回電話したことがあったこと、そして稲山が除名処分を受けた後、三田次長を食事に招待したことなどを究明委員会が把握していたからである。もちろん、審議の途中で一回だけだが、三田次長が私に何気ない調子で議決書案中の事実認定に関する案文を見せたことも把握していた。ここにいたって、真相究明委員会の私に対する事情聴取が単なる事情聴取ではなく、取り調べの一種であることを悟った。

「それで、先生はたびたび三田次長のところに来られたことがあるようですが、どのような目的で来られたのですか」

「いや、懲戒委員会の審理があまりにも遅いものですから、その進行具合について、いまどの辺りの状態かと聞きに行ったわけです。決して中味を聞きに行ったわけではなく、この事件、つまり稲山の不正行為は現在進行形でして、一日も早く弁護士会の処分を出していただきたかったのです」

「三田次長の自宅にまで電話をされたことがあるようですね」

「いや、それは事務局に行っても三田さんに会えなかったような場合に、たまたまですね。三田さんから電話番号を聞いていましたので」

「審理の中味を聞いたわけではないとおっしゃいますが、三田次長から議決書の案文をもらったことがあるようですね」

「いや、もらっていません。見せてもらっただけです。ほんの草稿ですよ」

「そうですか、三田次長は渡したと言っていますが」

「いや、見せてもらっただけです。それも事実認定に関するまだ草稿の一部ですよ。三田さんがまだこんな状態なんですよ、と言って持ってきたんですよ。いいのかなあ、こんなものを見せてもらっちゃってと思ったんですが」

「一緒に食事をされたこともあるそうですね」

「ええ、一度だけ、でもそれは稲山氏に対する懲戒処分が出てからですよ、まあ、三田さんには進行具合などについていろいろ聞きに行ったりしてご面倒をかけたりしましたので、そのお礼にといった気持ちですよ」

もう、たまらなかった。三田次長はなぜこんな余分なことまで真相究明委員会に話してしまっているのか。これでは、あたかも私が三田次長を買収していたと疑われかねないではないか。

そして、三田次長との食事の際に、外山弁護士を連れて行かず、私一人だけでよかったと思った。三田次長を食事に誘ったのは、本当にご苦労様でしたという感謝の気持ちからであった。食事をしながら、三田次長と共通の学生時代の友人のことや昔の学生運動のことなどを打ち解けて話した。ところが、この三田次長までもが、理由はなんであれ、稲山と通じていたとは……。

それでは、あの食事をしながらの彼との会話はなんだったのだろうか。こんなに人を見る目がないのかと、私はすっかり落ち込んでしまった。

第二東京弁護士会の三田事務局次長は、この懲戒委員会の録音テープ流失事件の犯人とされて懲戒解雇という極めて厳しい処分を受けた。この原因をつくったのは言うまでもなく稲山である。にもかかわらず、利用するときはとことん利用して、要らなくなったときもただでは捨てない。敵に売り渡ししてしっかりモトをとろうとしたのである。おそるべき酷薄漢である。

この件につき、後の裁判で稲山を証人尋問する機会があったが、稲山の血も涙もない徹底した利用主義を今更のように思い知らされたものだった。

内田「写真週刊誌に記事が出たことによって、三田さんは懲戒解雇になったのでしょう」

稲山「出たことではなくて、そういう秘密を漏洩したことによって、懲戒になったんです」

内田「そのことが発覚したことによって、彼は懲戒解雇になったでしょう」

稲山「なったことは事実です」

内田「この写真週刊誌の記事が出たいきさつですが、あなたが写真週刊誌の記者に話をしたわけですね」

稲山「私は取材に応じたということではありますけれども、私のほうが話したということは、ありません」
内田「あなたは取材に応じて、あなたの手元にあったテープを示したわけですか」
稲山「手元にあったものは、聞いてはいただきました」
内田「そのときに、そのことが記事になるということは、当然、考えたわけですね」
稲山「記事になるというか、報道されるであろうということは、考えました」
内田「それを報道されることによって、三田さんがどうなるかということは、考えなかったのですか」
稲山「報道の内容が、具体的に、こういうものが報道されますよというのは、事前には分かりませんから、三田さんに累が及ぶとか、そういうことは、私は、考えなかったです」
内田「常識的に考えて、こういうテープがあり、それが懲戒委員会の内部的記録だということになれば、それを渡した者が処分されるということは、当然、予想がつくのではないですか。あなたには、その程度の想像力すらないのですか」
稲山「三田さんから渡ったということが、岩本弁護士なり、私が言えば、別ですけれども、その記者には言ってませんから、それが三田さんに、そういう不利益が及ぶということは、考えてもいませんでした」
　三田事務局次長をハメようとしたくせに、この破廉恥な責任転嫁ぶりは、稲山の性格をよく表わしていた。続いて私は、懲戒免職後に三田次長への「謝礼」が㈱林田から支払われている点を追及した。

内田「あなたは、会社のほうから、三田さんに、合計で三〇〇万円、支払わせているのですが、このようなお金を支払うということは、いつ、どこで、だれに対して、どのような内容で話をされましたか」

稲山「当時、そういったことは、会社の好子さんや役員にももちろん相談して、岩本弁護士からも強く、三田さんの処理は、十分にやってくれという申し出がありましたので、それは社内で、十分、伝えてあります。それで了解を得ております」

内田「好子さんの本件に関する陳述書で、三田さんへの合計三〇〇万円の支払いについて、会社として話があったことも、了承していたことも一切ありませんと答えておられる。それでもあなたは、会社に話をして、了承を得たというふうにおっしゃるわけですね」

稲山「先ほど話したとおりです」

内田「どうして会社で金を払うんですか。三田さんに」

稲山「私の懲戒問題ではありますけれども、㈱林田の体制と、全く同じ内容なわけですね」

内田「あなたに対する懲戒申立は、会社に対する懲戒申立だと、どこに書いてありますか」

稲山「平成五年四月ごろに、㈱林田の元代表取締役である林田則男さんが……」

内田「私の聞いているのは、懲戒の議決書に、あなたに対する懲戒申立が、会社に対する申立だと、どこに書いてあるのかと聞いているのです」
稲山「議決書の理由その他を見ていただければ、背景事情を認定する事実を見ていただければ、それは分かると思います」
内田「あなたは、議決書の内容は、稲山さん個人に対する申立だが、会社に対する申立だと、そういうふうにも理解しているということですね」
稲山「申立の当事者は、もちろん、違いますけれども」
内田「議決書の内容は、あなたが、会社のために、やり過ぎた、弁護士としての、法を超えたということではなくて、会社の資産を害したということで、あなたが除名処分になっているわけですね」
稲山「その評価には、多大な疑問がありますけれどもね」
㈱林田が稲山の行為によって損害を蒙ったとして賠償請求するのでなく、逆に稲山の不始末を㈱林田の金で処理しようとするのだから驚くべき態度である。
本来会社の利益のために奉仕すべき顧問弁護士が会社を自分のために奉仕させる——これも稲山の一貫した作風であった。

第六章　稲山陣営分裂！（一九九七・七〜一九九八・一）

岩本弁護士、そして好子がわが陣営へ！

林田則男・山川ユリエ・内田弁護士・外山弁護士・金沢弁護士・石川猛・分銅京二・森川弁護士・木下拓弥・大河内弁護士
林田好子・林田宏・魚沼昭雄・岩本弁護士
宮崎学
雪山　洋　(50歳)・弁護士（元検事）
畠山　洋　(45歳)・弁護士。内田弁護士のダミーになり㈱林田の代理人として清算金の返還を求める。

稲山弁護士・野々山一靖・野本弘夫・磐田博幸

山村弁護士・八幡雄治
大路千造　(45歳)・オウムとの関連も取り沙汰される裏稼業の人物。除名処分を受けた後の稲山が急接近。

稲山陣営分裂——岩本弁護士の離反

懲戒委員会録音テープ流失の件が写真週刊誌に出て、稲山側についていた岩本、伊達、斎藤の三弁護士は真っ青になった。法廷の場で私に「これでもあなた達は稲山の側についているのか」と迫られ、もうこれ以上稲山には付き合いきれない、すべて辞任するとして、伊達、斎藤両弁護士は直ちに辞任した。稲山はこの辞任を無責任だとなじったというから恐れ入る。岩本弁護士もそのつもりであったはずだが、なぜか彼だけは辞任せずに残った。法廷の内外で私や外山弁護士から怒鳴りつけられても反論できず、稲山の手下として使われていることが本当に嫌そうであった。しかし他方で、打たれ強いというか、どんなに怒鳴りつけられても、目を伏せたままじっと黙って聞いていた。

別件の相続事件で外山弁護士が岩本弁護士を相手方としたことがあったが、その手法のひどさに腹を立て、「あんたはまだそんなことを言っているのか。懲戒請求してあんたの首を取ってやるぞ。私がどんな人間か知っているだろう」と怒鳴ったところ、「はい、知っています。こわい人です」と、ぼそっと答えたという。

日頃温厚な外山弁護士が、和解交渉中に裁判官の面前で怒鳴り上げるくらいなのだから、よほど悪質な事件処理をしていたのであろう。ちなみにこのとき、裁判官は黙って座っていたという。

私は、岩本弁護士については、〝弁護士としての矜恃も何もない〟ただ金で頼まれれば黙々とやる、稲山を小型化したような人物だと思っていた。㈱林田の解決のためには、稲山と並び、この岩本弁護士もやっつけなければならない。いずれ機会があれば、懲戒請求する必要があるとも思っていた。もっとも他方では、稲山側についていた他の弁護士に対するのと同様、岩本弁護士に対しても裁判所などで出会うたびに稲山と手を切るよう説得を続けた。しかし、岩本弁護士に対するこの説得が功を奏するとは期待していなかった。

しかし、そんな岩本弁護士の態度にも変化の兆しが表れた。そのきっかけとなったのが、懲戒委員会の録音テープ流失事件であった。前述したように、この件で犯人とされた第二東京弁護士会の三田事務局次長は懲戒解雇された。このことについて、岩本弁護士が稲山の態度を批判したところ、稲山は「大の虫を生かすためには小の虫を殺すことも仕方がない」と平然と言い放ったという。さすがに岩本弁護士もあきれ、「三田は小の虫か」と怒ったという。

この頃より岩本弁護士も稲山に愛想をつかし始め、内部事情についても愚痴としてではあるが、少しずつ漏らすようになった。

岩本弁護士のこのような態度の変化を見て、私も態度を変え、彼を〝潰し〟の対象でなく説得の対象として考えるようになった。会うたびに、好子の代理人として、稲山の立場とは離れて行動するよう説得した。そんな説得の甲斐もあってか、岩本弁護士も心を開くようになった。

七月の初め頃のある夜、岩本弁護士に電話をし、じっくり話し合いたい旨を申し入れ、もしよろしければ、今夜にでもそちらの事務所に行ってもいいかと述べた。岩本弁護士は若干逡巡したようだったが、結局応じた。

この日、私が岩本弁護士の事務所を訪れたのは、午後九時過ぎだった。夕方六時から文京区民センターで沖縄集会があり、そこで司会をすることになっていたので、外すことができなかったのだ。集会終了後、文京区民センターから岩本弁護士の事務所にタクシーで向かった。めざすは渋谷区道玄坂を上った、交番の近くという。交番まで行って、車を降り、公衆電話から岩本弁護士に電話をかけた。すると彼は、窓から顔を出して手を振るから、坂の下の方を見てくれと答えた。電話機を耳にしたまま、上ってきた道玄坂を下の方に目を向けたところ、七〇～八〇メートル先のビルの二階の窓から手を振っている中年の男がいた。岩本弁護士だった。

岩本弁護士の事務所は、渋谷区丸山町のラブホテル街の入口にあった。随分妙なところに法律事務所を構えているものだと思ったが、ここでラブホテルの門番をやっているのだと岩本弁護士は冗談を言った。私のほうからわざわざ事務所まで来てくれたと、岩本弁護士は機嫌がよかった。それから二人で一二時過ぎまで話すことになった。もっぱら岩本弁護士がしゃべり、私は聞き役だった。話の内容の大半が稲山の悪口であったことはもちろんである。

岩本弁護士は、稲山を除名処分にした第二東京弁護士会の議決書を高く評価していた。「弁護士委員だけでなく、裁判官、検察官、学識経験者委員らも入っての結論ですから、それは重いものですよ」

「だけど、あなたは、あの懲戒委員会では稲山の擁護にまわっていたじゃないか」

「いや、それは、まあ立場上……」

岩本弁護士の話によれば、稲山はこの議決書を好子には読ませていないとのことだった。一度はこの議決書を好子に手渡したが、すぐに「でも、こんなもの読んでも仕方ありませんよね」と言ったので、好子も「そうですね」と応じざるを得ず、その受け取った議決書をすぐ稲山に返してしまったという。それで今度は、岩本弁護士から好子に議決書を渡した。その際、この議決書は権威ある人々によって書かれたものであり、その内容は重いものであると説明した。岩本弁護士から好子に議決書が渡されたことを知った稲山は激怒した。このことが契機となって、岩本弁護士と稲山との間に隙間風が吹き始めたというのである。

岩本弁護士は、稲山は金に汚いと盛んにこぼした。あるとき、稲山が岩本弁護士に、㈱林田からの弁護士費用として三〇〇〇万円を支払うことにしてくれたという。ところが稲山は岩本弁護士が受け取る三〇〇〇万円中の二〇〇〇万円を「子供が身障者でなかなか大変なんだよ」と言って、稲山にバックさせた。結局、岩本弁護士が受け取ったのは一〇〇〇万円で、しかもその中から税金として五〇〇万円が控除されたので、実際の手取りとしては五〇〇万円に過ぎなかった。ところが、税務上は三〇〇〇万円の報酬ということになっているので、翌年の予定納税がこれまた大変だった、とのことだった。

岩本弁護士は、好子が稲山に対してかなり不信感を抱き始めているとも話した。私は思わず身を乗り出し、彼の話に耳を傾けた。この年の三月に大田区大森の土地が競売されたとき、角川建設と組んで、競売妨害めいたことをした報酬として、三億円が㈱林田に入ったのだが（木下産業㈱から得た情報では五億円）、そのうち一億円を稲山が報酬として取ってしまい、しかも残りの二億円についても、株に投資してわけが分らなくなってしまったという。

私は「二億円隠したな！」と、すぐピンときた。

「昨今のご時世で、株に二億円もの大金を投じるなどとは信じられない。稲山はそんなアホではない。株に投資して失敗したと嘘を言って、その金をどこかに隠してしまったのだ。なんという奴だ」

「そうだね、おかしいよね」と岩本弁護士。

稲山に対する決起を岩本弁護士に促し、稲山の被害者である則男、木下産業㈱の木下社長と組んで稲山をやっつけようではないかと提案した。岩本弁護士もかなり心を動かされたようだった。そこで私は、岩本弁護士と木下産業㈱の木下社長、そして同社の代理人・大河内弁護士との会談をセットすることにした。ただこの時点では、岩本弁護士の稲山に対する気持ちはまだ揺れているようだった。

稲山、名実ともに㈱林田の支配者に

さて、除名処分によって弁護士資格を失った稲山だが、なんと㈱林田の代表取締役に就任させるよう好子に迫っていた。そして顧問弁護士の退職金名目で莫大な金を要求した。稲山の言い分はこうである。

——自分は㈱林田のために尽くした。その結果として弁護士資格を失った。従って、㈱林田がそのことを補償するのは当然である。また今後、無資格だとなにかとやりにくいので、㈱林田の代表取締役という資格が欲しいと。そのために、例によって、法律文書オタクの稲山は、「合意確認事項書」なるものを用意して、好子に署名捺印を迫ったというのである。

その「合意確認事項書」で稲山が示した補償額は、㈱林田の資産を六対四で分けて、四を稲山が取るというべらぼうなものであった。ちなみに、そこに記された〈㈱林田及び㈲ガーベラ資産目録〉によると、不動産としては「池袋の昭和シネマ跡地約二〇〇坪」と「渋谷区円山町の土地約六七坪」、時価にしてそれぞれおよそ一〇億円と三億円相当。動産としては、現金一億八三〇〇万円他、マルチョー株式運用分二億円をふくむ合計金四億二三〇〇万円が掲げられている。すなわち、総額で約一七億円になるわけで、このうちの十分の四の六〜七億円を稲山は「多大の貢献をなした経緯に鑑みて役員報酬又は弁護士退職慰労金等としてこれを取得するものである」としているのである。これについて稲山は、

「税金がかからない方法で七ないし八億円の現金を渡すから、自分の取り分四割の要求も飲んでほしい」と、好子に迫ったという。

そればかりでない、則男から起こされている裁判で損害補償を命ぜられたら、そのうちの七割を㈱林田らで負担するということをしっかり入れている。

気になるのは、現在株式投資として運用中のマルチョー株式について、将来、仮に株式投資が失敗に終わった場合には、二億円の限度で、稲山の取得分より控除してこれを負担すると書かれていることである。「マルチョー」の株式に対する二億円の投資がほとんどゼロに近いものとなってしまったことがその後明らかとなり――これは稲山が株で損した形を作って、二億円を隠した疑いが強いのだが――すでにこの「合意確認事項」案作成の時点で稲山が「株式投資が失敗に終わった場合」としているのは意味深である。最初から計画的に「損」を出すつもりでなかったら、わざわざ「確認事項書」の中にこのような条項を盛り込むだろうか。

除名処分になったことで、稲山はその銭××の本性を、恥も外聞もなく露にしてきたのだろう。㈱林田の主人であるという稲山にとっては、本当は全額自分のものにしてもいいぐらいの気持ちで、これでも控え目な要求なのかもしれない。

後の裁判の中で、この破廉恥な合意確認事項書について、稲山は私の尋問に次のように応えている。

内田「（会社の資産を林田家が六割、稲山が四割に分けてしまおうという）提案をしたのですね」
稲山「平成五年に林田体制が変わってから（則男が追放されてから）は、六対四とか五対五とかは決まっておりませんが、こういう形で林田のものはやるとなってましたから、提案したわけではございません」
内田「好子さんはこの資産をこういうふうに分けることについて了承したんですか」
稲山「しました」
内田「これを好子さんに示したが、好子さんはサインをしなかったでしょう」
稲山「サインの時期が遅れただけで、当時は了解してましたよ」
内田「この合意確認事項書に、好子さんはサインしましたか」
稲山「してないことは、認めています」
内田「あなたに対する裁判で、あなたが負けたら、その分を、七割を会社が負担すると、そういうことを、好子さんにのませようとしたんですか」
稲山「のませようとしたんじゃなく、のみました。のんで、現金も用意しました」
内田「好子さんは、そのようなことは一切のんでおりませんよ。サインしてないでしょう」

さすがに好子も、息子達ともよく相談しなくてはと、「確認事項」に署名捺印することを拒否したが、稲山の代表取締役就任は拒否できなかった。七月一日、稲山が㈱林田の代表取締役に就任し、好子と魚沼は代表取締役を辞任した。稲山は名実ともに㈱林田の代表者となったのである。しかしこの頃には、好子の稲山に対する不信感はかなりのところまで増幅されてきた。好子のこのような態度を見て、稲山は今度は息子・宏を取り込もうとした。「写真家」である宏のために個展を開いてやったり、「宏ちゃん、会社にお金が入ったら、ベンツでも見に行こう」と誘ったりしていた。

後に宏に聞いたところによると、宏を外車ディーラーに連れて行った稲山は、ベンツの大型車を目にするや、「宏ちゃん、これがいい、これに決めようよ」とすぐにでも買いかねないような態度を取ったという。さすがに高額な買物にびっくりした宏は「そうすぐには」と断ったという。

則男、木下社長、好子（岩本弁護士）の反稲山包囲網成立

七月某日昼、富国生命ビル地下食堂街の一画の、やや高級な日本料理店の奥座敷で、木下産業㈱木下社長、大河内弁護士、岩本弁護士、私の四人で昼食をとりながら会談した。稲山陣営に軋轢が生じているチャンスを見逃す手はない。ここぞとばかり敵陣営にくさびを打ちこまねばならない。木下社長、大河内弁護士、私の三人で、岩本弁護士の決起を促そうと、急遽セットしたのである。

私から木下社長に岩本弁護士を紹介した。大河内弁護士と岩本弁護士は事件の相手同士だから、もちろん互いに知っている。先夜、岩本弁護士の事務所で聞いた好子と稲山との関係の変化もかいつまんで話した。

会談では、もっぱら岩本弁護士が話した。といっても例の「アーウー」の調子である。なかなか話が本題に入らない。せっかちな私がたまりかねて、途中で話を引き取って先に進めたりした。

岩本弁護士は、㈱林田と木下産業㈱とを和解させて、池袋の土地を処分したい意向のようだった。その和解をなすにあたっては、この際、稲山にしばらくじっとしていてもらって、木下産業㈱側と岩本弁護士の主導で和解をさせたいと述べた。ただし、彼の案は稲山と対決するというのではなく、和解のためにだけ自分が前面に出るというものでしかなかった。木下産業㈱側と私は稲山と対決して稲山を㈱林田から排除しないかぎり、この事件の解決はないとする点で完全に一致していた。

岩本弁護士の煮え切らない態度にいささか不満だった。木下産業㈱側も岩本弁護士の態度に半信半疑であった。しばらく彼の様子を見るという、ある種冷ややかな態度ですらあった。

私は必死だった。せっかくこのような会談をセットした以上、今日以降、木下産業㈱・大河内弁護士側、岩本弁護士側、則男・私側との提携をさらに進めなければならないと思った。岩本弁護士は盛んに稲山の悪口を言い、「××類のような奴だ」とも言った。そこまで言うならばと、

「岩本さん、あなたは好子さん側の代理人じゃないですか。好子さん、いや林田家の財産が稲山に食われているのだから、ここは林田家の立場で稲山と対決すべきだ。それが弁護士の使命じゃないですか」

「……」

「稲山に対しては、弁護士会も裁判所も皆呆れ返っている。あなただって分かっているでしょう」

「うん、それはそうだが……」

「とにかく、いまキーマンはあなただ。好子さん達が信頼を寄せているのはあなただから、その信頼に応えて欲しい」と言った調子で迫った。

ようやく岩本弁護士もうなずいた。今後互いに協力し合って、稲山と闘っていこうということになった。しかし、まだ互いの間に完全な信頼関係ができたわけではない。会談が終わり、外に出たとき、岩本弁護士が私に話しかけてきた。

「いやあ、内田先生、今回は柄にもなく正義の立場に立つことになってしまって……」

「そりゃあそうですよ。稲山なんてとんでもない奴にくっついていたら、岩本さん、あなただって許されませんよ」と応じながら、奇妙な男だなあと思った。

夏には辻元清美（社民党代議士、当時）らが主催者をつとめる反戦平和の市民団体が主宰する「ピースボート」で、香港、ヴェトナム、フィリピンへ向かった。八日間の船旅である。成田から香港に飛び、日本から航行してきたピースボートに乗船した。香港からの乗船組のなかには作家の灰谷健次郎、鎌田慧氏ら、香港での下船組には漫画家の石坂啓氏がいた。

今回の「アジアクルーズ」での私の役割は、映画「ニュールンベルグ裁判」「アンボンで何が裁かれたか」などを上映し、そのことを題材として戦争責任の問題について講演することであった。

乗船中も、東京での稲山との闘いのその後の進展具合が気になった。成田からの出発前夜まで岩本弁護士と接触し、対稲山闘争の協力について話し合ってきた。岩本弁護士の住まいの近く、中目黒駅の喫茶店で話し合っていたのだが、午後一〇時で閉店になってしまったので外に出て、バス停に置いてあるベンチに座り、話を続けたこともあった。ピースボートの航海から帰った後も、私は岩本弁護士、木下産業㈱木下社長、大河内弁護士らと会合を重ね、岩本弁護士も好子を木下社長に会わせるなどした。このような会合を繰り返しながら、木下産業㈱側、則男・私側、岩本弁護士・好子側による反稲山包囲網が着々と形成されつつあった。

それからの岩本弁護士の活動は見事なものであった。それは文字通りの豹変であり、稲山に対する敵愾心《てきがいしん》を露骨に表現した。これまで稲山に顎で使われていたのが屈辱だったのであろう、あるときなど「稲山の通った後にはペンペン草も生えない」とまで言った。

この物語には独特のキャラクターを持ったユニークな人物が多数登場する。もちろんその最たるものは稲山だが、しかし岩本弁護士もなかなかユニークな人物であった。彼は、木下産業㈱の木下社長、その代理人である大河内弁護士、安弁護士、雪山弁護士（元検事）、そして則男の代理人である私、外山弁護士らとの合同会議で、よくこんなことを言った。

「いや、こうやって皆でいろいろ話しながら進めると、いい考えが浮かんでくるんだよなあ。仲間っていうのはいいよなあ」

皆で会議するのが、楽しくてたまらないようだった。私の事務所の職員も、「最近、岩本先生、どうなっちゃったんですか。前と違って随分明るい声で電話をかけてきますが……、〝岩本でーす〟といった感じで」と不思議がっていた。

その話を岩本弁護士にも話したところ、彼自身も、「いやあ、うちの事務員も同じようなことを言ってたよ。以前は内田先生からはブスッとした調子で電話がかかってきましたが、最近は随分丁寧な口調でかかってきますよって」と答えたので、二人で大笑いしてしまった。

その岩本の働きかけが効を奏す日が、ついにやってきた。

九七年九月四日、㈱林田の定例の取締役会において、好子は稲山を代表取締役から解任する動議を提出したのである。取締役である好子、宏、野本の三名中（稲山は自己のことに関する動議なので裁決に加われない）、好子と宏が賛成して解任動議は成立した。続いて好子を代表取締役に選任する旨の動議が提出されたが、これには稲山が議決権を行使できるので、この動議は成立しなかった。結局、㈱林田は代表取締役が存在しない状態となってしまった。そこで好子らは、裁判所に対して代表取締役選任を求める仮処分の申立をなすが、その手続きの中で提出された「陳述書」で、好子はなぜあれほどまでに信頼していた稲山に不信を抱くようになったかを、次のように述べている――

稲山は、弁護士資格の喪失（九七年三月一四日）の頃に前後して、山村弁護士（池袋物件等の上告取下げ劇における昭和シネマ〔永野仁〕側の代理人）から、大路千造という人を紹介され急速に接近。稲山の言うには大路千造は、「報道・マスコミ関係に大変な影響力を持っており」「経済界の裏にも通じており、しょっちゅう特別のルートからの情報によって株ですごく儲けている」とのことであり、あたかも自分や㈱林田の将来は大路によって開けるかのような口振りであった。

「大路さんから特別な情報を貰ったので、二億円を株の信用取引に投資したいので承諾してほしい」と言われ、二億円もの大金を危険な取引に使うこと自体に反対したところ、断る余地を与えてくれず、嫌々ながら承諾させられた。

その後稲山に信用取引のことを聞いても、ただ迷惑そうに、「今やっている」と言うだけで具体的な説明はない。稲山に初めの話と余りに違うので不満を洩らすと、大路千造という人は「オウム真理教のバックにいる裏社会では大変な力を持つ人」で、「変なことをすると殺されちゃいますよ」とか、「裏切らなければいいんですよ」とか、脅かすような言葉を度々口にするようになった。

　このままでは㈱林田がとんでもない裏社会に引きずり込まれ、大変なことになると恐ろしくなり、九七年六月初め頃、岩本弁護士に相談し、取締役会において、岩本弁護士から取引の現状を質問してもらったところ稲山は平然として、「今は追証《おいしょ》の状態ですよ」と言い放った。岩本弁護士が、「追証」とは、現時点で試算すると二億円の保証金は無くなっている意味だと解説。余りに意外な返事に怒りが込み上げ、「先生は、株取引ではあっても買手が決まっている絶対に危険のない取引であるとおっしゃったじゃないですか。万が一の場合は責任を取るとおっしゃったじゃないですか」と初めて強く抗議した。

　すると稲山は薄笑いをしながら、「好子さんが承諾して行なったものだ。この取引にはいろいろ貸し借りの関係があるから、二億円損しても後で一〇億円儲ければいいじゃないですか」と言って開き直り、責任は好子にあるかのような口振り。

　以上のように経緯を述べた上で、好子の「陳述書」は、こう結ばれていた。

「私は只々稲山先生の豹変ぶりに唖然とし、ここに至って、先に稲山先生が夫則男に対してとった手の裏を返すような態度と全く同じであり、私はただ利用されていたにすぎないことを悟ったのです。私は稲山先生の真の姿を見たような気がして、この時これまでの信頼がむなしく音を立てて崩れるような感じがしました」

かくして、ようやく、対稲山包囲網ができあがった。以前、好子の実兄でO区議会の長老である黒崎英二を口説き、彼の口から好子を説得してもらったときですら、好子の稲山に対する信頼を崩すことはできなかった。それが、この年の夏の初め頃のある夜、私が岩本弁護士を事務所に訪ねたことに端を発して、ほんの短期間のうちにこの対稲山包囲網は成立してしまったのだ。その後数回、対稲山合同会議を開くうちに、今日では好子と宏は、私や外山弁護士に対しても心を開いてくれるようになった。

職務代行者選任仮処分申立事件で裁判所に呼び出された稲山は、意外とあっさりと好子の代表取締役就任に同意した。そこで一〇月初めの裁判所の手続きの場を借りて、㈱林田の取締役会を開いたことにし、好子が㈱林田の代表取締役に就任した。しかし、稲山は依然として㈱林田の取締役の地位に留まり、また㈱林田の帳簿類の返還についても、肝心なものは失くしたと称して返さないなど、あくまでも好子側と対決する姿勢を崩さなかった。なお後に発覚したことだが、稲山は代表取締役であったときに、㈱林田が加入している社会保険に、稲山本人はもちろんのこと、その愛人である城戸良子まで加入させる手続きを取っていた。なんというセコイ男だろう。

そして、九月四日の取締役会で代表取締役を解任された後も、一〇月初めに裁判所に呼び出されるまでの間に、野本に退職金と称して三〇〇〇万円も支給していたことも発覚した。稲山のこれまでの例からして、そのうちの半分以上を稲山が取ってしまっていると思われるが、とにかくやることが汚すぎる。この退職金規定は稲山らによって偽造されたものであり、代表者であった林田好子、魚沼昭雄らも見たことのないものであった。偽造の事実は前掲の林田好子の陳述書以外にも以下の事実から立証される。

退職金規定の「支給率表」を見てみると勤続年数一年で二カ月、五年で一二カ月といった世間一般の退職金規定からかけ離れているものである。しかも驚くべきことに勤続年数五年で一二カ月（これ自体世間一般の事例とかけ離れているものであるが）であるのに対し、これが六年だと二八カ月というデタラメなものである。ちなみに、野本は勤続年数が一一年ということになっているが、退職金が四八カ月分ということになると、一一年働けば退職時にさらに四年分の給料（それも退職時の額で）が支給されることになるというのである。

こんな世間一般のケースから大きく逸脱した退職金規定は考えられない。ましてや㈱林田の収支決算が良好でなく多額な借金を負っているときである。さらに稲山は野本が退職する直前の九七年七月分から同人の給料を二〇万円から四〇万円へと二倍に引き上げている。七月といえば、すでに野本は㈱林田の取締役を辞任する意向を示しているときであり、この増額は退職金の計算を睨んだ「お手盛」に他ならない。

もともと野本が㈱林田と関係を持ったのは、稲山が雇用する法律事務所の事務職員として同僚の野々山一靖とともに、㈱林田の取締役に無給で就任したことによるものであり、その際、㈱林田からは給料の支払いを受けないことが前提となっていた。野本らは依然として稲山法律事務所の事務職員として給料の支払いを受けていたからである。ところが野本は、いつの間にか——㈱林田の取締役だけでなく従業員になった（稲山法律事務所の事務職員のままで）と主張し、しかも退職金の計算式では㈱林田の取締役に就任した八六年一〇月からの計算（それも四捨五入で）で、一一年「勤続」としているのである。でたらめさにも、ほどがある。

このように、退職直前の給料の倍増、勤続年数の起算を遡らせるというでたらめな退職金計算式によって算出した額にさらに根拠のない加算をしたのが、稲山らのいう金三〇〇〇万円の退職金であった。

株式操作による㈱林田乗っ取りの策動

好子と岩本弁護士が対稲山包囲網に加わったことにより、稲山の株式操作による㈱林田乗っ取りの策動の実態が明るみにでてきた。知れば知るほどあこぎであざとい所業であった。

㈱林田の発行済み株式は当初は一四万株であり、これをすべて則男が持っていたこと、その後、第三者引き受けという方法によって㈲オリーブが六万株の新株を取得したこと、則男が所持していた一四万株中、五万株を相続対策の名目で好子に贈与させられたこと、則男の残り九万株が差し押え・競売されて、それを好子が競落したこと、その後さらに四万株の増資がなされ、それを宏が引き受けたこと、等々についてはすでに述べた（五七頁～六一頁）。

稲山は、このような一連の行為によって好子が取得した一四万株、そして宏の四万株、合計一八万株の信託を受け預かっていた。好子らが稲山に不信感を抱き始めた九七年八月頃、好子、宏は岩本弁護士のアドバイスもあって、稲山に預けてあった一八万株の返還を求めた。稲山は右一八万株のうち、宏分の四万株、そして好子分一四万株中の贈与を受けた分五万株、合計九万株は返還したものの、競落によって好子が取得した残りの九万株については返還を拒否した。

稲山の言い分はこうである。——九三年七月二二日に好子が九万株を約七〇〇〇万円で競落したとき、そのうち四〇〇〇万円を㈲オリーブの代表者・野々山一靖から借り入れた。そしてその際、担保として野々山が株式を預かった。その後、㈲オリーブの資金繰りが苦しくなったので九七年五月九日、㈲オリーブの債権者である㈱西京通商に㈲オリーブ手持ちの六万株と併せて、好子から担保にとった九万株も譲渡してしまった。従って現在では、㈱林田の発行済株式二四万株中、㈱西京通商が一五万株を有し、林田家は九万株を有するに過ぎないことになり、もはや林田家は㈱林田のオーナーではない。

九三年四月、則男より解任されたとき、稲山は自己の不正が発覚するのを恐れ、則男を㈱林田の代表取締役から追放するという「荒業」を行なった。今回もまた同じである。好子・宏らから不信を突きつけられた稲山はそのときに備え、あらかじめ㈱林田の株式を他に譲渡した体裁を作っており、㈱林田そのものを乗っ取ろうというのである。

稲山は除名処分をくらって完全に開き直ったようだ。もはや名は捨てられてしまった以上、以前にもまして実をとろうと、最後の悪あがきを始めたのである。こちらは除名処分という「名」だけをとって、稲山に㈱林田の資産という「実」をとられてしまっては元も子もない。そんなことをさせてなるものか。開き直られた敵ほど手強いものはない。よく出方を見極めて粛々と追い詰めていかねばならない。真の闘いはこれからだった。

稲山は、九万株を野々山が担保にとっていた証拠として、末尾に「なお株式（九万株）お預かりしました」という手書き文字がある債務確認書（A）のコピーを示してきた。もちろんこの文字だけでは野々山が担保として勝手に処分できるとは、とうてい解することはできないが、それよりなによりこの債務確認書は稲山、野々山が変造したものであった。たまたま好子の手元にもう一通の債務確認書（B）のコピーが残されていて明らかになった。

両者を比較してみると、これが同じもののコピーであることが分かる。ただし好子のものには公証役場の確定日附（七月二三日）があり、「登簿第五参の六号」という番号も入っているが、「なお株式（九万株）お預かりしました」の手書き文字はない。つまり（A）は（B）をもとにして公証役場の確定日附、登簿番号を消してコピーし、その上に前記手書き文字を書き加えたものである。稲山は好子にBのコピーを渡したことを忘れていたのだ。悪事は必ず露見するということか。

私は岩本弁護士と相談した結果、当分Bのコピーがあることは伏せておき、最も効果的な時期にこれを明らかにして稲山をやっつけようということにした。それにしても稲山というのは、書類をいろいろに操作するのが本当に好きな男だ。

稲山の悪あがき——岩本弁護士に対する懲戒請求と怪文書攻撃

好子と岩本弁護士が則男・内田側に寝返ったことで、追い詰められた稲山は、悪あがきの反撃に出た。九七年一一月××日、㈲オリーブを請求人として岩本輝夫弁護士の懲戒請求を申し立てたのである。

以下、懲戒請求書の概要を抜粋して掲げる。

> 被請求人（岩本輝夫弁護士）は、平成八年一月頃貴会事務局の三田を訪れ、別件（稲山に対する）懲戒事件の進行等について問い合わせるべく同人と雑談した。その際、三田より過日（平成八年一月）開催された懲戒委員会の審議内容を録音した録音テープがあるが、これを聞いて貰えばよく分かるのだと云われ、且つ暗に録音テープを交付してもよいような素振りを示された。
>
> 苦渋の決断のうえ、被請求人は三田に対して本件テープを手渡して欲しい旨要求したところ、三田はためらいもなく本件テープを被請求人に交付した。
>
> 三田は平成八年四月から同年九月にかけて合計四回、それぞれ貴会より議決書案文を盗み出し、これを被請求人に交付した。
>
> なお、前記いずれの行為に対しても対価として相当額の金銭が被請求人から三

田に渡されているものと思料される。

以上の出来事は新聞・雑誌等で弁護士会懲戒委員会のテープ流出事件として報道され、弁護士会内部のズサンな管理体制を露呈させ且つ本来厳正に機能しているものと考えられていた懲戒委員会に対する信頼を失墜させる結果になった。しかし、そもそもこのような結果を招来したのは、前記の通り被請求人らの違法行為が原因であることは明白である。

三田は長く勤務した弁護士会より懲戒免職処分を受け、その責任の一端を負担したが、一人被請求人は何等の責任追及を受けずに安穏としていることは社会正義に反すること著しいと言わねばならない。

よって、請求人は貴会に対し弁護士法第五八条に基づき被請求人の懲戒を求める。


逆恨み、天にツバするとは、まさにこういうことをいうのであろう。

稲山は自分に反旗を翻した岩本弁護士を攻撃するために、あろうことか自分の行なった懲戒委員会審議録音テープの不正入手を岩本弁護士のせいにし、岩本弁護士が東京第二弁護士会事務局次長の三田を買収して不正行為をさせたかのように述べているのである。

それにしても稲山は、自ら犯した不正行為について、自己とは全く関係のないかのような言い方をし、三田は長く勤務した弁護士会より懲戒免職処分を受け、その責任の一端を負担したが、一人、岩本弁護士だけは「何等の責任追及を受けず安穏としていることは社会正義に反すること著しいと言わねばならない」と述べるなど、いったい彼奴《きやつ》の精神状態はどうなっているのかとの疑いを禁じ得ない。

また、「弁護士会内部のズサンな管理体制を露呈させ且つ本来厳正に機能しているものと考えられていた懲戒委員会に対する信頼を失墜させる結果……」と述べているところなど、正気の沙汰とは思われない。これでは、例えば銀行強盗の主犯が、自己の犯罪には口を拭い、被害にあった銀行の内部管理の杜撰《ずさん》さを告発しているのと同じではないか。

いちばん笑ってしまうのは、「なお、前記いずれの行為に対しても対価として相当額の金銭が被請求人（岩本弁護士）から三田に渡されているものと思料される」のくだりである。稲山は三田を金で買収していたことを自認してしまっている。

このように稲山は自ら三田を買収しておきながら、それを岩本弁護士のせいにし、そして懲戒請求をなしているのである。このようなことが通用すると本気で思っているのであろうか。

稲山にしてみれば、自分を「裏切った」岩本弁護士ともども地獄への道連れにしようというのであろうか。後になって稲山は、この「地獄への道連れ路線」が岩本弁護士の激しい反発を呼び、それが自分に対する林田側からの反撃の中で決定的に重要な役割を果すことを思い知ることになる。

今回の懲戒請求で、稲山は再び三田の行為を暴露した。三田はすでに稲山のテープ流出事件の暴露で懲戒免職処分を受けているのであるから、結局、稲山は三田を二度殺すことになる。不正行為に加担した責任はあるとはいえ、利用するだけ利用して後はどうなろうと構わないという稲山の三田に対するこのような態度は、人間として許されるものではない。

卑劣という言葉は彼のためにあるようだ。稲山は、好子、宏そして岩本弁護士らが稲山から離反した直接の契機が、稲山が「大の虫のためには小の虫を切り捨ててもやむを得ない」と三田事務局次長の不正行為を明るみに出したところにあったことを理解すべきであった。

テープ事件の暴露によって信用を貶《おとし》められた第二東京弁護士会の元役員が、稲山に対して「殺してやりたいくらいだ」と怒っていたことを忘れることはできない。

岩本弁護士を何としても守らねばならない。それが我々の側に〝寝返ってくれた〟ことに対する仁義であると同時に、稲山の岩本潰しを許してしまったら、せっかく完成した対稲山大包囲網にほころびが生じてしまうからである。

さらに稲山の悪あがきを証明したのが、岩本弁護士に対する懲戒請求にまつわるブラックジャーナリズムとのヒットエンドランである。

一一月一〇日、好子と岩本弁護士らのところに突如、「法曹政治同志会」から封書が送付されてきた。「法曹政治同志会」とは、一九九×年に東京弁護士会の夏井祥三弁護士ら数人で結成された団体で、バックには関西に本社を置くビル施設会社「ヤマセイ」がいるといわれている。

「ヤマセイ」は、一九××年の恒産住宅恐喝事件にからんで平戸会長が逮捕されるなど「脛に傷を持つ」企業で、アジア近隣国との間で領有権をめぐり論争が続いている島に右翼団体員が上陸するなどして近隣国の反発を買う事件があったが、その背後にもこの「ヤマセイ」がいるとささやかれた。だいたい夏井弁護士からして、事件処理の仕方がきな臭いことで有名な人物である。

この「法曹政治同志会」から送付されてきた封書を開封してみると、『週刊マスコミ情報』なる情報紙が入っていた。同紙は「二弁懲戒委員会審理テープ流出事件のもう一人の主に懲戒請求出る」という見出しで、㈲オリーブが一一月五日付で、稲山に反旗を翻した岩本弁護士に対し懲戒請求をしたことを報じていた。

調べてみると、『週刊マスコミ情報』とは、この間、稲山の盟友となった大路千造が使っているブラックジャーナリズムであることが分かった。大路千造は前記「ヤマセイ」にもつながっている。

この記事は、請求人㈲オリーブ、被請求人岩本弁護士の名前こそ触れていないが、前掲の懲戒請求書の内容を一部省略しながらも全く正確に報じている。ということは、この記事は懲戒請求書に基づいて書かれているということであり、その入手先は稲山と㈲オリーブ以外にあり得ない。だいたい、一一月五日付で請求があったことを早々と同紙の一一月七日号で報じているのだから、稲山側のリーク以外に考えられないではないか。これらの事実を考慮に入れれば、この記事は稲山と大路の共同作業によるものであることは明らかだと、岩本弁護士から記事を見せられた私は考えた。

ところで宮崎学の仕入れてきた情報によると、『週刊マスコミ情報』は今後数回にわたって、岩本弁護士の個人攻撃をやる予定となっているとのことであった。ただ、幸いというか、そのライターがたまたま宮崎の知り合いであったので、岩本弁護士攻撃は宮崎が押さえるという。蛇の道は蛇ということかもしれないが、私としては当時、宮崎に対していささか信を失っていたので半信半疑であった。

なお、岩本弁護士に対する懲戒事件の審理の中で、稲山と三田次長との関係がより明らかとなった。稲山と三田は相当深いところでつながっており、録音テープ、議決書案文の他に、懲戒委員会の主査である藤川弁護士が問題点などを列記した「稲山事件の作業部会の現況」と題するレジュメまでも流れていた。懲戒委員会の情報は筒抜けになっていたというわけだ。稲山側はこの情報に基づいて弁明書を書いていたという。この弁明書があまりに的確に出されてくるため、懲戒委員会内部でも情報が一部漏れているのではないかと疑いが持たれた。当時、岩本弁護士は、三田次長から注意してくれと言われたことすらあるという。

後に漏れ聞いたところによると、稲山側から提出された弁明書中に、懲戒委員会の中である委員が発した言葉がそのまま引用されており、これはおかしいということになったという。「過ぎたるは及ばざるが如し」とはこういうことをいうのであろうか。

岩本弁護士懲戒対策会議

年明け早々の一月一二日の夕刻、霞ヶ関の弁護士会館四階、東京弁護士会会議室で岩本弁護士懲戒対策会議が開かれた。出席者は木下産業㈱木下社長、大河内弁護士、岩本弁護士、畠山弁護士（林田好子の代理人）、私。

懲戒請求の理由となっている懲戒委員会の審議内容の漏洩に岩本弁護士が関わったことは事実だった。彼は三田事務局次長から議決書の案文や審議の経過を録音したテープをもらって稲山に手渡していた。そして、一、二回であったというが稲山から託されて三田次長に封筒を渡したこともあった。封筒の中身ははっきりしないが、多分一〇万円ぐらい入っていたのではないかとのことである。稲山が㈲オリーブの野々山をして二弁綱紀委員会宛に出させた証拠資料の中には、懲戒委員会の審議経過をしめす書類があった。

ＦＡＸによって送られてきたもので、頭書に「第一次起案追加」とあり、申立人として林田則男、右代理人弁護士として内田雅敏と外山隆一、同じく申立人として木下産業代表者・木下拓弥、右代理人弁護士として大河内、被審査人として稲山信実、右代理人弁護士として岩本輝夫らの名が列記され、その後に懲戒委員会の審議内容が記されている。そして、右端には「96092417：27　イワモトホウリツジムショ」と印字されている。岩本弁護士から稲山宛に送られてきたものであることを立証しようとするものであろう。本当に悪賢い奴だ。

このように事実としては否定することができないので、この懲戒請求は、犯罪の主犯である稲山が自分を「裏切った」岩本弁護士憎しで行なったものであることを立証する以外なかった。そうはいってもここまで関与している以上、私の場合のように「お咎めなし」を勝ち取るのは難しい。我々の弁護方針としては業務停止、それもできる限り短期間の業務停止でなんとか食い止めようというものであった。苦しい闘いが予想された。

岩本弁護士はしみじみと言った。

「しかし、懲戒請求を受けるというのは嫌なものですね。こうやって対策に時間をとられるし、内田先生、すみませんでしたねえ、懲戒請求なんかしてしまって」

以前に岩本弁護士が稲山らと一緒に私に対して威力業務妨害などで懲戒請求をしたことを言っているのである。

「そうですよ。岩本さんが懲戒請求の代理人ではなく請求人本人になるんですからねえ。おまけに刑事告訴までするんですから」

「いや、申し訳ない」

「綱紀委員会での審理はどんな具合ですか」と私。

「請求の背景について話しても、それはそれとして、具体的にやった行為についてはと言われるんですよね」と岩本弁護士。

「それはそうかもしれないが、懲戒請求の背景を強調することが間違いなく量刑に影響する」

「それはそうなんですが」

その後、㈲オリーブ名義となっている稲山の箱根の別荘の仮差し押えの話などをしていたところ、五時になって会館の使用時間が終了してしまったので、木下社長、岩本、大河内、私の四人で築地に行って、今後のことについて話し合うことになった。

今後のことというのは、稲山の件が解決した暁に、残った資産を林田家、木下産業㈱らにおいてどのように配分するかということであった。帰り際、地下鉄のホームで岩本弁護士が、

「内田先生、こういう正義のための闘いの会議は楽しいね」

「……。稲山との会議は楽しくなかったの」

「いやあ、稲山との会議は悪だくみばかりで、本当、こういう楽しさはなかった」

本当に不思議な人だと、私はまざまざと岩本弁護士の顔を眺めた。

翌朝、木下産業㈱の担当者から緊急のＦＡＸが送られてきた。箱根の別荘の名義が変えられてしまっているという。たしかに登記簿謄本を見ると、九七年一二月二六日付で売買されたことになっている。㈱林田よりの損害賠償の提起があったのを知って慌ててしたのであろう。本当に稲山というのはこまめにやる男だ。

この所有者欄を見てあきれてしまった。新所有者はなんと、あの稲山の別れたという妻・彩の実兄であった。彼は以前、則男が借地権付建物を木下産業㈱との間で売買したと

き、企画料と称して双方から各一五〇〇万円、合計三〇〇〇万円を抜いた男だ。今回の売買も執行を免れるための架空のものであることは見え見えだった。以前にも、稲山は執行を免れる目的でこの別荘に架空の五〇〇〇万円の抵当権を設定していたが、その抵当権を抹消することもなしに所有権移転をしている。それにしても売買の体裁をとれば税金だって払わなくてはならないのに、ご苦労なことだ。

稲山、すべてを岩本弁護士に責任転嫁

九八年一月二九日、第二東京弁護士会綱紀委員会で、岩本弁護士に対する懲戒請求事件の審理が行なわれた。

懲戒請求人㈲オリーブ＝稲山側は、懲戒委員会の審議経過、議決書が外部に漏出したことについて、岩本弁護士の主導で三田事務局次長（当時）への働きかけがなされたと主張し、稲山事務所の見取り図なども添付して、㈲オリーブの代表者・野々山一靖の陳述書を提出してきた。読んでみると、すごいことが書いてあった。

> 岩本弁護士は、一九九五年九月頃（同年九月八日に懲戒委員会が開かれているので、その前後だと思う）、懲戒事件を弁護士会で担当している事務局の三田弘好氏と会って、懲戒委員会の審議内容を聞いてきたと言って、事務所で、その内容を稲山氏に話していた。

「委員会での審理内容をもっと詳しく三田さんから聞き出すには、お薬代（金員）がかかる。稲山さん工面してくれないか」というものであった。これに対して、稲山氏は、「分りました」と、別室から封筒を持ってきて、岩本弁護士に渡した。封筒の厚さから、五〇万円位ではなかったか。

その後は懲戒委員会が開催されて数日すると必ず、岩本弁護士は、三田氏の処へ行って、委員会の内容を聞き出してきては、これを稲山氏や他の弁護士に報告するようになった。

岩本弁護士の言う、お薬代の効き目が出てきたのか、その後、岩本弁護士は、次々と三田氏からメモ、テープ（委員会の審議内容を録音）、議決書（案）を入手して、稲山氏に渡していた。

一九九六年九月二四日附、岩本弁護士から送信されてきた「第一次起案追加」議決書のファックスは、その頃開催された懲戒委員会の直後に三田氏から入手したものを手渡しではなくファックスされてきたものである。

岩本弁護士がお薬代と称して請求し、稲山氏より受け取った回数は五～六回、その内封筒に入れず現金で渡したのを目撃したのは、一回だけで額は一〇〇万円、その他は封筒に入っていたが、平均して五〇万円位。従って、総額では、三～四〇〇万円位である。

稲山が岩本弁護士にすべての責任を転嫁するために、自分の息のかかった野々山に陳述書を作文させて提出させたのに決まっていた。かつて友好関係にあった好子にも「稲山は善意の人」とする陳述書を提出させていたが、やり口はまったく同じであった。とりあえず事実関係について岩本弁護士に検討してもらって反論することになった。それにしても後述する林田家に対する誹謗や怪文書といい、この野々山の陳述書といい、稲山は実に卑劣な奴だ。

野々山の陳述書の他に、岩本弁護士が懲戒委員会から受け取ったとして、議決書のほとんど全文（もちろん発表前）の写しも提出されていた。さすがに主文のところだけは空白となっているが、全文を読めば除名になることは明らかである。こんなものまで入手していたとは、ここまで三田次長は稲山側に取り込まれていたのかと驚きに耐えない。

私は、三田次長に審理の進行情況を聞きに行ったとき、突然、議決書案の一部を見せてくれたときのことを思い出した。三田次長が悪い弁護士と闘っている私に対する好意で見せてくれたものと解した。いまにして思うと、あのときすでに三田次長は稲山側に相当資料を提供していたので、その後ろめたさもあって、こちら側にもその一部を見せたのであろう。

木下産業・林田家へ陰湿な怪文書攻撃

対稲山包囲網ができあがりつつある中で、稲山はなりふりかまわぬ反撃にでてきた。

前年の暮れに、岩本弁護士より電話があった。好子が泣きながら岩本弁護士の自宅に電話をしてきたという。稲山が好子、宏、ヨシノ、そして実兄の黒崎英二を誹謗中傷する文書を黒崎が所属する〇区議会の議員宛に送付したとのことである。いよいよ稲山の最後の悪あがきが始まった。翌日、木下産業㈱の会議室を借りての定例の対稲山合同会議で「呪われた林田家の肉欲」と題する問題の文書が示された。差出人は先日岩本弁護士の懲戒請求を暴露して送り付けてきたあの「法曹政治同志会」である。読み進むうちに怒りで顔が紅潮してきた。唾棄すべきものとはこういう文書のことをいうのであろう。

この怪文書は、林田一族のプライバシーを興味本位にあばきたて、則男と義母・ヨシノとの不仲と財産争いを匂わせた上で、次のように結ばれていた。

> ㈲ガーベラおよび㈱林田の社長好子は、新和ファイナンスからの借金一〇〇億円の支払を免れる目的で㈱林田の不動産（池袋二〇〇坪）を㈲ガーベラに名義変更した。これは強制執行を免れるためのもので犯罪である。愚息林田宏も共犯である。近日中に刑事犯になり現在懲戒請求を受けている悪徳弁護士岩本輝夫を使って資産隠しを行っているが、世の中そんなに甘くない、親会社の社長林田ヨシノは㈱林田（林田好子）の負債一〇〇億円を支払う責任がある。
>
> 林田家の血がもたらす卑しさが、現在、未来、を如実に物語る、バブルボケをしていたら、気がついたら親子連れで刑務所行だ、林田家に触れたものは呪わ

れる。

岩本弁護士からの連絡でヨシノに対する中傷も含んだ怪文書と聞いたとき、私はある予感があった。文書を見て「やはりな」と思った。

則男が稲山を解任したことに端を発した一連の出来事の中で、義母・ヨシノの態度がどうも腑に落ちなかった。完全にマインドコントロール下に置かれた好子、宏らと異なり、ヨシノは稲山のあくどさに気づいているようでありながら、なぜか頑なに沈黙を守り通していた。

最初の頃に私が則男とともにヨシノのところを訪れたときも、「もう私どもは則男と財産分けをして会社も別になっているので一切関係がありません」という態度だった。漏れ聞いたところによると、稲山から「余計なことは一切言うな」と釘を刺されていたということであった。また、ヨシノが「弁護士さんは恐ろしいものですね」とつぶやくように話していたということも聞いていた。

何か稲山から脅されているのではないだろうか、これが私の感じていたことだった。脅かされているとすれば、則男の父親・治が亡くなった際の則男との遺産争いに関すること――財産を分け合った後、自宅は長男の則男ではなく後妻のヨシノが引き継いでいるなどであろうと推測していた。

治は妻・トキと離婚し、子連れのヨシノを家に入れたようだ。しかし、治はヨシノをなかなか入籍させず、亡くなる半年前の六五年一二月（亡くなったのは六六年五月）になってようやく入籍させた。治の亡き後、その遺産の相続をめぐってヨシノと則男との間に争いが生じた。その際、稲山が則男の代理人としてヨシノ側と交渉し、半分ずつに遺産分けをしたことはすでに述べた。

その後、ヨシノは則男と分け合った財産を実子・裕一郎、昌子らの名義にした。稲山は前記交渉の過程で知った治とヨシノのプライバシーについて彼女を脅していたのだと思われる。とすると、最初の頃にヨシノがつぶやくようにして言ったという「弁護士さんは恐ろしいものですね」という言葉の意味が理解できるし――もっとも、このつぶやきを聞いた好子はてっきり私のことだと思ったようであるが――、また、今回のヨシノを中傷する怪文書のことも合点がいく。何と卑劣な男であろうか。除名によって弁護士資格を剥奪されているから、もう歯止めがきかない。

稲山からの中傷文書による攻撃はさらに続いた。木下産業㈱の木下社長、大河内弁護士に対する「怪文書」攻撃である。木下産業㈱の取引先、銀行、大河内弁護士の顧問先などに次のような文書を送りつけてきた。

> ◎バブルの後も踊る悪人「木下拓弥の犯罪絵図」
> バブルは本当にひどい事件、だぶだぶにダブついた金は、日本社会の規律をひ

どく弛緩させ、人々の金銭感覚を完全に麻痺させた不祥事件が相次ぎ、企業と裏社会の結びつきは一段と深まった、現在は社会、経済も崩壊しているのに現実を無視しているバブルの落し子が木下拓弥である、東商二部上場企業の国際メタルの実のオーナー木下拓弥社長はバブル時代の約三〇〇億円にものぼる債務についで、債権者の担当者と結託して債務飛ばしをしている、山一証券より悪質である。

（以下略）

またしても、差出人は法曹政治同志会である。こういう「怪文書」を木下産業㈱、同社木下社長の親族、林田家及びその親族に撒きまくっている。これだけやられると、影響が出てくる。木下産業㈱に対する銀行からの融資に一部待ったがかかり始めた。林田家では好子が自分のために皆に迷惑をかけてしまったと参ってしまい、懲戒請求を受けた岩本弁護士もいささか落ち込んでしまった。しかし、なぜかこれらの怪文書は、今回も私や外山弁護士のところには送られてこなかった。

木下産業㈱会議室での合同対策会議でも、このことがまず話題となった。木下産業㈱の木下社長が、

「稲山がまたこんな文書を取引先に送ってきましたよ」と切り出す。

「僕の顧問先にも送ってきたようです。ひどい奴だ！」と大河内弁護士。

「そうですね、本当に卑劣な奴だ。しかし、私と外山弁護士のところには一切送ってきて

いませんよ。どうしてかなあ」と私。

「そりゃ、リアクションが恐いからですよ」と岩本弁護士。

「いや、それだけじゃないですよ。稲山はどこを叩けばいいか分かっているのですよ。木下産業を徹底的に叩いて兵糧を断つ。こう考えているのですよ」と木下社長。

「そうか、稲山はどこを叩けば効果的か考えているのですね。木下産業を叩いて兵糧を断つ。そして同時に岩本、好子を叩き、プレッシャーを加える。内田、外山は相手にしている暇がない、なるほど」と私。

「何とか告訴をして稲山を刑務所に入れないと」と大河内弁護士。

「そうですよ。あんな奴は刑務所の塀の中に落すか、東京湾に×××るかしかないですよ」

「内田先生、先生がそんなことを言ってはいけませんよ」と、皆で笑っておしまいになった。

それにしても大河内弁護士の顧問先会社などにも怪文書を送りつけるとは、一体どうして調べたのだろうか？　大河内弁護士の源泉徴収の内訳を調べたとしか考えようがない。ずっと後になってのことだが、対稲山会議の席上で、稲山の執念深さについて語っていた岩本弁護士が突然「まだ稲山と一緒になって内田先生と闘っていた頃のことだが、稲山から内田先生の税務申告書の写しを見せてもらったことがある」と言い出し、驚かされた。税務署内にまで買収の手を伸ばしているとは、とんでもないやつだ。それにしても稲山の奴、私の申告書を見て収入がこんなに少ないのかと驚いただろうな。

一九九七年一二月一八日、法曹政治同志会から再び林田ヨシノ宛に文書が送付されてきた。新たな怪文書かと思って開封してみると、以下のような内容のものであった。

関係者各位

最近、法曹政治同志会（住所＝新宿区愛住町）の封筒を偽造し、法曹政治同志会の名をかたり、企業を攻撃した文書が各方面に送付されているようです。しかし、これらの事に関して法曹政治同志会（会長藤本健男）は、一切係わっておりません。現在調査中ですが、現段階では「国際メタル（株）」「（株）林田」の二社が攻撃対象となり、関係方面に怪文書のようなものが流されているようであります。これらの二社に対しても法曹政治同志会とは何の関係もなく、当団体の名前を無断で語った悪質な行為であります。当団体としては今後徹底的に犯人を追及していく所存でありますので、どうかよろしくお願いいたします。

法曹政治同志会会長
弁護士
法学博士　藤本健男

同じ頃、「法曹政治同志会の天建院」と名乗る男から木下産業㈱の木下社長宛に電話が入った。秘書の前尾が「社長は不在で戻らない」と答えたところ、「木下社長を中傷した文書や林田のことが書かれた文章が入った封筒が一五通、郵便局から当方に戻ってきた。誰かが法曹政治同志会の名を勝手に使っているので犯人を捕まえたい。心当たりがあれば教えてほしい」との話であった。前尾としてはこの天建院と名乗る男の話が信用できるかどうか不安であったので、とりあえず「心当たりはありません。当社も弁護士と相談して対処するつもりです」と答えておいた。天建院と名乗る男はさらに「返送されてきた封筒の住所の新宿区愛住町×ノ××ノ×××というのは七年ほど前に二、三カ月いたことがあるので、そのことを知っている者だと思う。いまは千代田区神田須田町〇ノ〇〇ノ〇日本法曹記念館にいる。犯人が分かったら連絡して下さい」と、電話番号を教えて依頼してきた。

木下社長からこの話を聞いた私はさっそく、天建院氏宛に電話をし訪問することにした。外山弁護士も同行すると言ったが、この種の「ヤヤこしい所」へは外山弁護士を連れて行かないほうがよいと判断して、一人で行った。

一二月二四日午後五時三〇分、神田須田町にある「日本法曹記念館」に「法曹政治同志会」の天建院氏を尋ねた。建物の所在地は神田税務署の近く、正則学園の正面の通路を一歩入ったところにある。八階建てのやや重厚そうな感じのビルで、「日本法曹記念館」という名称になっているが、弁護士会とは何ら関係のない建物であることはもちろんである。玄関を入ると、一階のエレベーターホールのところに各階に入居している事務所の名称が表示されている。「院外連合」「自主憲法制定期成同盟」「検察法曹団」等々といったものが多く、私が普段出入りしているビルとはいささか雰囲気が違う。

七階の「法曹政治同志会」に行ったところ、秘書らしい若い男が現れ、八階に案内された。八階の雰囲気もまたなかなかのものだった。重々しい絨毯が敷かれ、陶器の大きな壺(有田焼か?)がいくつも飾られ、派手な色彩の花の固まりもいくつか置いてあった。ただし、これらの花はいずれも造花だった。これで香でもたかれていたら、新興宗教団体の応接室にしかみえない。応接室の壁には故梶原一騎の空手着姿のポスターが貼ってあり、「讃歌」という文字が大きく印刷されていた。テーブルも普通のものではなく仏教風の装飾を施した、椅子にでもなりそうな細長い丸っこいもので、お茶を二つ乗せるともういっぱいだった。

ソファに腰を降ろし待った。天建院氏はなかなか現れない。一五分ほど待ってようやく現れた。大柄な男で、頭は僧形、服装も僧侶のものだった。交換した名刺には「院外連合総裁天建院」と印刷されていた。どこかで見た顔だと思ったが思い出せない。

「やあ、どうもお待たせしました。それで先生は木下産業、林田のどちらの関係で?」

目付きが鋭く、どすの利いた声である。「いや、どちらというわけではなく、まあ両者の関係でして」と、㈱林田と稲山をめぐるいきさつについて、稲山懲戒の議決書、新聞記事などを示しながら縷々説明した。

途中で二度ほど電話が入り、その都度話が中断した。天建院氏は横柄な態度で電話に出て、一〇億とか二〇億とかの大きなことを言っている。

「そうですか、分かりました。今般の怪文書の件では私ども法曹政治同志会としても大変迷惑しています。誰がやっているか分かりますか」

「それは稲山ですよ、そして大路千造ですよ。このような情報を提供できるのは彼らしかいませんよ」

「やっぱりそうですか。実は木下産業の木下とかいったかな、あの社長を攻撃する文書のライターの天野徹洋を問い詰めたところ、大路千造のところで資格を失った元弁護士から話を聞いて書いたと言っていた」

「その弁護士というのは稲山ですよ」と、以前に『週刊金曜日』に書いた文章「依頼者の資産を食い潰した弁護士、信頼を食いものにしている弁護士がいる。依頼者は一〇〇億円以上の資産を失う。被害総額や手口が前代未聞のこの事件について、追及を続けてきた弁護士が告発する」を見せた。

読みながら「う～む、悪い奴だなあ」と言って、おもむろに電話を取り上げ、ダイヤルを回し始めた。

「おおっ、天野か。おまえがこの間大路千造のところで話を聞いたという資格を失った弁護士というのは、稲山という奴ではないか。おおそうか、やっぱり稲山か、それで分かった」

そしてさらに、

「先生、これではっきりした。大路千造と稲山の仕業だ。怪文書に使われた封筒は法曹政治同志会の現在のものとは違う。ほら、このように四角で囲ってもいない」と、天建院氏は法曹政治同志会の正式の封筒と怪文書が送付された封筒とを並べて示した。たしかにそうである。住所だけでなく、字の大きさも体裁も違う。「しかし、大路千造たちもこんなことをすれば、誰がやったかすぐ発覚することは分かるでしょうに」

「いや、分からないよ。封筒の住所が違っていたから返送があった。そして当方に転送されてこなければ分からなかったわけですから」

「なるほど。返送そして転送ねえ。返送されても愛住ハイツ三〇五号にはもう法曹政治同志会はいない。それで神田須田町に転送、これが彼らの誤算だったわけだ」

「先生、この件では法曹政治同志会としても被害を受けています。告訴できませんかね」

「是非そうして下さいよ。実は私のほうでは法曹政治同志会を名誉毀損で訴えようと思っていたのです。それでまず事情を聞こうと思って、会長だという夏井祥三弁護士に電話をしたのです。そうしたら夏井さんはもう法曹政治同志会から抜けているということで、さあどうするかと考えていたところ、天建院さんの方から連絡が入って」

「夏井先生は前の会長をやっていたが、いまは藤本先生です」と言って、天建院氏は法曹政治同志会の名簿を持ってこさせた。

名簿を手渡されてパラパラと見ると、随分いろんな人が名を連ねている。白川勝彦など国会議員もかなり入っているし、最高顧問としては西元順治となっている。法律家でもないものが最高顧問というのは妙な団体だ。西元順治という名を見て、先ほど来の疑問が解けた。天建院と名乗るこの僧侶姿の人物はハーレイの会長であった西元順治だ。

私は自分と夏井弁護士とはかつて㈱アイデンの架空増資事件に連座した共同被告人の弁護人として一緒に法廷に立ったことがある旨を話しながら、ついでに、という感じでさりげなく、

「実は私は西元さんとも縁がなくはないんですよ」と、恒産住宅恐喝事件に関連し、中小企業連合会の依頼を受けて恒産住宅本社前でのビラ撒き抗議行動に付き添ったいきさつ、そのことに関連し、後日検察庁で事情聴取を受けたことなどを話した。突然「西元さん」と呼ばれ、恒産住宅恐喝事件という、いわば古傷に触れられて、天建院氏はいささか狼狽したようだった。

私はそ知らぬ風を装い、さらに話を進めた。自分達もいま稲山を告訴するべく準備中であるとして、大路千造と西元との関係について尋ねた。

「ところで、大路千造は西元さんのところに出入りしていたんでしょう」

「以前はそうだったが、二年ほど前からは出入りしなくなった。その理由はオウム事件ですよ。私はオウムのバックにいると疑われたことがあり、警視庁にいろいろ調べられた。取引銀行にも圧力がかかり、そのせいで会社が潰れてしまった。評論家の山地一郎が警視庁でそのようにしゃべったのが原因だ。彼は調書まで取られている。その写しが私の手元にある」と、天建院氏は応接室を出て行き、間もなくして一通の警察官面前供述調書の写

しを持って来た。見るとたしかに山地一郎の供述書の写しである。西元順治のことについていろいろ話しており、オウムと密接な関係を有する大路千造が西元の秘書だとか、西元がオウムのバックにいてクーデターを計画していたとかいう供述をしている。

思わず「本当かな」と考えてしまった。西元順治が台北熱学事件、恒産住宅事件などで刑事罰を受けたことについても触れている。西元と盟友関係にあった石原慎太郎について の記述もある。オウムが宗教法人の認可を受けるに際して、石原慎太郎が早く認可を下ろすように当時の鈴木都知事に働きかけた。石原慎太郎が突然、衆議院議員を辞職した背景にはこの問題があった、石原慎太郎は西元から政治献金を受け取っておきながらそれを否定し、そのため西元と石原は仲違いをした、同じように政治献金を受け取っていた警察庁長官、法務大臣等々を歴任した後藤田正晴は素直にこれを認めたからえらいと西元は言っていた、等々と書かれている。なかなか面白い調書で、よっぽどコピーを下さいと頼もうかと思ったが、初対面でそこまで言うのはと思い断念した。

天建院氏こと西元順治が解説する。

「私もいろいろな事件に巻き込まれて、いろいろな人に迷惑をかけた。それでもう西元の名前は使わないことにし、天建院と変えたんです。私の親は八六歳になるが、西元の名前を使ったら自殺をすると言っているんですよ」

「そうですか。でもさっきいただいた名簿には『最高顧問西元順治』となっていますよ」

「あっ、それは古いのだ。新しいのでは天建院となっている。古いほうは返して下さい」

と慌てた様子。受け取った名簿を返しながら、

「新しい名簿をもらえませんか」

「ああ、後で送りますから。ところで先生、稲山と大路千造を告訴したいのですが、やはり名誉毀損ですかねえ」

「ええ、他人の名前を騙って怪文書を配布したんですから、法曹政治同志会としては名誉毀損というよりは私文書偽造、行使のような気もするのですが、もっとも法曹政治同志会の名を使って卑劣な怪文書を配布したということは、怪文書を受け取った人に法曹政治同志会というのはこういう卑劣なことをする団体かと思わせることになり、その意味では名誉毀損になりますかね。まあ検討してみます」

「先生、ぜひ告訴状を作って下さい。金はいくらですかな」

「いや、ちょっと待って下さい。金はともかくとして、とにかく告訴状を作ってみますから」

と慌てた。

まさか話がそこまで進むとは思っていなかった。本当は犯人が分かっているのだから、告訴とかそんなまどろっこしい方法ではなく、直接捕らえて締め上げてしまった方が早いと思うのだが、しかし、弁護士の口からそれを言うわけにはいかなかった。

その後も稲山、大路千造の悪さ加減を一通り話し込んだ上、結局私が告訴状を作成することになった。

エレベーターまで天建院氏は送ってくれたが、その際、秘書の吉田毅という者を紹介した。名刺を交換したところ、吉田が、

「私、先生を知っています。講談社から出ている『弁護士』という本を読みました」

「ああ、読んでいただけましたか。あれは結構売れまして、いま一三刷で五万部ほど出ているのですよ」

「ええ、面白い本で。西元会長のことを書いてましたね」

「ええ、そうですか」

やばい、いささか慌ててしまった。

「何、俺のことを書いているのか」と天建院氏。

「いや、元検察官だった弁護士のことについて書いているところで」と吉田。

「今度お届けしますよ。自己紹介がてら他の本と一緒に」と、話を打ち切った。ちなみに『弁護士』（講談社現代新書）の件の個所には、次のように書いた。


「ヤメ検弁護士の生態」

ロッキード事件の第一審でもそうであったように、政財界を揺るがす大型疑獄事件には、必ず元検事、それも検察庁の幹部であった人物が弁護士として登場する。そして何やらキナ臭いにおいのする「あぶない事業家」は、必ず検察官出身の弁護士、いわゆる「ヤメ検」を抱えている。〝政商〟とか〝怪物〟とかいわれた故小佐野賢治氏、金融業アイチの

森下氏、恒産住宅恐喝事件で逮捕されたハーレイの西元氏等々、皆そうである。

（中略）

ところが、このような弁護士は通常はもう高齢であり、弁護団の〝看板〟にはなっても実働部隊としては向かない。そこで彼らは実働部隊として検察官を辞めて弁護士になっているかつての部下、いわゆる「ヤメ検」を連れて来て実務に当たらせるのである。

ところで「ヤメ検」弁護士の活動の場は、このような疑獄事件、あるいは暴力団関係の事件だけでなく、最近では消費者問題などでもよく出てくるようである。

金とか銀を買えば、値が上がって絶対にもうかると、言葉巧みに老人に言い寄り、実際には金・銀を渡さず「預り証」という紙きれだけを渡し、その老人からなけなしの金をまき上げたうえ、倒産した豊田商事事件では、その後、会社の幹部らの個人責任を追及して全国で民事訴訟が起こされるに至ったが、その際、豊田商事側の代理人として登場した弁護士の中には、この「ヤメ検」弁護士がかなりいた。

また、悩みをもった人に対して、この壺を買えば祖先の霊がなぐさめられるなどとして大理石の壺等を、法外な値段で売りつけていたいわゆる〝霊感商法〟をしている団体に対して、被害者たちがまとまって裁判を起こすなどしたが、この裁判でも団体側の代理人として登場した中に「ヤメ検」弁護士が多くいた。

なぜこのようなことになるのであろうか。それは結局、検察官をやって弁護士になったとしても、そうすぐに民事事件の依頼が来るわけでもないし、ましてや、一般の企業と顧問契約を結んで、その関連の仕事をどんどんするということにはならないことから、どうしても当初は無理をして仕事をする。すなわち、依頼された事件が若干うさん臭かったり、キナ臭かったりしても、それを引き受けてしまうからであろう。

もちろんすべての「ヤメ検」弁護士がそうなるわけではない。立派な人も少なくはない。ただこの問題は、弁護士の経済的基盤の確立に関連することであり、今後いろいろと考えていかなければならない重大な問題でもある。


恒産住宅恐喝事件のとき西元が弁護団長として雇ったのが元検事総長・井本台吉であった。彼は戦前戦中、思想検事として共産主義者、自由主義者らに対し厳しい取り調べをした。戦後都知事となった美濃部亮吉も大内兵衛らとともにいわゆる人民戦線・学者グループ事件で検挙された際、随分と意地の悪い取り調べを受けたという。戦後は追放になったがやがて復帰し、遂には検事総長まで登りつめた。退官後は弁護士として開業し、検事時代の看板を引っ下げ「キナ臭い事業家」の弁護人となって結構な大金を取っている。

司法の戦争責任の問題でもあるのだが、本稿のテーマはそこにあるわけではない。話が大きくそれたので元に戻す。

事務所に戻ってさっそく、外山弁護士に結果を話した。

「内田さん、どうでした」

「いや面白かったぞ。『ハーレイ』だよ」

「法曹政治同志会のバックがハーレイなのは前から分かっていることじゃないですか」

「それはそうだが、天建院がハーレイの西元だということだよ」と、経過を説明した。外山弁護士も面白がって聞いてきた。

「本当にいろんな連中が登場してくるんですね、この事件は。ところで稲山側からの反撃は中傷文書だけですか。法的な反撃はないのですか」

「いまのところないようだ。たしかに稲山の㈱林田の取締役からの解任とかの件は、こちらもかなり強引なことをやっているわけだから、法的な対抗手段はあるはずなのだが」

「そうですよ。そんな中傷文書の送付がそれほど適確な反撃とも思えないですね」

「適確な反撃といえば、それはいまキーマンとなっている岩本弁護士、そしてこの私を殺すことだよ。これが一番有効な反撃だよ。しかし、彼にはその度胸がない」

「またまた調子に乗って、すぐにそういうことを」

法曹政治同志会総裁・天建院こと西元氏から稲山告訴の件の相談を受けた私はさっそく検討に入った。

しかしその後、天建院氏からの連絡はなかった。私の方から電話を入れてもみたが、はかばかしい応答はなかった。訴訟の方針は変わったのかな、私の素性を調べたのかなと思い、しばらくそのままにしていた。

二月二〇日すぎになって、天建院氏の秘書から電話があった。総裁が私に会いたいとのこと、さっそく出かけた。

法曹政治同志会のある「日本法曹記念館」に行ったところ、しばらくお待ち下さいと今度は前回と違って二階に案内された。待たされた部屋がすごかった。入ったところに世界格闘技団体連合という大きな木の看板がかけられ、長方形の部屋の長い方の両壁側には甲冑武者がずらりと並んでいる。昔、修学旅行で京都の三十三間堂に行ったとき、仏像がずらりと並んでいてすごいなあと思ったことがあるが、あれと同じだった。ざっと数えてみても、五〇体以上はある。各々制作された年代が記されていて、大方は江戸時代の物だが中には桃山時代、室町時代の物もあるようだ。元首相・鈴木善幸を名誉総裁とする「日本甲冑武具歴史研究会」の認定書も掲げられている。「日本甲冑武具歴史研究会」が果たしてどの程度権威あるものかは全く分からないが、これだけの数を集めるとは大したものだ。短い方の一方の壁には黒っぽい仏像が三体あり、目のあたりだけが怪しく光っている。反対側の壁にはこれまた伊万里焼の大皿が五〇枚ほど飾ってある。

二〇分ほど待たされて、ようやく天建院氏こと西元順治が現れた。さっそく用件に入ったところ、思いがけない話をされた。つい先日行なわれたばかりの長崎県知事選挙で当選した自民党の金子原二郎陣営が告示の直前、土建業者を集めて、知事になったら公共事業をこのように配分するからとして各業者から多額の金を振り込ませたというのだ。これを公職選挙法違反で告発して欲しいということであった。

私は当然、稲山の告訴に関する話だと思って来ていたので意外であった。どうも知事選で敗れた西岡陣営からの要請のようだった。

自民党も嫌いだが、西岡も嫌いな私としては困ってしまった。このような争いに巻き込まれるのはまずい。しかし、稲山告発の件もあるので無下には断れなかった。

「えっ、稲山のことではないのですか。公職選挙法違反の告発なら私なんかでなくても。総裁は他に弁護士をたくさん知っているでしょう」

「いや、弁護士はいろいろ知っているが、こういう事件は権力と闘う弁護士でなくてはならない。それで先生にお願いしたいのです」

「いえ、私は別に権力と闘う弁護士ではなく普通の弁護士ですよ」

「いや、そんなことはないです。最近は権力と闘う弁護士は少なくなって、例えば山根二郎先生とか」

山根二郎弁護士とは、また懐かしい名前だ。彼が「金嬉老事件」や「東大事件裁判」で裁判所と闘ったのはもう二〇年以上も昔のことだ。困ったなあと思ったが、とにかく話をつなぐしかない。

「そうですか。それで公共事業の配分の約束と献金の事実は本当に立証できるのですか」

「それは大丈夫です。関係者を紹介しますから」と言って受話器を取り上げ、どこやらへ電話をかけ、

「おう、××か。このあいだの金子知事告発の件だが、いまここに内田先生が来ている。権力と闘う先生だ。ちょっと話してくれ」と言って、私に電話を手渡した。電話に出ると、相手は㈱畑山のMと名乗り、いろいろ話し出した。それでとにかく一度会って、話を聞く

ことを約束した。電話を返すと西元は、

「じゃあそういうことでな、内田先生としっかり相談するように。それと弁護士費用を忘れるな」と言って電話を切った。これで西元側の用件は終わったのだが、こちら側の用件はまだ終わっていなかった。

「総裁、長崎の件はそれとして、稲山の件の告発はどうするのですか」

「ああ、稲山、あいつは悪い奴だ。やっつけなければいかん」

「ですから、先日、『法曹政治同志会』の規約とか会員名簿とかお願いしたでしょう」と言って、一月早々にFAXしたメモを見せた。

「まだ渡していなかったのか」と、西元は秘書を呼び、問い質した。秘書は、用意してありますといって、さっそく「法曹政治同志会規約」などを持って来た。西元は、

「内田先生、先生も理事になって下さいよ」

「いや、まだ会員にもなっていないのに、そんないきなり理事といわれても。とにかく稲山告発の件が一段落してから」と逃げ、

「それにしても、すごい甲冑ですね」と話をそらした。

「大したものではありませんよ」と、天建院氏は満更でもなさそうだった。

㈱畑山のM社長との面談

×月×日午後二時、「法曹政治同志会」の総裁、天建院こと西元氏から依頼され、京橋

にある㈱畑山のM社長を訪れた。

㈱畑山は京橋交差点にある大きなビルの数フロアを使用しており、「日本経済再建委員会」という名称の看板もかかっている。

M社長は、六〇歳を少し過ぎたくらいで、小柄だがなかなかエネルギッシュな感じである。穏やかな口調だが、ときどき人を上目使いに見る癖があり、一筋縄ではいかない顔付きをしている。長崎県知事選で当選した金子知事の一族が経営する金子漁業が、漁船を沈めては保険金詐取をしているのでこれを告発してくれという。〈危ない、危ない、こんな話にうっかり乗ったら大変だ〉と、適当に相槌をうって聞いていた。

そのうちにM社長は住宅金融債権管理機構の中坊社長のことを話し出した。元日弁連会長の中坊公平弁護士のことだ。住管機構の社長として、配下の多数の弁護士を使って、住専からの多額の借入れを焦げつかせている不動産業者から厳しい取立てを行ない、拍手喝采を浴びている人物だ。現代の鞍馬天狗と呼ぶ人すらいる。M社長は中坊のことを血も涙もない男だと、口を極めて罵った。非情な取立てをし、これでは我々不動産業者は皆潰されてしまうという。

M社長は言う――確かにバブル時代には不動産屋も無茶苦茶していた。関西の末野興産のようなひどい会社もある。しかし、政府も土地の値上がりを放置し、莫大な税収を得ていた。それを一気に土地の値段を下げてしまって、例えば我々不動産屋が銀行から一〇〇億円借りて不動産を買ったところ、不動産の値段が一〇分の一の一〇億円にまで下がってしまった。ところが借金の方は一〇〇億円がそのまま残ってしまっている。それを返済せよというのだからひどいのではないか――と。彼の言い分も分からないではない。稲山も池袋昭和シネマ跡地の地上げ、転売が失敗に終わったことについて、同じような弁明をしていた。しかし、それは商売の見通しの問題であり、欲の皮が突っ張ってしたことだから仕方ないであろう。

中坊社長と闘う手助けをしてくれと頼まれたが、住管機構に専務や常務で入って中坊にこき使われているのは、私の友人の弁護士達だからそれはできないとやんわりと断る。とにかく西元氏の顔を立て、M社長とも付かず離れずといった態度で聞いた。それから数日後のことであった、㈱畑山のM社長らが強制執行妨害容疑で逮捕されたのは。

債権回収妨害容疑で逮捕状
旧住専大口融資先「畑山社長ら5人　土地架空転売、家賃隠し」
「東の末野」畑山　不良債権「国の政策が悪い」回収に徹底抗戦
土地を架空転売する手口で住宅金融債権管理機構（中坊公平社長）の債権回収を妨害したとして、警視庁捜査二課が一九日、強制執行妨害容疑などで摘発した不動産会社「畑山」は、同機構幹部が「東の『末野興産』」と呼ぶほど、債権回収に抵抗していた。M社長（六四）は「不良債権の発生は経済政策の失敗」など国や同機構を相手に「独自の論理」を展開。今月中旬、毎日新聞の取材に応じた際には、「中坊社長のやり方は民主主義

の敵、強引な債権回収は憲法違反だ」と語っていた。（朝日新聞一九九七年一二月×日）

現代の「鞍馬天狗」は、刀や短筒ではなく、警察権力を使うようだ。M社長は自分のところは末野興産のような会社とは違うと言っていたが同じであったのか。

㈱林田の金を返さない稲山

稲山の悪あがきは怪文書だけではなかった。

㈱林田に入金があると、稲山は債権者から差し押えられる危険性があるとして、そのほとんどを仮払金名目で自己の個人口座に振り込ませていた。その総額は億単位の莫大なもので、その大部分が使途不明となるのだが、代表取締役としての稲山を解任して㈱林田の支配権を回復した好子側は、稲山に対して、この仮払金の清算及びその返還を求めていた。ところが例によって稲山は、仮払金の清算をサボタージュし、なんと九七年一二月二九日午後六時すぎになって、好子の代理人である畠山弁護士のところに仮払金清算の件として、とFAXしてきた。

この年の一二月は、二七日が土曜であった。そのため法律事務所の御用納めは二六日金曜日が普通であった。それを承知の上で、日曜をはさんで二九日の、しかも午後六時すぎにFAXで連絡してくるとは、全くふざけた態度だった。

FAXされてきた「仮払金清算書」によれば、清算後の返還すべき金銭は一七〇〇万円であるという。この数字自体いい加減で、承服できるものでない。しかし、とにかく、稲山が返還するというものについてはとりあえず回収しておこうということで、年明け早々に畠山弁護士がFAXに書かれていた稲山の住所宛に振込口座などの連絡をした。

ところが、稲山は暮れに引っ越したらしく、この連絡は戻って来てしまった。

畠山弁護士が稲山の新しい連絡先をようやくにして調べ、改めて連絡を発したのは一月の末になってのことだった。私は畠山弁護士のこのような事件処理に苛々した。

《彼には毎月、木下産業㈱から××万円ずつ支払っている。もっとしっかりやってもらわないと困る。自分なぞは無報酬どころか逆に個人的に多額の金を出して、五年間にわたって稲山と闘ってきて、ようやくここまで漕ぎつけたのだ。やはり、当事者でなく代理人弁護士では、この気持ちは分からない》

たしかに、この稲山との戦いで、こちら側の当事者となってしまっているのは則男、好子、宏らは別とすると、岩本弁護士、木下産業㈱の木下社長、そして私の三人で、他の弁護士ではなかなかこの怒りは理解できないのかもしれない（外山弁護士は別だが）。私だって、通常の事件では依頼者からこのようなもどかしさを抱かれることがしばしばあるだろう。

とにかく、一月末になって、畠山弁護士からの連絡は稲山に到着した。この連絡に対して、またしても稲山はふざけた回答をしてきた。

㈱林田の未納税金として東京都主税局から一億二〇〇〇万円、国税庁から約三〇〇〇万円の催促を受けているから一七〇〇万円は支払えないというのである。かつて稲山が則男から解任されたとき、その預かっている株式の返還を拒み、他の者をして差し押えさせたのと全く同じパターンである。

稲山は競売になってしまった大森の土地約五二〇〇坪の固定資産税（信託を受けていた稲山名義でかかってくる）数千万円につき、本来の土地所有者である㈱林田から支払いを受けていながら、これを納めることはせず、自己のために領得してしまっているのである。

そんな稲山が税金の催促を受けているから仮払清算金を返還できないなどとは、とんでもないことであった。だいたい、税金の催促はいまに始まったことではない。

私は畠山弁護士に稲山宛内容証明郵便を発し、彼に警告を与えよと求めた。だが、畠山弁護士は気乗り薄だった。

「そんなことをしても稲山は応じるようなタマではない。税務署に通告されて差し押えられたら、元も子もなくなってしまう」と。

しかし、稲山にここまでふざけた態度を取られていて、これを放置することはできなかった。とにかく早急に稲山宛内容証明郵便を発する必要があった。畠山弁護士には自分でやるからと告げ、畠山弁護士名義で稲山宛通告書を作成し、畠山弁護士の印を押し、発送した。

通告書

都税、国税よりの催促は貴殿よりの一九九七年一二月二二日付仮払清算金の返還通知以降、初めてなされたものでなく、それ以前からなされており、したがって右都税、国税等からの催促を理由に仮払清算金の返還を拒むことは全く理由にもならないものです。

そもそも、㈱林田の税金の支払いについては、㈱林田の代表者において責任をもってなすべきことであり、貴殿が云々すべきことではありません。貴殿は貴殿が㈱林田の土地の信託を受けていたことから貴殿名義でかかってきている固定資産税を滞納（㈱林田からその支払いのための資金の支払いを受けながら）しておられますが、その貴殿が㈱林田の税金支払いの催促を理由として、自己の仮払清算金の返還を拒むことは笑止というべきものです。

今に始まったことではありませんが、貴殿のこのような作風が貴殿に対する除名処分をもたらしたことを理解すべきです。もし貴殿がこのような態度を取り続けるならば、今度は除名処分に留まることなく、刑事処分を受けることになることも併せて理解すべきです。

本書面到達後、三日以内に貴殿より仮払金の返還がない場合、当職としてはしかるべき手続をとること、右警告します。

一九九八年二月四日

畠山洋　印

稲山信実　殿

たしかに、この通告書だけでは直ちに効果をあげることは困難かもしれないと思ったが、そうではなかった。それから数日後、地下鉄の霞ヶ関駅の改札で畠山弁護士とバッタリ会った。

「内田先生、稲山が一七〇〇万円振り込んできましたよ。あの内容証明がきいたんですね」

「そうか、それはよかった。しかし、あの程度の内容でビビるようでは、稲山も大したことはないな」

内容証明中、〝今後もこのような態度を取り続けるならば、除名処分だけで済むと思ったら大間違いだぞ〟と凄んだのがきいたのか。

第七章　追撃、また追撃（一九九八・二〜一九九八・一二）

林田則男・山川ユリエ・内田弁護士・外山弁護士・金沢弁護士・宮崎学・石川猛・分銅京二・森川弁護士
林田好子・林田宏・魚沼昭雄・岩本弁護士
木下拓弥・大河内弁護士・畠山弁護士

稲山弁護士・野々山一靖・野本弘夫・山村弁護士・磐田博幸・八幡雄治・大路千造

高橋博由（40歳）・山村弁護士に頼まれ稲山側の代理人弁護士に就任。山村弁護士とともに敗戦処理に当たる。

稲山の卑劣な裁判引き伸ばし戦術

怪文書や仮払金清算のサボタージュなどの稲山の悪あがきに対して、我々は裁判の場で粛々と稲山を追い詰めていった。稲山は、応戦一方で、これといって打つ手がなく、裁判を引き延ばすという卑劣な作戦に出てきた。よし、あとは追撃あるのみだ。

二月二五日午後一時、東京地裁七二一号法廷で、㈱林田対㈲オリーブ他一名、損害賠償請求事件、第二回口頭弁論が行なわれた。一九九三年七月、昭和シネマ跡地の地上げをめぐって、㈲オリーブがしてもいない立退き交渉と転売仲介の手数料として㈱林田に四億四〇〇〇万円を支払わせたので、それを返せという訴えである。前回は被告㈲オリーブらが代理人を捜しているからとして欠席。稲山らは関連の四事件すべてについても、同様な対応をして時間稼ぎをしていた。

しかし、この日は第二回目の口頭弁論期日だから、そのような対応は許されない。果たして代理人が就くだろうか。

法廷が始まったが、㈲オリーブらの代理人は来ていない。ところが代理人の委任状だけは出ているという。その委任状を見て驚いた。なんと、山村弁護士と高橋博由弁護士ではないか。山村弁護士は加藤章二弁護士がガンで亡くなった後を襲い、永野の代理人となるや、すでに地裁、高裁とも勝訴し、後は最高裁での勝訴間違いなしとなっていた昭和シネマ跡地をめぐる㈾昭和シネマ（永野仁側）対㈱林田の事件につき、最高裁判決の直前に稲

山と和解をしてしまった男である。（一七七頁参照）

この和解が稲山の弁護士会懲戒委員会対策としてなされたことは明らかであったが、山村弁護士はこの稲山の目論見に協力し、その見返りに稲山との間で池袋・昭和シネマ跡地が売却になった際に相当額の金を受け取る密約をした。どうやら山村弁護士は稲山と一蓮托生であることを自覚したようだ。山村弁護士は大路千造の刑事事件弁護人でもあり、稲山が大路千造とつるむようになったのは山村弁護士を介してである。

一方、高橋博由弁護士だが、以前にあるスポーツ団体の事務局長の使い込み事件に関し、私はこの高橋弁護士と交渉し、事案の解決をしたことがあった。なかなかの好青年で、私のことを信頼してくれ、事件解決の際には、以前に購入してあった私の著書『弁護士』を持参しサインを求められたほどであった。

実は、前年の秋遅くに、高橋弁護士から問い合わせを受けたことがあった。ある伝《つて》をたどって稲山から事件を依頼されたが、相手方が私だということで、稲山の言っていることが正しいかどうかという問い合わせだった。私は直ちに稲山が第二東京弁護士会を除名されたいきさつについて、資料を添付して懇切丁寧に説明した。高橋弁護士は、この説明をある程度理解したようだが、結局稲山との関係を断つことはできなかったようだ。

あれだけの説明を受けながら、なお稲山の代理人に就任するとは残念だ。山村弁護士は稲山と深い関係にあるのだからともかくとして、高橋弁護士は悪い人ではないのだから早く稲山と切れたほうがよい。

さて、法廷である。山村、高橋両弁護士は委任状を出しただけで出廷せず、次回期日は四月下旬を希望するという。露骨な引き延ばし作戦である。

「裁判長、この裁判は本日が二回目ですが、一回目も被告側は不出頭で、そして本日もまた不出頭で、二回にわたり空転しています。これは引き延ばし以外の何物でもありません。たぶん他の関連事件でも同じような対応をとるでしょう」と説明した。

続いて「期日が先に延びるのはやむを得ませんが、次回は二カ月も先となりますので、事前に、遅くとも三月中に相手方に反論の書面を提出するよう求めて下さい。なお、山村弁護士は、もともと本件に深く関わっており、詳しく知っているはずの人物です」とも述べた。

このようなやりとりで法廷は終了したが、傍聴席の最後列に座って、時折、手帳にメモしている痩せぎすの中年男が気になった。どこかで会ったことがあるはずだ。しかし、どうも思い出せない。この男の方に目線を送ると、男も目線を返してくる。一体、誰だろう。稲山側の偵察員かなとも思うのだが、返してくる目線に敵意はみられない。いや、逆に親近感すら漂わせて目線を返してくる。あまりに気になったので、法廷を出る際にこの男に近づき、小声で「たしか、どこかでお目にかかった思いますが」とニッコリと話しかけた。すると、男は非常に親密な態度を示し、ポケットから身分証明書みたいなカードをさっと見せた。

身分証明書には「東京都主税局特別機動整理担当係長、高原譲」とあった。

ああ、思い出した。以前に稲山のことについて情報交換をしたことのある、都庁のマルサだ。どうりでこちら側に親近感を示したわけだ。さっそく廊下に出て、互いに挨拶をし直し、情報交換をした。

「いや、先だってはどうもお世話様でした。対稲山のその後の経過ですが……」と言って、前年以降の展開を手短かに話す。

「ところで高原さん、稲山はスペース21という会社を作ってその社長に収まってしまいましたよ。会社の事業目的に『青少年の為の宇宙科学教育システム……』とあるのには笑ってしまいましたが」

「本当に笑ってしまいますねえ。去年一二月の末頃の設立なんですねえ。ところで、私はそのスペース21に行ってきましたよ」

「ええっ！　そうですか。稲山はいましたか」

「いや、私どもが稲山に呼ばれたのですよ。税金を払うから来てくれって。それで私が上司と一緒に行ったのですが、結局払わなかったのです」

「自分で呼んでおきながら、それはどうしてですか」

「なにか、いろいろ考えてみたら、お金の帰属先がなんとかかと言ってました」

「その話、いつ頃ですか」

「今月、つまり二月上旬ですよ」

それで得心がいった。稲山が仮払金の清算と称して一七〇〇万円返すと言っておきながら、税金を払わなくてはならないから返せないと言ってきた一連の経緯を思い出した。なるほど、稲山は一旦はあの一七〇〇万円を税金の支払にあてようとしたが、私が畠山弁護士の名前で内容証明郵便で出した「怒りの文書」で考えを変えてしまったのだろう。日程的に見て辻褄が合う。一七〇〇万円を㈱林田に返さないと、横領・背任になると恐れたのであろう。

女傑判事による辣腕訴訟指揮

五月×日、東京地裁六一五号法廷、稲山が㈱林田の金二億円を株取引につぎ込んでほとんどなくしてしまったこと（事件の詳細は二一六頁で述べた）に対する損害賠償請求訴訟の第一回口頭弁論期日である。㈱林田の代理人弁護士は岩本、畠山両弁護士。私はこの件については代理人弁護士となっていないので、傍聴席で両弁護士を督戦することにした。

例によって稲山は出頭せず、現在、弁護士を依頼し、かつ調査中という簡単な答弁書一枚。

裁判官は福島マリという、なかなかやり手の女性である。司法研究所の教官をしたこともあり、つい最近まで東京高裁で陪席判事をしていた。彼女が地裁にいた時私は彼女の下で裁判をしたことがあった。

福島裁判官が、請求原因は債務不履行か不法行為か、前者ならば、稲山が負っていた法的注意義務の内容を、後者ならば、詐欺ということになると思うがどのようなやりとりをして欺したか、具体的に明らかにするようにと、釈明を求めた。

福島判事とは同期で、研修所では同じクラスだったという岩本弁護士が立ち上がって話し始めた。例によってアーウーという調子である。私がもどかしげに傍聴席から身を乗り出したところ、福島判事が「代理人に就かれるのですか」と尋ねた。

畠山弁護士が「いや、彼は私達の味方です」と慌てて説明した。

私は遂に傍聴席から立ち上がって、「裁判長、傍聴席から発言するのもなんですが……」と断った上で、㈱林田をめぐる稲山の不正行為、現在係属中の関連事件、そして三月一八日には則男よりの稲山に対する損害賠償請求事件の判決がなされたこと等について説明した。

福島判事は黙って聞いていたが、「しかし、稲山さんはそんなに裁判を起こされていては、たとえこの裁判で先生方が勝訴しても回収できないのではないですか」と、率直な意見を述べた。

「それはそうですが……、彼は金を隠しておりますので、とにかく会社としても訴えを起こし、判決だけは取っておこうというわけです」と、いささか苦しい答弁になってしまった。なかなかざっくばらんで、はっきりと物を言う判事だ。

六月×日、東京地裁六一五号法廷。マルチョー株の取引で稲山が㈱林田に二億円の損失を与えたことに対する損害賠償請求事件の第二回口頭弁論期日。裁判官は福島マリ判事。㈱林田側は岩本、畠山、そして私の三弁護士。第一回目は半ペラの答弁書のみで稲山は欠席したが、今日は二回目だからもう欠席戦術は通用しない。どう出てくるのだろうか。法廷に行ってみると、やはり稲山側の出頭はなく、ただ山村、高橋両弁護士の委任状のみだった。先週の㈲オリーブに対する第二回口頭弁論期日と同じ対応なのか。

福島判事が入廷し、裁判が始まった。

「代理人が就かれたようですが、出廷していませんね」

私はすかさず立ち上がって発言した。前回の傍聴席からとはと違って、今回は代理人席からである。

「裁判官、稲山氏に対する一連の裁判が二巡目に入ったのですが、今度は代理人の委任状の提出だけで、またもや引き延ばしを図るつもりのようです。先週も……」

「内田代理人、ちょっと、待って下さい。裁判所の話を終わりまで聞いて下さい。それでは、裁判所としては、これで結審します。次回の判決言渡し期日までに被告側から適切な反論書が出なければ判決します。原告代理人、よろしいでしょう?」

「もちろんです」

「裁判所としてもいろいろ考えましたが、この事件は被告側に誠意ある対応がみられません。代理人の委任状が出ているにしても、次回希望日すら書かれておりません。従って、決断しました。もっとも、被告側から適切な反論書が出されるならば、話は別です」

「はい」

「ですから一応、判決言渡し期日を決めますが、場合によっては弁論再開（さらに裁判を続けること）ということになりますので、その点はご了承下さい」

「はい、分かりました」

ということで、四月一七日を判決言渡し期日とするとして閉廷された。実にテキパキとした訴訟指揮で、私たちとしては全く異論がなかった。弁論再開含みとはいえ、二億円もの大金の支払いを求める裁判で、相手方の出頭がないとして、二回で結審してしまうとは、なかなかの度胸だ。こうして私たちは稲山を粛々と追いつめていった。

その後この件については山村、高橋両弁護士側から準備書面が提出されたので判決言渡しとはならず通常どおり裁判手続が進行することとなった。

稲山が㈱林田の資金二億円をマルチョー株の信用取引に投じて失わせてしまったことに対する損害賠償事件の準備手続が、地裁の和解室で行なわれた。まず裁判官がわれわれ原告側から聴取を始め、原告は不法行為でいくのか（稲山が欺した）、それとも債務不履行でいくのかと、私たちに釈明を求めてきた。

「被告（＝稲山）がとんでもない人物だなんてことは、これまでの資料でもうよく分かってます。ただ、単にけしからん人物ということだけでは判決を書くことはできないんですよ。問題は、法的にどうしっかり構成して高裁で破棄されない判決を書くかということです」と福島マリ判事。

「もっともな話です。ですから稲山が㈱林田を実質的に支配して依頼者の信頼を利用し、会社の資産二億円をマルチョーの株の信用取引に投じて失わせてしまったという構成で……、つまり債務不履行による損害賠償ということで」と私。

「そうすると、㈱林田の代表者、好子さんに対して『絶対儲かるから』といって欺してということでなく、会社の業務全般を処理している中で注意義務を怠っているというような構成になるわけね」

「そうです」

「いや、好子さんに対して『絶対儲かるから』と無理矢理……、しかも単に儲かるというだけでなく『十日後には具体的に買主がいるから』とまで嘘を言った」と岩本弁護士。

「岩本さん、そう言いますけれどね、儲かるといって欺したというのでは、この種の事件では大変難しいんですよ。欺されたほうだってその気になったんだし、信用取引にリスクはつきものだということで逃げられてしまいますので。先日も、変額保険に関する判決を出したばかりですがね。それにこの件では、被告が特に利益を得たわけではなくて、会社に損害を与えてしまったということなのですから」と福島判事。

「裁判官、おっしゃる通りです。ですから、一番堅いところで、債務不履行責任、もっとも、稲山が利益を得ていないというところに異論がないわけではないですが。先日提出した準備書面でも少々匂わせているのですが、投資で失ったという二億円、これは売主と買主を通じて『損失』ということで隠してしまったというのですが、しかしまあ、これは推測であって、残念ながら証拠がないわけでして」と私。

「私もその可能性があると思いますが、証拠がないから判決は書けないですよ。とにかくこの事件は、原告の請求を棄却してしまうなら判決は簡単に書けます。しかし、私がここまで言ってしまうと問題なのですが、原告の請求を認容するとしたらどうなるか、そこを考えると、債務不履行というところになりますね」と福島判事。

そしてさらに、「ところで、岩本さん、あなたも当時、林田好子さんの弁護士として就いていたわけでしょう。そうすると、稲山さんがすべてをしていたというのは、ちょっと引っ掛かるわけ。あなたも欺されていたということですか？　言いにくいことですが、まあ、あなたと私の仲だからはっきり言ってしまいますが」

前にも述べたが、福島判事と岩本弁護士は司法研修所で同じクラスであった。

「いや……、当時、私は好子さんの代理人といっても好子さんとの直接のパイプはなく、常に稲山を通じていて……。それと稲山と好子さんとの関係は、いわばオウム真理教の麻原と弟子みたいな関係でして」と言葉を繋ぎ、岩本弁護士が苦しそうに弁明した。

「好子さんも、除名だとか懲戒委員会録音テープ流出事件とか、本件の株投資の失敗とかいろいろあって、少しずつ稲山に対する不信感が芽生えてきたようなわけですよ。ですから、本件マルチョー株の信用取引がなされた昨年四月頃は、稲山が㈱林田の実質的な支配権を行使していたし、好子さんはまだ稲山の完全なマインドコントロール下にあった。私と岩本さんがこのように一緒になって稲山と闘うようになったのも昨年の夏の終わり頃、やっとなんです。ねえ、岩本さん」と、私も助け船を出した。

「いや、私も内田先生から、おまえも稲山と共犯になってしまうぞ、といろいろ忠告を受けまして。内田先生には、いまはまだダメだが、時期が来たら必ず立ち上がるからとは言ってはいましたが、何しろオウム真理教と同じで、いくら外から言われても、逆にますます稲山さんの側についていってしまって……。最近も横綱・貴乃花に対するマインドコントロールが週刊誌を賑わしていましたが」と、またしてもオウム真理教を持ち出して、岩本弁護士が脱線気味の弁明をした。

私は当時、岩本弁護士に対し「あんたも共犯だぞ、分かっているんだろうな」と盛んに脅していたことを思い出した。稲山は私のこのような行為を捉えて、岩本、好子、野本らと連名で、私を威力業務妨害罪で告訴してきたことがあった。

「岩本さんも人がいいから欺されやすいのね」

ニコッとして福島判事が言った。とにかく一番堅いところの債務不履行に絞って原告の主張を整理することが福島判事の要請であった。

「分かりました」と和解室を出ようとしたところ、さすがに踏み込んだ発言をしすぎたと思ったのであろう、福島判事が、「でも、まだそれで原告の請求を認容すると決めたわけではありませんよ」と、念を押してきた。

「分かっています」と応じた。

三月一八日午前一〇時、東京地裁七〇五法廷で、㈱林田から野本に対する違法に支払われた退職金三〇〇〇万円の返還を求める訴訟の第一回口頭弁論が行なわれた。

被告野本の代理人として、またしても山村弁護士が登場した。そしてまたしても、きちんとした内容ある答弁書も出さず、訴状に対する釈明を求めるとして露骨な引き延ばし作戦。許せない奴だ。彼は稲山と心中するつもりか。傍聴席には例の東京都のマルサの男、高原主税局特別機動整理担当係長がいる。

偽造ギフトカード使用で稲山逮捕

五月一二日夜、事務所で桜堤団地建て替え問題の会議をしていたところ、同盟通信の木川記者から電話が入った。

「内田さん、いいニュースです、稲山が逮捕された!」

一瞬、耳を疑った。稲山の告訴はまだ出されていない。稲山でなく、宮崎の間違いではないか。彼なら材料はいっぱいある。

「なに、宮崎が逮捕された!」

「宮崎さんじゃない、稲山だよ」

「どうして稲山が?」

「偽造商品券五〇〇万円を換金しようとして金券ショップに持ち込んだところ、偽造と見破られ、詐欺未遂ということで逮捕されたらしいですよ」

「偽造商品券ねえ……。どうしてまた、そんな五〇〇万円くらいのことで。数十億円も掠め取った奴が」

「金がなくなってきてるんですよ。内田さん達が追い込んだ成果ですよ。おめでとうございます」

とは言われても、釈然としなかった。とにかく記事を送ってもらうことにした。


偽造されたギフトカードを金券ショップに持ち込むなどしたとして、警視庁捜査二課と愛宕署は十四日までに、元弁護士の会社役員、稲山信実容疑者（五一）ら五人を偽造有価証券行使や詐欺未遂容疑で逮捕、一人を偽造有価証券交付容疑で指名手配した。同課は、背後に偽造グループがあるとみて追及する。

稲山容疑者のほかに逮捕されたのは、稲山の部下の会社役員・野々山一靖（五〇）と同・磐田博幸（四七）、指定暴力団Y組系組長・K（五五）ら。

調べによると、稲山、野々山、磐田の三容疑者は今月一日、日本信販が発行している「ニコスギフトカード」の偽造券五百七枚（額面合計五百七万円）を東京都港区新橋一の金券ショップに持ち込み、現金四百八十万円に換金しようとした。偽造券を見破った店長が愛宕署に通報し、同署員らが現場で稲山容疑者らを捕まえた。さらに現場近くに止めてあった乗用車の中などから約四千五百枚の偽造券が押収された。

Kらは同日、新宿区の趙容疑者の事務所内で、偽造券五千枚を二千万円で稲山容疑者ら三人に売却した疑い。
調べに対し、稲山容疑者らは「偽造券とは知らなかった」と供述している。

とりあえず、岩本、畠山、大河内、雪山、安ら各弁護士と木下産業㈱に電話を入れた。すでに宮崎経由で情報を知っている人もいた。同盟通信だけでは不十分だった。こちら側から騒ぎ立てる必要がある。さっそく毎日新聞の司法記者クラブのK記者に電話を入れた。彼は知らないようだった。かいつまんで話し、取材を依頼した。そして朝日新聞司法記者にも稲山が除名処分を受けたときの朝日の記事を添付して、取材の要請をFAXした。

間もなくして、宮崎から電話が入った。夕刊紙、スポーツ紙にFAXしまくっていると いう。翌一三日朝、妻が朝食の支度をしながらNHKラジオを聴いていたところ、「元弁護士稲山信実の逮捕」を報じていたという。朝刊各紙を見てみたが、毎日新聞が小さな報道をしているのみだった。後で分かったことだが、この日は朝、NHKと日本テレビが報じたようだった。夕方のニュースではTBSが報じた。ようやく各報道が動き出し、翌一四日の夕刊では各紙が一斉に報じた。

稲山逮捕の報は、直接こちら側から撃った弾ではなく、全くの別件ではあったが、これで一気に稲山を攻め落とす可能性が出てきたということで、私をはじめ対稲山闘争の面々は興奮した。とりわけ、岩本弁護士のテンションは高くなり、ほとんど躁状態であった。

私に電話してきて、稲山逮捕について「好子が『早く稲山と切れていてよかった』と感想をもらし、またヨシノも『いつかはこういうことになると思っていた』と述べていた」と伝え、「稲山と切れていなかったら、自分も巻き込まれてしまうところだった。早く切れていてよかった」と、同じような感想をもらした。この電話を聞きながら、「あんたが切れるのはちょっと遅かった」と、喉元まで出かかった。

岩本弁護士はさらに、いまはまだテグスの糸が細い、稲山をもっと太い釣針に引っ掛けて、たぐり寄せねばならない、たも網にすくい上げるまで安心できない、稲山は雷魚みたいな奴だから、最後の瞬間にバシッと反転して糸を切って逃げる恐れがある、と述べた。なかなか面白い譬えだ。

たしかに稲山が引っ掛かった糸はまだ細い。これを太くするには、こちら側から弾を射たねばならない。

そこで私は事務所で徹夜をして告訴状、証拠説明書を作成した。稲山と野々山が共謀して、好子より預かっていた㈱林田の株式九万株を勝手に㈱西京通商宛に譲渡してしまったことが業務上横領になるという構成である。

翌日、事務局はおおわらわであった。前夜、私が起案した告訴状、証拠説明書のワープロ打ち、証拠説明書に合わせた証拠書類のコピーなどの作業が大変だった。もちろん、他の事件の事務処理をする中での作業である。この件を最優先にして、大車輪で働いてもらった。事務局の面々も稲山逮捕で気合が入っていた。
さらに稲山をこちらの弾で追い詰める材料が手に入った。かつての稲山の部下で好子と共に稲山から離反した魚沼の陳述書である。それによると、稲山の資金操作と好子の株式競落について以下のようなカラクリが明らかになった。

稲山はNビル地下三階に貸金庫(銀行のそれではなくトランクルームのようなもの)を借りていた。

魚沼も同伴させられたが、稲山は金が必要になると、この貸金庫に保管していた現金を取り出して、第三者の名義で㈲オリーブや㈱林田の関連会社である㈲ガーベラの銀行口座に振り込み、更に㈲オリーブや㈲ガーベラから㈱林田の口座に振り込んでいた。㈲オリーブや㈲ガーベラを使って金を回す操作をしていたのである。

魚沼は一九九七年一月二一日、稲山に指示され、その前日に貸金庫から出してきた現金九〇〇〇万円をG銀行上野支店に持参、これを同支店から㈱西京通商の名義で㈲オリーブの預金口座に振込送金した。

ところで、好子は株式信託契約に基づいて稲山に預けていた㈱林田の株式の返還を求めたところ、以前則男の持ち株を競落した九万株については、返還できないと拒否された。その理由は、好子は競落資金として、野々山一靖からその株式を担保に四〇〇〇万円を借りていたが、野々山が一九九七年一月二〇日に㈱西京通商から二〇〇〇万円を借り、その九万株を担保に入れてしまったから返還できないというものであった。

しかし、魚沼によれば、そもそも好子が競落資金として野々山から四〇〇〇万円借りたという話は聞いたことがなく、稲山の話では、好子の父が前年に死亡、好子が相続で取得した金で競落し、不足分を㈱林田で用立てると聞かされていたという。また、野々山一靖は稲山の法律事務所の事務職員で㈲オリーブの代表取締役とはいっても、実態は稲山の指示を受けて㈱林田の不動産事業の補助業務を行なっていただけであり、㈲オリーブにも野々山個人にも四〇〇〇万円もの大金があるはずはない。

稲山の指示に従って前述の貸金庫から現金九〇〇〇万円を取り出し、㈱西京通商名義で㈲オリーブの預金口座に振込送金したのが一月二〇日頃。同じく野々山が㈱西京通商から二〇〇〇万円を借りたとされるのも一月二〇日頃。

そこで魚沼は、こう指摘するのである――野々山が㈱西京通商から借りたと称する二〇〇〇万円は、この九〇〇〇万円の中に含まれており、実際には㈱西京通商から野々山は二〇〇〇万円を借りてはいないと思う、と。

実にリアルで分かりやすい内容となっている。この内容を裏付ける資料はないか。とりあえず、東京都主税局のマルサこと高原譲特別機動整理担当係長に魚沼陳述書のコピーを参考資料として渡した。高原係長の側でも稲山の借りているトランクルームを内偵中のようだ。

警視庁捜査二課へ告訴状を持ち込む

稲山は逮捕されたものの、あくまで購入した商品券は本物だと信じたと言い張り、結局、処分保留で釈放された。「稲山被害者説」が通ってしまったようだ。

大路千造についても同様のようであった。たしかに偽造商品券を売ったY組系の暴力団員が逃亡しているため、いわゆる公判維持が困難な面があるかもしれない。

稲山らの説明によれば、稲山は事前に商品券のサンプルを金券ショップに持ち込んで、①本物かどうか、②一回の換金の限度額、③交換率を問い質したところ、①については本物、②は五〇〇〇万円、③は八掛け、という回答を得て、それで二〇〇〇万円支払って五〇〇〇万円分の当該商品券を購入し、そのうちの五〇〇〇万円分を金券ショップに持ち込んだところ、すでに愛宕署員、商品券の発行元である日本信販の社員も来ており、稲山らは逮捕された。つまりは嵌《は》められたというのである。

しかし、稲山は元弁護士であり、欺されたなどという弁解はどう考えてもおかしい。もし商品券が本物ならば、所持人自身が売却すればいいのであって、なにも五〇〇〇万円分のものを二〇〇〇万円で売却する必要はない。また稲山は事前にサンプルを持って行って確かめたと言っているが、このことは逆に商品券の真偽について稲山自身が疑問を有していたことを物語っている。そもそも本物かどうかを確認するならば、発行元である日本信販自体に問い合わせるべきである。

いかにも稲山らしい犯罪だ。きっと二〇〇〇万円の売買契約書を作っているのであろう。しかし、本当に金が支払われているかどうかも怪しい。五〇〇〇万円分の偽造商品券を二〇〇〇万円で仕入れたことにして偽造団との間に一つクッションを置き、それを本物と信じたとして、八掛の四〇〇〇万円で売って、その金を偽造団と売主が半分ずつ使う、裏の世界でいういわゆる「半使い」ということであろう。

検察は、立件しようと思えばできたはずである。これでは警視庁捜査二課（知能犯担当）と四課（暴力団担当）との合同捜査という大々的な捜査体制を敷いたのは何だったのかということになってしまう。日本の刑事警察はこれほど無能なのか。日頃、強引な捜査を押し進めている公安警察と対峙することの多い私は怒った。

それにしても、この偽造商品券事件に関しては、大いなる疑惑を抱かざるをえない。稲山は何故株式投資で短期間のうちに二億円近くも損をさせられた大路千造とその後も「つるんで」いるのであろうか。損をしたのは他人の金であるから、そんなことは全く関係がないというのであろうか。

今般の件は、いずれにしても、こちらの撃った弾ではない。こちらの弾で稲山を仕留めねばならない。

五月一八日、先週作った稲山、野々山らに対する告訴状を持って、警視庁捜査二課聴訴室つまり告訴の相談室を訪ねた。事前に木下産業㈱の木下社長の知り合いという警視庁第一方面の副部長からよろしくと一言伝言しておいてもらっていた。そんなこともあって、担当係官は一応、私の説明を聞いてくれた。しかし、最初はいかにも嫌そうであったし、こちらは名刺を出したにもかかわらず、向こうは自分からは名乗りもしなかった。事件数が多いから、仕方がないのかもしれない。

午後一時から三時すぎまで約二時間にわたって、私は証拠書類を引用しながら説明した。まずは稲山を除名処分にした弁護士会懲戒委員会の議決書である。そして稲山に一億円の賠償を命じた東京地裁の判決、自分がこれまでいかに稲山に欺されていたかということを書き綴った林田好子の陳述書、稲山がトランクルームに現金を隠しているという魚沼陳述書等々である。

すると、担当係官の態度が少しずつ変わってきた。終わり頃には「分かりました。検討しますので、告訴状を預からせて下さい」ということになり、稲山と野々山の戸籍謄本を取り寄せ、その上で㈱林田の代表者である林田好子を連れて来てくれということになった。そして担当係官は「富田という者です」と初めて名乗り、内線番号を書いた紙片をくれた。

一歩前進である。私は必要書類を手配するとともに雪山（木下産業㈱代理人）、岩本両弁護士に連絡をとり、彼らの都合も聞いた上で捜査二課の富田担当係官に連絡を入れ、五月二一日に再び訪ねることにした。

五月二一日午後三時。林田好子を同道し、雪山、岩本両弁護士とともに捜査二課聴訴室を訪ね、追加資料を提出し、さらに詳しい説明をした。

㈱西京通商のG銀行上野支店の口座をめぐる九〇〇〇万円の入出金については、担当係官もかなり興味を示し、警察からも銀行に照会し、裏付けを取るから、その上でもう一度来てくれということになった。前回よりも手応えはさらによくなった。今度こそはこちらの弾で仕留めてやるぞと密かに心に期した。

その後、捜査二課聴訴室には数回、足を運んだ。回を重ねるごとに、担当係官の反応はよくなった。例えば、裁判所宛に作成されていた林田好子の陳述書の宛先を警視総監宛に書き直してくれとか、提出証拠書類をまず罪体すなわち業務上横領に関する直接のものと、そして稲山の悪辣さを示す他の証拠とを区別して番号を振り直してくれとか、いろいろ注文をつけてくるようになった。他方、㈱西京通商や㈲オリーブの銀行預金も洗っているようだ。

雪山、岩本両弁護士も次第に気合が入って来た。あるとき、警視庁からの帰りがけに岩本弁護士が言った。

「内田先生、なんかこう、獲物を待つ猟師のような気持ちになってきましたね」

なかなか面白いことを言う。その前に警視庁に出かけたときは、ちょうど夕刊がインドネシアのスハルト大統領の辞任を報じていたときだったが、そのときも帰りがけに岩本弁護士が、

「内田先生、マルコスが辞任したようですね」

「マルコス？　スハルトでしょう。マルコスの辞任は一二年前の一九八六年ですよ」

「そうそう、マルコスではなくスハルト。稲山はマルコスやスハルトみたいな奴だからね

え」

マルコス、スハルトのような大悪党に譬えられるとは、稲山も随分買い被られたものだ。

要領を得ない則男の証人訊問に悩まされる

しかし、こちらの一方的な追撃ばかりではない。時には一歩後退という局面もあった。

七月×日、東京地裁六二一号法廷、㈱林田より㈲オリーブに対する損害賠償請求訴訟の口頭弁論期日。すでに稲山、野々山一靖の尋問は終わっており、本日は林田則男の証人尋問であった。

則男の尋問をしたところで、あまり益がないと考えていたが、裁判所がやはり則男の話を聞いてみたいというので、それならば則男を法廷に出して、彼がどういう人物か、つまりこのように欺されやすい人物だということを理解してもらうのもいいかなと思ったのである。ただし、かつて稲山を告発したとき、東京地検特捜部が告発人である則男に事情聴取をしたものの、あまりに要領を得ないためそのままになったという苦い経験があるので、大いに不安はあった。

あらかじめ、則男が稲山に欺されたいきさつについて不動産、株式等各項目別に則男名義の陳述書を作成して提出した。それを示して、

「これらの陳述書は、あなたから聴取した内容を私がまとめたものを、あなたに見てもらって確認した上で署名捺印をしてもらったものですね」と、私は切り出した。

「はい、そうです」と則男。

「今日、法廷に来る前にざっと目を通してきましたか」

「はい」

「どこか間違っていて訂正するところがありますか」

「いや、ありません」

というような具合で尋問を進め、陳述書の要旨をなぞりながら則男がいかに稲山を信頼し、そしてどのようにして欺されたかを裁判官らの前に明らかにしようとした。主尋問はこのように私がリードして行なうから問題はない。則男は基本的には私の確認に「はい」とうなずいていれば足りる。

問題なのは、稲山側代理人弁護士による反対尋問だ。率直に言って、則男には人を納得させるような答弁をすることは困難である。これまでの経験から、裁判官には訳の分からないことを言うという印象を持たれるであろうと思った。しかし、実はこの訳の分からないことを言うような人物だからこそ、これほどまでにも稲山に欺されてきたのだ。裁判官がそこのところをどう判断するか。

稲山側弁護士は、則男が書いたとされる何枚もの領収書を持ち出して、則男が稲山からリベートを受け取っていたとし、そんな則男に稲山を損害賠償で訴える資格はないと反論してきた。そしてそのリベートの一部が愛人へ渡ったと論証すべく、山川ユリエとの関係を、則男に尋問した。則男とユリエはすでに三年前に別れていた。

「別れるにあたって、山川さんに何かお金を支払いましたか」

「ええと、それは……」

「どうなんですか」

「はい。支払いました」

「支払ったんですね。いくら支払ったんですか」

「それが、思い出せません」

「思い出せないわけがないでしょう。いくら支払ったんですか」

「金額はよくは……」

「その支払ったのは、千万円の単位ですか、それとも百万円の単位ですか」と、裁判長が口を挟んだ。

「いや、もっと少ないです」

「じゃ、いくらぐらいですか」

「……、一〇万円くらいです」

「ええっ、そんな少ない金額ですか。そんな金額で別れられたんですか」と稲山側代理人弁護士。

「はい……」

このようなやりとりを聞いていてうんざりした。《何を言うのだ。ユリエに手切金なんか払ってないじゃないか。そんな金がどこにあるのだ。自分の生活を維持することができ

ず、他人に頼って生きてきたくせに、何をいまさら見栄を張っているんだ、このおやじは！》

「リベートとして受け取ったお金をすぐそのまま領収書ももらわずに返したり、愛人に手切金十数万円だなんて、あなたの説明ではとても納得できませんよ。あなたは慶応大学法学部を卒業しているんでしょう」と稲山側代理人弁護士。

《やれやれ、また〝慶応大学法学部卒〟か、裏口に決ってるじゃないか？　則男というのは、常識では理解できない人なんだよ、そんな人間だからこそ稲山にあそこまでいいように欺されてしまったのだ》と、私はつぶやいた。

相手方の反対尋問でほころびたところを、こちらでもう一度尋問をして立て直す機会がある。これを法廷用語で再主尋問と呼ぶ。今度はその再主尋問である。私は手短かに以下のように再主尋問をした。

「山川ユリエさんについて、愛人、愛人と言われるが、五十代のおばさんですよね」

「はい」

「稲山との闘いが始まって二年ほどして別れましたよね」

「はい」

「別れるにあたっての手切金という話がさっきありましたが、あなたお金なんてあったんですか」

「ありません」

「あなたは、稲山によって一九九三（平成五）年五月に㈱林田を追放されて以降、収入はあったんですか」

「ありません」

「生活はどうしてたんですか」

「親戚などからの援助です」

実は、これは嘘で、毎月の生活費の支給は当初は私や宮崎、分銅、そしてその後は木下産業㈱からの借り入れによっていたが、まさかその通り答えるわけにはいかない。

「あなた、自分の生活も他人の世話になっているのに、山川さんに手切金なんか支払えるわけないでしょう」

「はい」

「あなたが山川さんに払ったのは、彼女があなたと別れてから足のリンパ腺のガンになり、広尾の日赤病院に入院してから、しばらくの間あなたが親戚から受けた援助金の中から月一五万円ほど送金していただけでしょう」

「はい」

《最初から、そう言えばいいのだよ、本当に世話のやけるおやじだ》

「ところで、本当はこんなこと聞きたくないんですが、相手方代理人があまりにあなたがリベートとして多額の金を受け取ったと主張しているので、あえて聞くんですが、私はこれまであなたの代理人として五年の長きにわたって稲山さんと闘ってきたのですが、あなたは私に弁護士料を払ってますか」

「はい、払いました」

《違うだろう、こちらの方であんたの生活の面倒を見ながら稲山と闘ってきたのだろう。六〇〇万円以上も立替金があるのだよ。何を寝ぼけたことを言っているのか。仕方ない本当のことを言うか》

「弁護士料というのは、最初に実費込みで一〇〇万円もらいましたが、以降、一切支払っていませんよね」

「はい」

「あなたがもしリベートとして本当に多額の金を受け取っていたら、私に対する弁護士料もきちんと払えますよね」

「はい」

「親戚の世話にもならずに生きていけますよね」

「はい」

「最後に、陳述書を示します。あなたの陳述書のこの箇所に『なお、稲山に欺《あざむ》かれていた私の家族も昨年夏以降ようやく目が醒め、稲山と闘うようになったのは、大変結構なことです』と書いてありますが、これは本当ですね」

「はい、そうです」

「それで、あなたと家族の間も少しずつ改善されつつあるんですね」

「……」

《なんでうなずかないんだよ。すこしずつ変わっているじゃないか！》

私は苦笑しながら、「やっぱり駄目か、終わります」と、再主尋問を終えた。

裁判官も相手方代理人も苦笑している。

法廷を終えての帰り途、同僚の外山弁護士が、「内田さん、則男さんにはまいるよねえ、山川さんに手切金を払っただなんて」。「本当だよ、あのおやじには往生するよ、変な見栄を張って」。「でも、ああいう人だからこそ、稲山にいいように欺されたと裁判官も理解できるのではないかな」。「たしかに則男さんという存在、それ自体が証拠なんだよ」等々のやりとりをしながら事務所に戻った。やや疲れた。

担当判事からの手紙に感動

一〇月二九日、東京地裁七二一号法廷。則男が代表から追われ株主の地位を奪われたとして稲山に対して起こした損害賠償請求訴訟の控訴審の判決の言渡し期日である。

稲山については、九七年三月の時点で第二東京弁護士会懲戒委員会で除名処分を受けており、本件についてもすでに三月一八日の一審において稲山に一億一四九万円の賠償を命ずる判決がなされている（二八九頁参照）。控訴審でも証拠調べもなされず、一回の口頭弁論で結審しているので原告勝訴の一審判決が維持されるものと思われるが、しかし、これればかりは判決を聞いてみないことには分からない。この裁判は㈱林田が原告となっているのではなく、㈱林田から追放された則男個人が原告となって起こしているものであり、損害額の算定、立証の点で難しい面があったのだが——会社の損害なら構成しやすいのであるが——、稲山のあまりのひどさにあきれた裁判所が実に丁寧にいろいろと工夫をして、則男個人の損害として一億円余を算定してくれたといういきさつがあった。

もともとこの裁判の判決言渡しは二週間前の一〇月一五日の予定となっていたのが、当日の朝になって突然言渡し期日の延期がなされたといういきさつもあり、判決の変更、そうでなくとも損害額が削られて認定されるかもしれないという不安があった。

裁判長が最初に何と発するか。「ほ」と発すれば、「本件控訴を棄却する」、つまり則男側の勝訴だ。「げ」と発すれば、「原判決を破棄する」で敗けだ。

裁判長を先頭に裁判官が入廷し、法廷が始まった。同じ時間帯に判決の言渡しが数件あるのだ。代理人弁護士も含めて当事者の出席はあまりない。出席したとしてもそれはほとんど控訴人、すなわち原判決に不服を申し立てた側だ。林田の件の言渡しが近づいて来た。

代理人席に座ろうとして、そこが控訴人側席であることに気づいた（裁判官席に向かって左側）。いつも原告席に座っていたのでその習性に従っていたのだ。今日は違う、一審判決に不服で控訴したのは稲山側だ、こちらは被控訴人だから裁判官席に向かって右側だと気付き慌てて席を移る。座る前にもう裁判長が判決を読み上げる。抑揚もなく淡々とした声だ。

「本件控訴を棄却する……」

握りこぶしを作り、心の中で「よし！」と叫ぶ。不服を申し立てた側が出席せず、申し立てられた側だけが出席して、不服申立てを却下する判決に対し口を真一文字に結んでうなずいている姿、傍聴席にいる他の事件の関係者から見れば妙な光景であったかもしれない。

廊下に出て、まず同僚の外山弁護士に喜びの電話、そして判決文を取りに高裁第八民事部へ。判決文を見ると損害額の認定が増えている。一審判決では一億一四九万円であったのが、高裁では一億六六五〇万円となっている。但し、当方は控訴していないので判決の強制力としては一審判決主文にいう一億一四九万円にしか及ばない。しかし、年五分の利息が付けられ、提訴から五年以上経過しているので、全体で二割五分の利息となり、約二五〇〇万円、合計すると約一億二五〇〇万円となる。一審では付かなかった仮執行宣言が付いているので、仮に稲山が最高裁に上告したとしても仮執行が可能である（上告しても最高裁では憲法違反、判例違反等の場合しか認めず、事実認定の問題は高裁で終わっているので、無駄なことである。第一、このケースでは上告状に添付しなければならない印紙代が八四万七二〇〇円もかかる）。

しかし、である。稲山はこのときに備えてすでに全財産を他人名義にしており、無一文の体裁を作っていた。財産を守るためには元弁護士としての矜持もへったくれも何もない、誠に反省のない男だ。どのように財産を隠そうともこの判決をもとに稲山を地獄の底まで追いかけてやるぞと思った。

損害額の算定という困難な問題を克服しながら、則男からの稲山に対する一億円余りの損害賠償請求を認めた一審判決の有難味が改めて実感されてきた。控訴審でも一審判決が維持されたことを一審の担当裁判官達に伝えたくなって、地裁民事第四一部へ行った。そうするのが仁義だと思った。

書記官にその旨を述べたところ、民事第四一部のY裁判長はこの四月からY地裁に転勤したという。そこで早速、高裁の判決文の写しと最近出した私の著書『憲法第九条の復権』を以下のような手紙とともに送った。

お元気ですか。

弁護士は事件が終了すれば頭はもう次の事件でいっぱいで、後を振り返ることはあまりないのですが、判事さんはいかがでしょうか。

東京地裁民事第四一部で担当していただきました林田則男対稲山信実の事件、本日東京高裁第八民事部で原告勝訴の一審判決を維持する判決がなされましたのでお送り致します（但し、損害額の認定は一億六四五〇万円と増額し、仮執行宣言もつけていただきました）。

損害額の認定などなかなか困難な問題のある中で法的正義を実現するために工夫して判決を書いて下さった一審判決があればこそです。

本当に有難うございました。

弁護士会は除名になったとはいうものの、まだまだ懲りない態度をとり続けている稲山氏との闘いは続いております、しかし、夫則男に対する反発から稲山氏側に付いていた林田好子さんらは今日では稲山氏に欺されていたことをはっきり自覚するにいたり、彼女らの信頼は完全に当方に移っております。

それにしても本件裁判を担当されていた頃「弁護士とは何と汚い仕事をしているのか……」とお思いだったと思います。私自身もそう思います。しかし、私達もこのような事件ばかりをやっているわけではありませんことをご理解いただければ幸いです。同封の小本『憲法第九条の復権』は今年初めに出したものですが、いつか流し読み(目次に関係なしに)していただければと思います。書名こそ堅いですが、後半はほとんど映画の話ですので興味をもって頂けるのではないかとも思います。

寒さに向かう季節、どうぞ御自愛ください。

事務職員のAが裁判官にこのような本を送ったりしてよろしいんですか、と心配そうに尋ねたので、「事件は終了しているのだからいいのだよ。日本の裁判官はアメリカなどと違ってあまりにも閉鎖的で付き合いが狭すぎるんだ」と答えた。

しかし、正直言うと、Y判事にこのような手紙を出すことについては、いささか気がかりな面がなかったわけではない。二週間ほどしてY判事から、手書きのスケッチが添えられている丁寧なお礼の葉書が届いた。

Y判事からの葉書が嬉しかった。心意気が通じたと。

宮崎学の出版パーティー

一一月某日午後、私は、東京地裁六二一号法廷で香港軍票補償請求裁判に代理人として出廷していた。軍票とは、戦時中に日本軍が占領地で物資調達の手段として発行した「通貨」である。日本軍が中国・東南アジアなどの占領地において使用したものだが、特に香港では大がかりに発行し、香港ドルとの交換を強制した。日本軍はこうして獲得した香港ドルをマカオなどで使用し、軍需物資を調達していたという。

裁判が終わったあと、東京全日空ホテルで六時から開催される「突破者」こと宮崎学の出版記念パーティーに出掛けた。会場は満員の盛況でいろんな連中が集まっていた。しかし借金取りは来ていないようだ。隣の部屋はちょうど「新党平和」のパーティーでロビーにはSPがごろごろ、宮崎のパーティーにお巡りが？　と一瞬驚いた。

冒頭、呼びかけ人の一人である、テレビキャスターの大谷昭宏が挨拶をした。

「こんばんは。かたぎの方もそうでない方も、本日はよくおいで下さいました。実は、今日までに宮崎がパクられるのではないかと心配していたのですが、こうして無事、パーティーが開けまして、ほっとしています」

続いて、呼びかけ人を代表して、佐高信が挨拶、そして同じく呼びかけ人の吉永みち子が乾杯の音頭と型通り。後はもうワイワイガヤガヤ。最新刊の『不逞者』を出版した角川春樹事務所の社長・角川春樹も来ている。コカイン所持で逮捕・起訴されたが、捜査当局に対して黙秘を貫き通すなど、なかなか根性のある男だ（あのタラコ唇の顔つきはどうにも好きになれないが）。

その角川も挨拶した。宮崎も自分も塀の上を歩いているが、どちらが先に塀の内側に落ちるかと、そして宮崎がこの秋に池袋の地上げに関する本を名誉毀損を覚悟の上で出版するということを宣言した。稲山事件を書くつもりのようだ。

この日、私は当番弁護士で調布警察まで面会に行かねばならなかったので、途中でパーティー会場を抜け出した。

それにしても、出版記念パーティーと銘打って一万五〇〇〇円もの会費をとっておきながら、本の一冊も渡さないとは、随分ぼったくりではないか。今夜の宮崎は相当な荒稼ぎだなと思った。後に聞いたところでは、帰りにグリコのポッキーと森永キャラメルが配られたという。

後のことであるが、宮崎は角川春樹と喧嘩をして、「稲山事件」については『突破者それから』と題して徳間書店から出版された。同社の宣伝のうまさもあって、これが結構売れた。柳の木の下に二匹目の泥鰌《どじょう》がいたのである。宮崎の書く「稲山事件」が宮崎にとって都合のよいように書かれているのは大目に見るにしても、八幡雄治と組んで稲山との和解を工作した例の「裏切り」のいきさつ（一三八頁参照）について、以下のように書かれているのには苦笑せざるを得なかった。

私（宮崎）が林田や木下産業とともに、ごそごそ動き回っているのを知った稲山は、ある夜、一人の男を送りつけてきた。五億円を横領して解雇された木下産業元不動産事業部長の佐藤だった。この男は、まだ稲山とつるんでいるのだった。私はこのとき初めて佐藤を目の当たりにした。不動産屋然としてその男は単刀直入に切り出した。

「宮崎さん、手を引いてもらえませんか」

佐藤は、私が稲山に、何か面倒なことを仕掛けるのではないかと警戒していた。

「いまなら、乗ってきた車に一億五〇〇〇万円積んであるんです。それを差し上げますよ」

私は即座に返事をした。

「手を引くのはかまわんで。ただし、金が足りんな」

「いくら用意したら気がすむんです」

「一〇〇億円や。則男の弁護士は、大学時代からの俺の連れやないか。それを裏切れというのなら、一一五億円はもらわんとあかん。それを一〇〇億円にまけといたるねん、ありがたいと思え」

佐藤は尖った顎をグッと引いて私を睨んだままなにも言わず、そのまま帰った。

宮崎学『突破者それから』（徳間書店）

＊なお、それぞれの登場人物は本書で使用している仮名に変えた。

敗訴にできるならしてみよ

九九年が明けた。長銀が破綻し、二〇〇億円を食い潰したという末野興産の枝野社長が国会に喚問され、バブルの後始末はまだまだ終わる気配をみせなかった。わが稲山との闘いはついに六年目を迎えることになったが、どうやらゴールらしきものがほの見えてきた。私の年頭行事の国立でのラグビー観戦だが、今年も母校の早稲田は決勝進出はならず、昨年と同じ明治と関東学院との対決となった。昨年優勝したことで関東学院はさらに成長したようだ、47対28と圧勝。若き王者の貫禄すら感じられた。

年明け早々の一月二九日、民事第三二部・六一三号法廷。除名された稲山が㈱林田の代表取締役に就任、その後解任されたにもかかわらず、なお代表者として野本弘夫に退職金三〇〇〇万円を支払ったことに対して損害賠償を求めていたが、その判決が予定されていた。

判決内容については、一抹の不安がなくはなかった。というのは、証拠調べが終了し、あとは裁判所の判断を待つばかりという段階で、三月の定期異動に引っかかり結審が一回延びてしまい、後任の裁判長が、稲山を㈱林田の代表取締役から解任した九七年九月四日の取締役会は取締役でもない岩本輝夫弁護士が事実上仕切っていたことについて、改めて原告側の見解を書面で述べよと言ったのを、私が蹴飛ばした、といういきさつがあるからだ。

そんなことはこれまでに論争済みのことであり、何をいまさら、早く判決を言い渡せ、という気持ちが強かった。だから、裁判長の求めに対して書面を書くつもりはなく、これまでの主張立証で十分判断を示せるはずだと強気に出た。私の強気な態度に裁判長は少々驚いたようで、それならば、「裁判所は求めたが原告は新たに主張しないと述べた」と調書に記載する、とまで述べた。私は「結構です」と答えた。《上等ではないか、敗訴にできるならしてみよ》というわけだ。

稲山のやってきたことをみれば、そんな判決は書けないはずだ、という売り言葉に買い言葉のような感もなくはなかった。その後冷静になって、やはりあそこは繰り返しになったとしても書面を提出して、新任の裁判長に粘り強く説明すべきであったかとも思うようになった。この思いは、判決言渡し日が近づくにつれて強くなった。

仕方がない。今さら遅い。この日、もう一件予定されていた㈲オリーブに対する四億四〇〇〇万円の損害賠償請求（民事第五部）の判決言渡しも延期になったし、なんとなく意気が上がらなかった。だから、判決言渡しの時にはいささか弱気になり、原告席でなく、傍聴席に座った。言渡しの際には当事者の出頭は必須のものとされておらず、重大事件を除いて、通常では、原・被告双方が出頭せず、言渡し後、書記官室で判決書を受領することが多い。

やがて裁判長を先頭にして裁判官が入ってきて、判決の言渡しが始まった。㈱林田の事件は二番目だ。裁判長が「ひ」と言うか、「げ」と言うか。

「被告らは原告に対して金三〇〇〇万円を支払え。……」

《勝った！》

一瞬、肩の力が抜ける。嬉しくなって、思わず、前に座っていた顔見知りの弁護士に囁いていた。東京弁護士会会長も務めたこともある彼は、ゆっくりとした声で、「そうですか、よかったですね」と言ってくれた。弁護士会の会長経験者というといかめしい弁護士のようだが、彼の場合は派閥の雑巾掛けをしながら幹部となり、会長に昇りつめた気のいいおっさんだ。

判決文を取り寄せてみると、当方の言い分を全面的に採用している。

早速、外山弁護士、岩本弁護士ら関係者に勝訴判決報告の電話を入れる。この判決書は他の裁判にも使えるだろう。

岩本弁護士に業務停止処分

稲山は、昨年一一月に、岩本弁護士が二弁事務局次長の三田を買収して不正行為をさせたとして、懲戒委員会に申し立てを行なっていた。自分に反旗を翻した岩本弁護士を潰すために、自分のやったことを岩本弁護士に責任転嫁するという卑劣きわまりない攻撃であった。我々に追い詰められる中で、稲山にとって唯一といっていい凱歌は、岩本弁護士に懲戒処分の決定がでたことであった。内容は一年八カ月の業務停止処分で、処分の理由の要旨は次のとおりであった。

「被懲戒者（岩本弁護士のこと）は、一九九六年当時、第二東京弁護士会の会員であったA（稲山のこと）に対する別件懲戒請求事件においてA（一九九七年三月除名）の代理人であったが、一九九六年九月頃より一二月頃までの間四回にわたり、当時当会の事務局次長であったB（三田のこと）から同事件について同会懲戒委員会内で作成された議決書案等の非公開書類を不正に入手してこれをAに交付し、さらにその頃Aに依頼され、上記書類入手等に対する謝礼であることを知りながら、三回にわたり合計約三〇万円をBに交付したものである」

稲山の意を受けたにせよ、岩本弁護士がやったことは事実であり、わが方もそれなりの処分は覚悟していた。しかし一年八カ月の業務停止とは予想以上に重い処分であった。三田次長が懲戒免職という極めて重い処分を受けたこともあり、第二弁護士会事務局側への配慮が働いたのではないかと推察される。岩本弁護士には気の毒なことに、いささか政治的なバランス処分といえなくもなかった。

処分効力の生じた日は九九年三月一八日。つまり岩本弁護士が「現役復帰」できるのは、二〇〇〇年の一一月になる。

岩本弁護士も二〇カ月もメシのタネを奪われるのは痛かったろうが、稲山との闘いが大団円を迎えつつあるときに、彼を失うのは我々にも大きな痛手だった。弁舌の方はアーウー調でさっぱり要領を得ないが、資料や書面の整理・作成については地道にこなす能力にたけ、得難い人材であった。それに加えて、処分が解けるまで岩本弁護士の生活を支えねばならない。それが仲間の仁義というものだ。

岩本弁護士の落ち込みようといったらなかった。《当初闘っていた則男側から懲戒請求されたのならともかく、これまで弁護していた稲山側から懲戒請求されるとは……。稲山はなんという奴だ。とんでもない男と関ってしまった。これから一年八カ月どうしたらいいのだろう。依頼者になんと説明したらいいのだろう……》と岩本弁護士は悩み苦しんだことだろう。

後の裁判の主尋問の最後で、私は好子に岩本弁護士の処分についての感想を求めた。

「今日は、傍聴席に岩本さんにも来ていただいております。岩本さんは自分が弁護した稲山さん側によって懲戒請求され、業務停止処分にされてしまいました。このことをあなたはどう思いますか」

好子はこう答えた。

「稲山さんが岩本先生を懲戒請求したのは、岩本先生が私どもの代理人として稲山さんと闘ってくれているからだと思いますが、本当にひどい人だと思います。三田さんが懲戒免職になったことも、稲山さんが不正に入手したテープを三田さんを裏切ってマスコミに流したからです。私どもは、岩本先生のサポートがなければ、稲山さんと闘うことはできませんでした」

岩本弁護士は、うんうんとうなずいて聞いていた。

消沈の淵に沈んでいた岩本弁護士にとっては、この好子の証言は、ささやかな救いであったろう。

稲山、役員会メモを偽造して提出

七月一〇日、東京地裁第五一八号法廷。稲山が大路千造と組んで㈱林田の資金二億円を株式の信用取引に投じて失わせてしまったことによる損害賠償請求裁判の証人尋問期日。すでに稲山に対する尋問は終えており、最終局面を迎えている。

「では、証人の方、前へ出て下さい。林田好子さんですね」

「はい」

「住所、生年月日は出頭カードに記載していただいたとおりですね。職業は主婦ですか」

「はい」

「……」

尋ねながら、福島マリ裁判官が一瞬、怪訝な顔付きをした。代理人席に着いていた私も「えっ？」と戸惑った。《今日は好子さんは㈱林田の代表取締役として出廷しているはずだが》。

福島判事もそれに気づいたのだ。

「裁判官！」と、私が立ち上がったのとほぼ同時に、福島判事も発言した。

「内田先生、好子さんは会社の代表者としての尋問ではなかったでしょうか」

「はい、そうです」

「では、職業が主婦というのはまずいですよ、訂正してもらわなければ」

「そうですね。どうも本人に会社の代表者としての自覚が薄いものでして」と、私はニヤッとして言った。

「まさかパフォーマンスではないでしょうね」と、福島判事が応じた。相手方の稲山側代理人、そして傍聴席にいる岩本弁護士らも含め、法廷全体に笑いが生まれる。

私の発言に福島判事が「パフォーマンスではないでしょうね」と合いの手を入れたのにはわけがあった。この損害賠償請求裁判の中で被告稲山は、たしかに自分は好子に株の信用取引を勧めたが、しかし投資全体は好子が会社の代表者として資産運用の目的でなしたもので自分には責任がないと弁明していた。この弁明に対して当方は、好子は代表取締役といっても本件当時、会社の実権はすべて稲山が握っており、好子の代表取締役は形式的なものにすぎないと主張していたからである。

稲山は好子が株式の信用取引に自発的に応じた証拠として、左記の書類を提出してきた。当時、魚沼が作成していた役員会のメモである。

好子社長

株は必ず得をするものではなく、損もするので、現在は株価は下がっている。

今は下がってもいい。これから株価が上昇することは確実（シンジケートが大

量の株式に参入しているので間違いはない）

しかし、この書類もまた、稲山の変造であった。魚沼手持ちの原本を見ると、右役員会のメモは次のようになっている。

好子社長
株は必ず得をするものではなく、損もするので、現在は株価は下がっている。
稲山氏
今は下がってもいい。これから株価が上昇することは確実（シンジケートが大量の株式に参入しているので間違いはない）

魚沼メモを入手しておいた稲山は、自分の発言の部分である「稲山氏」という部分を削ってコピーして書類を作り、自分の発言をあたかも好子の発言のようにして証拠として出してきたのである。前に述べた株式の無断譲渡の際の債務確認書の変造といい、書類の偽造・変造はお手のものである。

だいたい、株について知識のない好子がどうして〝シンジケートが大量の株式に参入しているので間違いはない〟などと言うのであろうか。誠に懲りない男である。

主尋問が終わると、稲山側の反対尋問である。しかし、具体的事実に基づかない反対尋問は全く成功せず、好子の反撃に会い、やればやるほど主尋問で述べたことを補充する役割を果たすだけであった。いかにお人好しの好子といえども、「私は単にアドバイスしただけだ。すべて決定は好子さんがやられたことだ」とうそぶく稲山に対する怒りは隠せなかった。

連続勝訴の中で、まさかの敗訴

七月二八日、東京地裁、民事五部・第七〇三号法廷。㈱林田が㈲オリーブ外一名に対して合計四億四〇〇〇万円の損害賠償請求をなしていた裁判の判決言渡し期日。九一年七月の昭和シネマ跡地の地上げ、転売に関し、㈲オリーブが何もしていないのに不当な「仲介手数料」二億九〇〇〇万円、「地上げ手数料」一億五〇〇〇万円をとったことをめぐる裁判である。例によって、稲山、野々山、㈲オリーブ側の代理人は出頭なし。傍聴席に㈲オリーブの代表取締役の野々山が様子を見に来ている。

私は、「あんたも当事者なんだから、被告席に座ったらどうだ」と声をかける。余裕の態度だ。

「いや、ここで……」と、言葉少なに、やや緊張した様子の野々山。

原告席に座り、裁判官の入廷を待った。

やがて裁判長を先頭に三人の裁判官が入ってきた。軽く一礼して着席し、判決文を手に取る。私はこのときまで勝訴を確信していた。

しかし、判決を読み上げる直前の裁判長の顔付きを見て、一瞬不安がよぎった。

《まさか……》

「原告の請求を棄却する」

《ええっ！》

判決主文を読み上げる裁判長の声が遠くの方に聞こえる。思いもよらない敗訴判決だ。稲山の悪さは裁判所に知れ渡っているから、裁判所はこちら側に好意的に勝たせてくれると思い込んではいなかったか。判決文を取りに民事五部の書記官室に行くと、そこに右陪席の裁判官がいた。目で軽く挨拶する。出勤途上などで時たま会うと、話しかけてくる気さくな裁判官だ。

「内田先生、残念でしたね。でも判決文の理由の部分を読んでいただければ、裁判所の考えは理解していただけると思いますが」

「ええ、しっかりと読ませていただきます。少々、当方にも奢《おご》りがありましたかねえ」

法廷外ではあるが、敗訴判決を言い渡された直後に当の裁判官から「残念でしたね」と声をかけられたのは、私の四半世紀にわたる弁護士生活の中で初めてであり、いささか面食らった。しかし、嫌味は全くなく、心底からのものであることが感ぜられた。

判決文を読んでみると、――㈱林田から㈲オリーブ宛に仲介手数料名義で二億九〇〇〇万円、地上げ交渉手数料名義で一億五〇〇〇万円、合計四億四〇〇〇万円支払われたことについて、仲介の事実、地上げ交渉の事実がないことは原告主張のとおりであると認定している。

しかし、このような支払いをなすについて、㈱林田の当時の代表取締役・林田則男が承諾しているのであるから、その支払いは有効なものであるとし、則男がこのような支払いをなすことは、その一部を自分に戻してもらうことになっていたからで、これはいわゆる「キックバック」の一種であるが、しかし、当時、則男は㈱林田の一〇〇%株式を有するオーナー株主であるから則男の右支払承諾はいわば自損行為であって、それ自体として不法行為を構成するわけではないとする。また則男が欺されてこのような支払の承諾をなしたとの主張については《則男は慶応大学法学部を卒業しており、自己の行為の是非の弁別の能力はあった》としている。

またしても、「慶応大学法学部卒業」が出てきてしまった。本人尋問をしたのだから、則男がどんな人物かは裁判官も直接見ているではないか、自損行為をさせないために稲山を監督者として付けたのではない、等々の思いがある。㈲オリーブは稲山と共謀してこのような不法行為をなしたのであるから、稲山も一緒に訴えるべきであった。稲山を共同被告にしていなかったところに敗因があったかもしれない。

思いもかけない手痛い敗北だ。裁判所も原告側の主張に法律構成として不備なところがあるならば、審理の過程でそれなりのサインを送ってくれてもよかったと思う。裁判の過程で、原告、被告それぞれの主張に法的な不備が考えられるような場合に、裁判所が「求釈明」(註・法律上の主張などに不明確な部分がある場合にあらかじめ問い質すこと)という体裁で問い質し、その不備を補うよう促すことはよくある。今にして思うと、電車の中で陪席裁判官が声をかけてきたのがそれであったかと、思わないわけでもない。

いずれにしても、控訴してやり直しだ。

《裁判は闘いである以上、常に勝つとは限らない。大切なことは負けたときにその敗因を冷静に分析し、一刻も速く立ち直ることだ》と、自らを励ます以外になかった。

競売妨害工作を察知し、稲山邸の落札

いよいよ稲山との闘いは最終ラウンドにさしかかってきた。裁判は前述の一件を除いてすべて勝訴。残りの数件も勝算がある。しかし、いくら損害賠償の裁判に勝っても、稲山から実際に金を取り戻せなければ意味がない。ずる賢い稲山が資産隠しをしていることは明らかだった。裁判闘争だけでなく、稲山の資産隠しを阻止することも大事な闘いであった。

稲山が㈱林田から掠《かす》めた金をもとに世田谷区成城に豪邸を建てて住んでいたことは前に述べた。地上三階地下一階で、ドア等はすべて電動式、エレベーターもついており、空調はもちろんセントラルヒーティング、電気代だけで月額二〇万円はかかるという。そしてもっとすごいのが、内装。ドアの把っ手などの金具はすべて金メッキ。稲山はこの豪邸に母親と妻・彩との三人で住んでいたが、九三年春に私が則男の依頼を受けて稲山との闘いを開始して間もなく、妻・彩と偽装離婚し、「財産分与」名目でこの豪邸を彩の名義に移

してしまった。露骨な「財産隠し」である。

「離婚」後、稲山は住民票こそ箱根の別荘に移したものの、実際にはこれまでと同様この成城の邸宅に住んでおり、犬を散歩させている姿もしばしば目撃されていた。

この豪邸が抵当権者である銀行によって競売に付されてしまったのである。㈱林田から三十数億円以上掠め取った稲山も、他方ではバブル期に相当借金を作ったようだ。しかし、そこは稲山、他者が落札できないように賃借権を設定するなどの競売妨害的行為をし、自分の関係者に安く落札させようといろいろ工作した。

つまり、他に落札者がいないとして抵当権者と話をつけ、競売申立を取り下げさせ、最低競売価額（これ以下の金額では入札できないとするもので、裁判所が不動産を評価して定める）以下の低額で任意に稲山の関係者に売り渡させ、その代わりに抵当権等をすべて抹消させ、完全な所有権を取得しようというやり口である。稲山自身は破産状態にし、彼名義の財産は一切残さないとする徹底したものであった。

この動きを察した木下産業㈱の木下社長の提案で、予め抵当権者（銀行）宛内容証明郵便で、競売に参加する意思があるので競売を取り下げないようにと申し入れることにした。併せて、稲山の違法行為を並べたてた。弁護士名で出すにはいささか品のない文書であったが、木下社長のたっての要望もあり、外山、畠山両弁護士を除くという配慮をした上で、私や大河内弁護士らの名前で出した。

後日判明したことだが、この文書が抵当権者に届いたとき、既に稲山と抵当権者の間で競売取り下げの合意が成立していた。しかし、この文書が届いたので、抵当権者はとにかく競売をしてみた上で、ということに方針を転換したという。木下社長の危惧が当たっていたのだ。

さて、競売に際しての入札金額をどうするか。最低競売価額は八〇〇〇万円である。稲山側は一億円前後で入札するであろう。だとすると、こちらはそれ以上、一億三〇〇〇万円程度で大丈夫ではないかと思ったが、木下社長は大事をとって一億六〇〇〇万円で入札するという。最低競売価額の二倍だ。なんとしても稲山には落札させたくないという執念である。

果たして、開札してみると、稲山側は一億一〇〇〇万円、当方が一億六〇〇〇万円で、当方の落札。ついに稲山は自慢の「豪邸」を失うはめになった。落札できなかったことが相当ショックであったのであろう、その後も競落結果に対して執行異議の申立をするなどの悪あがきをしたが、それが一蹴されたのは、もちろんであった。

ところで、この落札した「豪邸」、どうするのだろう。転売する以外にないが、転売できるであろうか。「内田先生が住む以外にないですよ」と岩本弁護士らにからかわれたが、このような金キラキンの建物は私の趣味ではない。

箱根の別荘の競落も、成城の豪邸の競売と全く同じ経過をたどった。

抵当権者宛に、当方から入札に参加する旨の文書が届けられなければ、抵当権者が競売を取り下げ、稲山の側に任意で売り渡すところであった。

文書が届いたとき、抵当権者である大京ファイナンスから私のところに問い合わせがあった。

「内田先生ですか。稲山さんの箱根の別荘の競売の件でお手紙をいただきましたので、お電話させていただきました。それで本当に入札に参加していただけますでしょうか」

「もちろんです。つい先だっても、彼の成城の邸宅を当方で落札しました」

「実は、お手紙をいただいたときには、稲山さんと大体話がついておりまして、競売を取り下げることになっておりました」

「いや、それはまずいですよ。そこにも書いておきましたが、それが稲山の手法ですから」

「ええ、分かっております。ですから、このようなお手紙をいただいた以上、私どもとしても、とりあえず競売手続きとしてはそのままにして様子を見ようということにします。くどいようですが、本当に入札していただけますでしょうね」

「先ほどお返事したとおりです。必ず入札しますから」

「稲山さん側も今度は相当構えて入札するようですよ。実はこの間、稲山さんと奥さんですか、彩さんという方も一緒に交渉に来られて、資金的には相当余裕のある感じでした」

「そうですか、彩も一緒に来たのですか。彼女は稲山とは離婚した形になっているのですが、やはりねえ……」

「とにかく、そんなわけですので、内田先生、なるべく高い金額で入札してくださいよ。なにしろ最低競売価額が二〇〇〇万円と目茶苦茶安くなってしまったのですから」
「確かに二〇〇〇万円というのは安いですね。安くなるように稲山が細工をしましたからねえ……」

最低競売価額が金二〇〇〇万円と超安値になってしまったのには、理由があった。

稲山は箱根の別荘を抵当に入れた後、建物を増築し、ほぼ倍の広さにした。そして水屋部分を増築した部分に移した。その後に増築した部分を建物の区分所有法に基づいて別建物として（実際には密接一体）登記した。この区分建物には前に付けられていた建物の抵当権の効力は及ばない。

従って、今回の競売は実体として建物の半分についてであり、しかもその部分には通常の建物としての機能（水屋部分）がないということになる。この建物は区分所有された隣の建物と一体となって初めて機能するのであり、このような建物を競落する者がいるはずがない。いるとしたら、それは隣の建物の所有者、すなわち稲山しかいない。いかにも悪賢い稲山の考えそうなことだ。稲山は区分所有した増築部分を彼が代表取締役となっている㈱マゼラン所有名義としていた。こうしておけば、債権者からの追及も免れることができるという目論見である。

しかし、である。そうそう稲山の狙い通りにはいかない。この㈱マゼランの前身は㈱スペース21である。前に触れたことがあるが、「青少年の宇宙教育」をその目的の一つとしている、笑ってしまうようなものだが……。設立されたのは、九七年一二月二三日である。確かにこの建物の保存登記がなされたのは、㈱スペース21設立後の九八年一〇月一〇日付であるが、増築がなされたのは九三年八月五日以前である。つまり、今回の競売対象外となっている建物が建築されたときは、㈱マゼラン㈱スペース21は法人格としては存在していないのであるから、その実質的な所有者はこれらの法人ではあり得ず、結局、稲山個人であるということになる。だとすると、すでに確定している則男の稲山に対する一億円の損害賠償請求権でこれを押さえることができることになる。

早速、私はこの建物を前記債権で仮差し押えをした。法律オタクの稲山が策を弄し、策に溺れたのである。

話を競売手続きの進行に戻す。

その後、稲山は、この別荘についても他人に賃貸しているとして、最低競売価格をさらに一五二九万円にまで下げてしまった。

さて、当方は、いくらで入札するか。稲山も今度は構えて入札してくるであろうから、こちらも前回以上に張り込む必要がある。協議した結果、最終的に五六六〇万円で入札することとした。この数字ではやや不安もあったが、しかし、最低競売価格の三・七倍である。

数日して開札があった。果して結果はどうか。

一位　金五六六〇万円　有限会社コバヤシ
二位　金二二五三万円　長井健三
三位　一六八九万円　××××
四位　一六八三万円　××××

一位の有限会社コバヤシというのが、木下産業㈱グループの一員である。長井健三が稲山のダミーだ。それにしても、五六六〇万円と二二五三万円とは差がつきすぎた。稲山も、もう少し気張って入札してくるかと思ったが、やや意外な感がしないでもない。金をけちったか。それとも、もうそんなに金を持っていないのか。これで稲山自慢の豪邸とプール付き別荘の両方が、こちらの陣営の手に落ちた。稲山のショックは大きいはずだ。

稲山には、このような金キラキンの建物のほかに、車に対する異常な執着もあったが、あの高級外車は何処《どこ》に隠したのであろうか。

毎年五月、イタリアでは、(一九二七年から五七年までの) クラシックカーでブレシアからローマを回って約一〇〇〇マイルを走行して戻るという、カーマニア達から「夢のラリー」と呼ばれる「ミッレ・ミリア」のレースが行なわれる。それには世界中から集まった中年・初老の男女がヘルメットにゴーグルといったファッションでバシッときめて、日頃から手入れされたアルファ・ロメオ、テンチャブカッティ、メルセデス、ベントレーなどのクラシックカーを駆って参加するという。クラシックカーの収集が趣味だという稲山も、林田家の財産を掠め取りながら、そんな夢を見ていたに違いない。稲山は今、その夢がうたかたのように消え去るのを味わっているのであろうか。

稲山邸の引渡し

成城の邸宅の競落に失敗した稲山は、その後も競売手続に対する異議申立をしたり、あるいは建物の地下一階部分を自分の姪に賃貸していたなどとして、なお数カ月間建物の明渡しに抵抗した。

これらの異議申立がことごとく棄却されたのはもちろんであった。しかし、それでも稲山は自宅を明渡さない。やむを得ず、執行官により明渡し執行を行なうことにした。とはいっても、現に人が生活している住居《すまい》、稲山の老母もいる。執行官はいきなり執行するようなことはしない。まず、一定の猶予期間を与えて任意な明渡しをするよう催告し、それが容れられない場合に明渡しの執行にとりかかる。

執行に際しては相手の意向にかかわりなく家財道具類等をぽんぽん外に運び出して建物を空にしてしまうのだ。稲山はこの催告も無視した。やむを得ず、あらかじめ通知した期日に、トラック、ダンボール箱その他の資材等を準備して明渡しの執行をすべく執行官とともに稲山邸に乗り込んだ。同行した鍵屋に開錠させたところ、稲山らは自宅に居なかった。ギリギリまで抵抗し、こちらに執行の準備をさせた上で——一〇〇万円以上かかった——前の日あたりに引き払ったようだ。

しかし、建物の中は放置されたガラクタ等でいっぱい。これを片づけるのが大変だ。ゴミを片づけながら建物を点検すると建物内が傷だらけである。嫌がらせであろう。天井のクロスが破られ、壁や柱に明らかにごく直近に付けられたと思われる傷、作り付けのタンス、棚などにも傷がいっぱいだ。天井やクロスなどはともかく柱や鴨居など建物の本体部分に対してなされた傷は修理は可能であろうか。

寄木細工の床、階段のあちこちが鑿《のみ》で削ったように破損させられている。階段などは一段毎に必ずどこか一カ所を削り取るという念の入れようだ。電気コンセント、クーラー外枠なども乱暴に取り外されている。窓の開閉のための把手も持ち去られている。持ち去ったところで使えるようなものではないのであるから、文字通りの嫌がらせだ。できることなら火でもつけてやりたいような心境であったのかもしれない。

これらはいずれも見える部分である。水周りなど見えない部分にどのような悪さがなされているか分かったものではない。

それにしても、一階に大型車が三〜四台も入るような広い車庫——といっても、すりガラスをふんだんに使っているしゃれた外扉、床は絨毯のようなものを敷いたショールームと見紛うばかりの立派なもの、自動車を乗せて眺めるのであろうか、床の一部を一段高くすることのできる装置すら設けられている——各階に豪華な部屋、広いリビング、三階までのエレベーター、セントラルヒーティング、地下一階には茶室風の和室もある立派な邸宅だ。弁護士を開業して十数年の若僧がこのような豪邸（箱根の別荘もふくめて）に住むこと自体が異常だと考えなければならない。その豪邸をこのようにしてしまうとは。和室の障子には大きな釘を打ちつけ、桟を敷居に固定して動かないようにしてある。

その昔、「お家断絶」の幕命を受けて、大石内蔵助は草木一本も損ねることなく、赤穂城を明渡したという。競売によって家から追い立てられた者にそのような潔さを求めるのはもともと無理なことではある。それでも私がこれまで立ち会った「明渡し」の事例の中でもこれほどまでに荒らされているものはなかった。あまりに酷すぎる。

後日になって判明したことだが稲山はこの豪邸の敷地の地代（隣の寺からの借地であった）をなんと二年六カ月分約一〇〇万円も滞納していた。踏み倒して逃げたのだ。なんという奴だ。

またまた勝訴！　損害賠償の合計三億二〇〇〇万円に

八月三一日午後一時一五分、東京地裁、民事第一〇部・七一三号法廷。稲山が㈱林田の資産二億円を株投資に注ぎ込み、失ってしまったことに対する損害賠償請求裁判の判決言渡し期日。裁判官は福島マリ判事。これまでの訴訟の流れ及び福島裁判官の態度からすれば、勝訴は間違いなしとは思うが、先日の民事第五部での㈲オリーブに対する敗訴判決の例もある。あの敗訴判決は痛かった。

午後一時一五分からの判決言渡しは五件あり、㈱林田は二件め、原告席に座って判決を聞く。

「被告は原告に対し、金一億八〇〇〇万円を支払え……」と、福島裁判官が判決を言渡す。ホッとして立ち上がり、裁判官に向かって軽く黙礼する。傍聴席を見ると、最後列に野々山一靖が座って聞いている。

一〇月六日、東京地裁七〇八号法廷。今日は㈱林田の株式をめぐる重大な判決言渡しがある。前にも書いたが、則男の依頼を受けて稲山との闘いを始めたばかりのことだ。稲山は則男から解任され、預かっていた株式九万株の返還を求められたにもかかわらず、これを拒み、㈱林田の則男に対する「債権」によって差し押え、競売してしまった。

この株式を競落したのが、則男の妻好子であったが、稲山はこの株式を再び預かった。そしてここが人を一切信用しない稲山の性格を最もよく表しているのだが、将来好子が稲山の不正に気づいて離反する場合に備えて、前記株式九万株の競落代金六六四二万円中の金四〇〇〇万円につき、㈲オリーブから貸付けた体裁を作り、その「貸付金」四〇〇〇万円の担保として件の株式九万株を㈲オリーブに担保に入れたことに（もちろん好子に無断で）してしまった。そして㈲オリーブはこれまた好子に知らせることなく、つまり金四〇〇〇万円の「貸金」の返済請求を一切することなく、この担保に取ったという株式を㈱西京通商に代物弁済として譲渡してしまった。㈲オリーブが代物弁済したのは、㈱西京通商に対して二〇〇〇万円の借金があったからだという。しかし、これらはすべて㈱林田の乗っ取りのために稲山が仕組んだことであった。

前にも説明したように、㈱林田の資金を㈲オリーブなどを間に入れてグルグル廻しているうちに、訳が分からなくさせてしまうのが稲山の常套手段であるが、株式についても、同じことをやっていた。判決は㈱林田の株主であることの確認を求めるという㈱西京通商からの請求については棄却、そして㈱西京通商に対しての、同社が㈲オリーブより代物弁済で取得したとする株券の引渡しを求めた㈱林田からの請求は認容。稲山、野々山らが債務確認書（借用証書）を改竄したことも認定している。

当方の全面勝訴である。私はこの判決言渡しを感慨深く聞いた。判決を書いた森川丈弘裁判官についてある思い出があったからである。

六年前のことだ。則男の依頼を受けて稲山と闘いを始めた直後、稲山による則男の代表取締役からの解任、魚沼昭雄の代表取締役就任が強行され、私は直ちに職務執行の停止、職務代行者選任の仮処分を申し立てた。この仮処分手続の中で負けることを予測した稲山は自分が依頼していた弁護士にも知らせることなく、裁判所が決定を出す直前に魚沼を退任させ、自らの側に取り込んでいた則男の息子宏を代表取締役に就任させ、裁判所の決定を回避してしまった。当時私は同僚の外山弁護士ともに呆然とした。《弁護士がこんなことをするのか！》と。

私たちは改めて宏を相手方として職務執行停止、職務代行者選任の仮処分の申立を行なわざるをえなかったが、その審理の途中で稲山は、前述したように預かっていた則男の持株を差し押え・競売し、則男を㈱林田の株主の地位からも追放してしまった。その結果改めて提起した前記仮処分は却下された。しかし、森川裁判官はその却下決定の理由中の末尾において一文を付け加え、則男から預かっていた株式を差し押え、競売した稲山の行為について触れて、「解任されたとはいえ、依頼者の権利を著しく侵害するものであり、かかる稲山弁護士の行為には、重大な疑問を抱かざるを得ない」と厳しく批判した（六六頁）。

当時資料をすべて稲山側に取られ、則男の預金も株式も奪われ、しかも好子、宏ら則男の家族も稲山側に取り込まれる中で、則男側から起こした裁判は連戦連敗であった。そのように苦しい状況の中で、唯一励みになったのが、森川裁判官が「ところで」としてわざわざ決定の末尾に付け加えた前記一節であった。若いが正義感の強い判事だった。この一節を頼りに徐々に対稲山の戦線を構築してきた。

その森川判事が転勤となり、六年経過して再び東京地裁に、しかも前と同じく商事部に戻り、途中からこの事件を担当することになったのである。法廷で森川裁判官は、私が好子の代理人弁護士として岩本弁護士とともに稲山と闘っているのを見て驚いたようだった。

話を判決言渡しの法廷に戻す。

森川裁判官は、判決文中で前に担当した仮処分事件のいきさつについても触れながら、稲山の行為を厳しく批判し、㈱西京通商の要求を一刀両断に切り捨てた。言渡し終了後、立ち上がった私は、同僚の外山弁護士とともに森川裁判官に軽く黙礼して法廷をあとにした。裁判もまた人と人とのめぐり会いだ。

預かっていた株式の差し押え、競売、仮処分決定を回避するための直前の代表者の変更等、稲山のやった「荒業」はそのときは成功したかに見えた。しかし、結局その「荒業」故に彼は厳しく批判され、除名処分を受け、弁護士会から追放されるはめになったのだ。

この判決は高裁でも維持され、確定した。高裁判決は稲山側による「債務確認書」の変造をはっきりと認定した。判決確定後、私はこの若き判事に次のような礼状をしたためた。

（略）七年前の一九九三年五月、稲山弁護士との闘いを始めた当初、林田家の家族を稲山氏側に取り込まれ、かつ、資料等が一切無い中で、当方が起こした裁判はすべて連戦連敗でした。しかし、連敗した裁判の中で稲山氏側より提出された資料を分析することを通して真実を明らかにし、稲山氏を除名処分に追い込み、それを契機として対稲山包囲網を形成することができ、今日にいたりました。

それにしても、当時森川判事に担当していただいた代表取締役職務執行停止仮処分申立事件、裁判所の判断が示される直前に稲山氏側が再び代表者を変更し、裁判所の判断を回避し、結局当方の申立が棄却になりましたが、あの決定の末尾において森川判事が「ところで」として以下のように「付言」されたことが、どれほど私達を勇気づけたことか、判事の想像を超えることと思います。（略）私達は、棄却決定のこの「付言」の部分を拠り所として、七年間にわたって稲山氏側と闘ってきました。

この「付言」がなければ闘いを続けることは困難であったと思います。今つくづくと闘いの帰趨を決めるという「天・地・人」という三つの要素のことを考えております。

資産を現金化し、破産状態を仮装している稲山氏側との闘いはまだまだ続きますが、節目の時期に森川判事に本件を担当していただいた幸運を感謝しております

一一月一二日午前一〇時東京地裁民事第四部・七二二号法廷。二週間延ばされていた稲山に対する八億五四九〇万円の損害賠償請求の判決言渡し期日である。

昭和シネマ地上げ転売が成功していないにもかかわらず、成功したとして、稲山が報酬名義で上記金額を受け取ったことに対する賠償請求訴訟であり、当方の提訴している八件の中では最大額である。

いつもより一電車早く家を出たのだが中央線が遅れたため、遅刻しそうになった。霞ヶ関で地下鉄を降り、走って何とか開廷時刻の午前一〇時にギリギリ間に合った。判決の言渡しは当事者の出頭が不可欠でなく、また、言渡しも主文朗読のみであるので一分で終わってしまう。だから今朝は何としても一〇時までに法廷に着きたかった。すでに裁判官は入廷していた。

やがて廷吏が事件名を読み上げ、私はバーの内側に入り原告席に座った。判決言渡しには稲山側代理人弁護士はいつも欠席し、野々山が様子を見に来ているのだが、今日はこのあと引続き稲山がテレビ朝日やフジテレビ、警視庁（東京都）などに対し損害賠償請求を

している――昨年夏、稲山が偽造商品券を換金しようとして逮捕された際の報道が名誉毀損だとして――事件の裁判が予定されているため稲山側代理人の山村、高橋両弁護士も在廷していた。しかし、彼らは傍聴席に座ったままで被告代理人席に付かなかった。敗訴判決の可能性が高いのだから無理もない。それを見た裁判長がニコッとして山村、高橋両弁護士に「どうぞどうぞ、せっかく来ておられるんですからお座りください」と被告席を示した。裁判長にそこまで言われては彼らもそのまま傍聴席に座っているわけにはいかない。気乗りうすそうにバーの内側に入って被告席に座った。

さて、いよいよ判決言渡し、いつものことながら最初に「ひ（被告）」というかそれとも「げ（原告）」と言うかが勝敗の分かれ目、これまでの審理の経過を考えれば当然当方の勝訴だと思うが判決言渡しが直前になって二週間延期となったのが気にかかる。この間の唯一の敗訴である㈲オリーブに対する民事第五部の判決も言渡し期日の直前になって延期されたいきさつがあった。傍聴席には野々山の他に前述した稲山から訴えられている別件の代理人弁護士らが多数いて、稲山に対する判決がどうなるのかと興味津々の様子だ。

裁判長が口を開く。「被告は原告に対し、金八億五四九〇万円……」《勝った！》ふうっと大きな息をして肩の力を抜く。被告席を見ると、山村、高橋両弁護士が憮然とした表情をしている。予想していたとはいえ、別件訴訟の代理人ら衆人の見守る中で八億五四九〇万円もの賠償を命ずる判決の言渡しを受けてしまったのだ。《だから被告席に座りたくなかったんだよ》と愚痴を言っているようにも見えた。「どうぞどうぞ」

なんて言っておいて涼しい顔で「被告は金八億五四九〇万円を支払え」などとは裁判長もなかなか人が悪い。何はともあれひとまずホッとして民事四部の書記官室に判決文をもらいに行こうとしたところ、傍聴席にいた秋山弁護士から小声で「おめでとうございます」と声をかけられた。彼はテレビ朝日の代理人として稲山から起こされた前述の裁判を闘っているのだ。

秋山弁護士の隣りから、警視庁（東京都）の指定代理人もニタッと目でエールを送ってくる。ふだんは接見（面会）妨害損害賠償訴訟などで相手方となる関係なのだが今日ばかりは違う。八つ当たり的な損害賠償請求を起こしてきた稲山に腹を立てているのであろう。

判決文を受け取り「理由」部分を読んでみる。当方の言い分を全面的に取り入れている。八億五四九〇万円の賠償命令だから控訴するには四〇五万二九〇〇円の印紙を貼らなければならない。多分稲山は控訴せず確定することになるであろう。これで彼に対する判決は五件いずれも当方の勝訴で、認容額も合計で約一一億七〇〇〇万円となる。同僚の外山弁護士はじめ相代理人の各弁護士に勝訴の電話連絡を入れる。

事務所に戻ったところ、同僚の金沢弁護士がいたので彼にも勝訴したと話した。私の態度がいささか浮かれていたのであろう、また金沢弁護士もこの間仕事がきつくて疲れていたのであろう。ブスッとして「そんなこと喜んでいてもしようがないだろう。現実に金が入ってから喜べ」と不機嫌そうに言った。確かにそのとおりなのだ。この間俺の稼ぎが少なくて彼には負担をかけている。すまん金沢！

しかし、俺たちは今、世間から猛批判を受けている「商工ローン」の取立てとは違う。「腎臓を売れ」などと脅しをかけるわけにはいかないではないか。稲山事件はもはや金ではないのだ。意地なのだ。俺のわがままを今しばらく許してくれ！

《物は考えようである。確かに稲山事件はこれまでのところ採算がとれていない。それどころか大出血だ。しかし、稲山事件を契機として付き合いのできた木下産業㈱からはちょくちょく事件の依頼を受けるようになった。前にも触れたが飯坂温泉の旅館火事に絡んでの五億円の火災保険金請求で約一千万円の報酬を受けたことだってある。大きな目で見れば経済的にも全くマイナスというわけではない。物事はプラス思考でいかなくては……》

驚いたことにこの判決に対して稲山は控訴した。四〇五万円余の印紙代を工面したのかと思ったところ、なんと印紙を貼らずにとりあえず控訴して時間稼ぎ（？）をしたのだ。

数日後、裁判所から印紙追徴命令が発せられた。稲山がこの命令に従わなかったのはもちろんである。かくして金八億五四九〇万円の損害賠償を命じる判決は確定した。

宮崎学再逮捕か？

稲山との闘いを抱えたまま、ついに二〇〇〇年という節目の年を迎えた。

一月一七日、東京地裁民事第四四部・六一四号法廷。前年に続き、またまた勝利判決が下った。㈱林田が稲山に対して起こしていた「報酬金返還要求」につき、一億三〇〇〇万円の支払いを容認したのである。これで九勝一敗。わが方の圧勝である。

対稲山の訴訟で残る三件、いずれも勝利が見込まれている。これで完全にゴールは見えた。

こうしてわが八年にわたる闘いが大団円へと向かう中で、最後を賑やかにしてくれる事件が持ち上がった。事件の主は、またぞろキツネ目の男こと宮崎学である。

一月一九日の夕刻、木下産業㈱の代理人である安弁護士から電話があった。

「内田先生、以前宮崎さんが裁判所で野本に暴行したということで逮捕された事件があったでしょう。あれは何年のことですか」

「うん、そういう事件があったが、それが何か。あの事件は立件されず、もう終わっているはずだが……」

「いや、宮崎さんが書いた陳述書の件で稲山が名誉毀損で告訴して、丸の内がそれを受理してしまったようなのです。宮崎さんに事情聴取のための呼び出しがかかっているとのことです。それで野本の件も気になって、いつのことだったか聞いてきたのです」

「あれは一九九三年か九四年、どちらだったかなあ。たぶん九四年だと思うが、調べて連絡するよ」

丸の内とは丸の内警察署のことで、宮崎が書いた陳述書というのは、ずっと前の九六年、帝国ホテルの一室で稲山と八幡雄治が金のことをめぐってトラブルがあったときに、宮崎が隣室でそのやりとりを聞いており、稲山が八幡から「銭××弁護士」と罵られたというようなことを書いたもので、木下産業㈱が稲山に対して起こしている裁判で木下産業㈱の代理人の大河内弁護士らが証拠として提出していたものだ。あの程度のものがどうして名誉毀損になるのか、大体稲山に毀損の対象になるような名誉が残っているのかと思って大して気にもしなかった。

しばらくすると今度は高井弁護士から電話がかかってきた。住専関連事件でひっかけられ、証拠隠滅や逃亡の恐れなどないのに約一〇カ月間も拘置され、数千万円の保釈金で保釈された人権派弁護士である。私には、オウム弁護団の代表故に権力から狙われたとしか思えないのだが、その高井弁護士が金沢、外山にではなく、何故私にと思った。金沢や外山は、オウムへの破防法適用を思い留まらせる運動などで高井弁護士とは関係が深かった。私に用件があるとすれば宮崎のこと以外ない。この間宮崎は高井弁護士の支援活動を、宮崎流のやり方で展開していたからだ。

「もしもし内田です。宮崎の件？」

「そうです」

「野本の事件は一九九四年の秋のことです」

「いやそういうことではなく……」

いつもの私の早とちりのようだ。高井弁護士の話によると、本年二月中旬にグリコ・森永事件で最後まで残っていた殺人未遂事件の時効が到来する、このことをめぐって宮崎がマスコミ等で動いているので宮崎が狙われている、高井弁護士の件でも宮崎は警察批判を派手に繰り拡げた（というか、実際には高井弁護士の逮捕に便乗して宮崎がはしゃいだにすぎないのだが)、だから警視庁がカッカしており、何か宮崎を逮捕する口実がないか探していた、それで件の陳述書についての稲山の告訴があったのをこれ幸いと受理して、これを突破口にして宮崎を逮捕しようとしているとのことだった。確かにこの間の宮崎は露出しすぎだ。

高井弁護士が続ける。

「ですから、グリコ・森永事件の時効の完成前に、宮崎さんを逮捕しようとしているのだと思います」

「逮捕したところでグリコ・森永事件の時効が止まるわけでもないでしょう」

「いや、とにかく何でもいいから時効の完成の前に逮捕して、とりあえずおとなしくさせておけばいいと思っているのだと思います」

「なるほど、しかし、稲山の告訴を取り上げるというのはいささか筋が悪い」

筋が悪いとは、事件として取り上げるには内容がよくないという意味である。

「そうかもしれませんが、権力が宮崎さんを痛めつけようと構えていれば彼らは何だってやってきますよ。今、ここに宮崎さんが来ていますから代わります」

「なんだ、宮崎がそこにいるんですか、じゃあ代わってください」

電話口に出た宮崎の話によると、丸の内署の刑事課の吉田という男から電話がかかって来て、事情聴取したいから来てくれ、三日間くらい事情聴取が必要だと思うと言ったので今年中は忙しいのでダメだと言ってやったという。「今年中は」といってもまだ一月だ、ちょっとおちょくりすぎではないか。

とにかく、対抗策を協議するために今夜遅く私の事務所に来るという。再び高井弁護士が電話口に出て、「内田先生、この陳述書ですが、弁護士宛に出したものですから名誉毀損罪の構成要件である公然性に欠けるのではないでしょうか」。

確かに刑法第二三〇条は「公然と事実を摘示して人の名誉を毀損した者は、その事実の有無にかかわらず、三年以下の懲役若しくは五〇万円以下の罰金に処する」となっており、名誉毀損罪が成立するためには「公然性」が必要だ。

そして摘示した事実が真実であっても、それが人の名誉を傷つける場合にはやはり名誉毀損罪が成立する。但し、これには例外があり、刑法二三〇条の二はその事実が公共の利害に関するものであり、かつ公表の目的が公益を図る目的であった場合には、処罰されないとしている。

話を高井弁護士との電話に戻す。

「そうですねえ、……ただ陳述書が証拠として裁判所に提出された段階で公然性の要件が充たされると考えるというのでしょうか」

「それにしても、これは民事裁判に関わることですので、警察が介入して一方側に加担するのはおかしいことです。それで民事事件の代理人である大河内、安両弁護士名で、警視総監、副総監、丸の内署長、副署長、刑事課長、そして吉田刑事課員宛にその旨抗議の内容証明郵便を出そうと思います」

警視総監云々とはいささか大げさにすぎるという気がしないでもなかったが、「なるほど、それはいい考えですね」と私は受けた。

「それでその内容証明郵便が届いた頃、つまり明後日夕刻、先生の方から吉田に電話をして宮崎さんが出頭しないことと、このような事件を取り上げるのはおかしいと伝えていただけませんか」

「分かりました。そうします。ただし、私は思うのですが、この件については高井さんはあまり表に出ないほうがよいと思います。大河内さんや私たちに任せてください」

「分かっています」

高井弁護士については、さらに類似の別件で再逮捕の「噂」も流されており、彼が表に出ると事件を一層ややこしくしてしまう危険がある。

夜、九時過ぎ、宮崎が事務所に来た、丸の内からの呼び出しを面白がって意気揚々としていると思っていたら、意外としんみりしていた。パクられたってどうせ大した事件にはならないのだから、また〝騒ぐ〟材料ができたぐらいに気楽に考えればいいのではないかと思ったがどうもそうではないらしい。〝寒《さぶ》い所〟へ行くのは嫌らしい。

「稲山の告訴なんだから、大したことないよ。心配するな」

「いや、内田さん、稲山のことはあくまで口実で、実はこの間高井弁護士の件などで、いろいろ言って来たこともあり、サツは俺を何とかブチ込みたいのだ」

「確かに、この間、派手に騒ぎすぎたからなあ」

「二月半ばにグリコ・森永事件の最後まで残っていたのが時効になるのだが、その時に派手に騒ごうと思っていたんだ。それとこの間、警視庁の警察官のスキャンダルをいくつか摑んでいて、それを暴露すると脅しをかけたりしていたこともあってな」

「……」

「俺もバカだから、高井弁護士の捜査の中で警視庁の刑事二課員が過労で一人亡くなっているんだが、そのときコメントを求められて『犬の一匹や二匹死のうが……』としゃべったので、サツも相当頭にきているのだと思うのだ」

「そんなコメントしたのか……」と、やや呆れ顔の私。

とにかく、当初の予定通り大河内、安両弁護士連名の抗議文が丸の内署に届いてから私の方で吉田課員に電話することを確認して宮崎は帰った。

翌々日、夕刻五時、丸の内警察署に行った。吉田刑事課員に電話することになっていたのだが、私は電話がどうも苦手である。相手に電話を切られてしまう恐れを感じ、相手の顔をみて話さないと不安なのだ。それでどうせ吉田課員に会うなら、稲山の悪さを示す弁護士会の除名処分の議決書や、稲山が偽造商品券を換金しようとして逮捕された際の新聞記事なども持っていこうと思った。

受付で問い合わせると吉田課員は昨夜宿直で、今朝空け番で家に帰ったという。それでは持参した資料だけでも吉田課員に渡しておいてもらおうということで五階の刑事課に行った。刑事課の部屋は金曜日の夕方五時ということで閑散としており、二～三名の課員と奥のほうに課長らしき者が一人残っているだけだった。

応対に出た若い課員に事情を話し、吉田課員宛に簡単なメモを残しておくから渡してほしいと持参の資料を手渡した。そこでメモを書き始めたが、どうも机がないと書きにくい。再び先ほどの若い課員を呼び出し、刑事課の部屋の中の受付の机を借りることにした。

吉田課員宛のメモを書き始めてしばらくしてのことだ。部屋の奥に座っていた刑事課長らしき人物（後日確認したところ刑事課長代理のMだった）が誰かと電話で大声で話しているのが聞こえてきた。

「……いやあ、大した事件はないよ。例の宮崎学だが、あの時効が平成一二年の二月に完成するので、その前に何かということで、今、うちの吉田がやっているようだ。……」

どうもこの件の話をしているらしい。素知らぬ振りをしてメモを書きながら聞き耳を立てる。

「……まあ古い事件だけれどねえ。宮崎学が木下産業と稲山という、これは元弁護士なんだが、その裁判の件で、稲山を中傷するような文書を出したらしいんだ。それで宮崎学に呼び出しをかけたら、ほらあの山口組のフロント企業の弁護士の大河内とかいう野郎がいちゃもんをつけた文書を送りつけて来やがったんだ。全く悪い奴らだよ」

どうやら大河内、安両弁護士名で出した内容証明郵便が届いたようだ。《ははあ、大河内さんは山口組のフロント企業の弁護士か。なるほど……》と内心でニヤニヤしながら聞く。よほど奥の課長席の所へ行って「課長、その件ですがね〜」と言ってやろうとしたがここは抑えて抑えてと思い止まった。

応対した若い課員にメモを渡し、改めて休み明けの月曜日、吉田課員宛に電話すると伝えて、丸の内署を出た。そして大河内、高井両弁護士に電話で経過を報告した。大河内弁護士には、「丸の内の刑事課長があなたのことを山口組の企業舎弟の弁護士でひどい野郎だと言っていましたよ」とからかった。

この話を聞いた高井弁護士が電話口で、「大河内さん、丸の内の刑事課長を名誉毀損で告訴しませんか」とまぜかえしてこの話は終り。

大河内弁護士の名誉のために言っておくが、彼は山口組の企業舎弟の弁護士などではない。かつては故庄司宏弁護士とともに日本赤軍関係の弁護士として活躍するなどした人物で、縄文時代の研究にも凝っているユニークな人物だ。ただ、最近はこれも名物男である近藤真弁護士と一緒に暴力団関係者の事件をいろいろ担当している。たしか静岡のマンションで暴力団組事務所の立ち退きをめぐって住民運動側の弁護士が暴力団員に刺された事件があったが、その事件の被告である暴力団員の民事事件に関する代理人を近藤真弁護士とともにしていた。

それから二日後の日曜日の午前、事務所に石川が訪ねて来た。本題の話が終わった後で、

「内田さん、この間、丸の内の刑事課長の話を聞いていたんだって」

「そうなんだよ、誰も聞いていないと思って大声で話しているものだから。本当にマンガ

だよ。……しかし、あの件はそんなに心配することはないと思うのだが……」

「うん、そう思うが、しかしここは大事をとってわしも宮崎にしばらくじっとしておれ、成田に行っちゃいかんぞ、都内に潜伏しておれと言っているんだ」

「私もそう思う。ここはもう一度宮崎に潜ってもらって、その時効が成立するという二月中旬を迎えるしかない」

「うん」

「まあ、石川さんからもよく説得しておいて下さい。彼は私の言うことはなかなか聞かないから……」

「分かりました。ところで告訴をした稲山ですが、奴こそ逮捕されるべきだと思うのですが、どうして彼は逮捕を免《まぬか》れているのですか。裁判だってこちらがどんどん勝っているでしょう?」

「そこが稲山の巧妙なところなんですが、責任を免れるための書類がしっかりと作ってあるのです。確かに民事の損害賠償請求では連戦連勝ですよ。九件の勝訴判決、損害賠償認容額も約一三億円。しかし、そのことが直ちに刑事上の責任ということにはならないのですよ」

「……」

「もっとも好子さんから預かっていた㈱林田の株式の無断譲渡を業務上横領で告訴した件は、本庁の二課が受理してようやく所轄の大森警察が動き出し、この間も好子さんに対する事情聴取がありましたが」

「そうですか。どんな具合に進みそうですか」

「いや、まだすぐにはと思いますが、私としてもこの件は稲山を刑務所にブチ込まなくては終りにならないと思っていますので……」

これまで何度同じ質問をされたことか。石川の疑問はもっともなもので、誰しもが思うことだ。

「それじゃ失礼します。私の件もよろしくお願いします」と石川は帰った。

休み明けの月曜日朝、丸の内署の吉田課員に電話を入れた。これから伺いたいと言ったところ、どうぞどうぞと丁重な対応。吉田課員に会ったところ、知能犯係長の名刺を出された。年配の実直そうな警察官だ。前の週に渡しておいた資料の説明をし、「宮崎がテレビや週刊誌でいろいろ発言しているので警察としても目障りだというのは分からないでもないですが、稲山からの告訴事件でやろうとするのは無理筋だと思いますよ」と、こんな事件を取り上げるのは解せない旨を述べた。

吉田係長はうなずきつつも、「いや、そんなつもりはありません。警察としても告訴が受理されてしまっている以上、捜査をして検察庁に上げておかなければならないので何とかご協力をお願いします」と低姿勢だ。

「ところで告訴が受理されたのはいつですか」

「えーと、……平成九年四月ですかね」

「二年前の事件ですが、どうして今になって？」

「この事件の時効が来るのが今年の秋ですので、直前になって上げると検事さんも嫌がるので四月か五月頃までに警察の捜査は終了しておかないと……。宮崎さんも忙しいでしょうから宮崎さんのスケジュールに合わせます」

「分かりました。宮崎に話しておきましょう。しかし、彼も忙しいので二月中は難しいと思います。三月に入ったらまた連絡しますので……」

「それで結構です。先生よろしくお願いします。しかし、宮崎さんもすごいですねえ。本を何冊も書いて『突破者』やその続編など」

「いや、あんなのはでたらめですよ」

どうもしゃかりきになってこの件を取り上げようというのでもなさそうだ。丸の内署を出て、宮崎に電話を入れる。全日空ホテルのロビーにいる、できれば来てくれというので行ったところ、ジャーナリストでテレビのコメンテーターなどもやっている大谷昭宏と幻冬舎の編集長が一緒だった。また何か仕掛けをしようとしているのだろう。大谷も早稲田出身、私や宮崎と同世代で、大阪読売新聞の社会部長などを歴任した黒田清に師事した硬派のジャーナリストだ。

「宮崎、丸の内署に行ってきたが、どうもお前の考えるような面白い展開にはならないようだぞ。連中はそれほど真剣にこの件をやろうとしているようではなさそうだ」と、丸の内署での吉田係長とのやりとりを説明する。

「すると、パクッとやられることはないとみていいのだな」

「ああ、そうだ。しかし、二月にあまりはしゃぐなよ」

「パクッとやられないならはしゃぐよ」

大谷昭宏が、「宮崎、お前は時効完成のときにシャバにいてコメントできればいいのだろう。まあここはちょっとおとなしくしておけ」。

「内田さん、今度フグでもご馳走せんとあかんな」と、宮崎。

「フグか、いいなあ」

これでこの騒ぎはとりあえず一件落着。大山鳴動して鼠一匹というところか。

数日後、朝日新聞一面の下段の書籍の広告欄に、

宮崎学・大谷昭宏著
グリコ・森永事件最重要参考人M
2月13日時効成立!? 宮崎学が真犯人か?
幻冬舎

とあった。やってる、やってる！

他にも『週刊文春』、『週刊朝日』で「大谷昭宏が真犯人推理、キツネ目男『宮崎学』はやっぱり怪しい」などとそれぞれ大きな特集を組んでおり、まるで〝掛合い漫才〟だ。

「キツネ目の男」の大フィーバーは続く。テレビのワイドショーだけでなく、「ニュース

ステーション」、「ニュース23」、「サンデープロジェクト」などのニュース番組にも宮崎が登場した。〝犯罪の嫌疑〟という通常人ならば大打撃となるところをプラスに転じてしまうのだから凄い奴だ。人々を楽しませてもくれる。出版の方も『突破者烈伝』『突破者の条件』『突破者の母』等々、次々と出ているが、そのうち「突破者の〝御学友〟たち」なんて本も出版されるかもしれない。獄中でもその筋の人たちが『突破者』シリーズを愛読しているようだ。

締め括りは二月一三日の時効完成の翌日に発売になった写真週刊誌『AERA』(朝日新聞社刊)の現代の肖像のコーナーだ。

すでに昨秋の段階で取材を終えていたのだが、大フィーバーの瞬間まで待った、満を持しての掲載だ。一頁をまるまる使った宮崎の大きな顔写真。確かにそっくりだ。

あんまり調子に乗ると、本物のグリコ・森永犯から、

「われ、わしらの名前騙って
　商売やりすぎやぞ、
いいかげんにしときや
かい人21面相」
と脅迫文が届くぞ。

終章　勝者なき闘い

かくして稲山からの告訴を奇貨として丸の内署が試みようとした宮崎学に対する逮捕の策謀は潰れた。

この件については、それから約半年ほど経た、夏の終わり頃になって吉田係長から記録を検察庁に上げるためにどうしても宮崎の調書が必要なので何とか協力してほしいという要請があった。事情聴取も私の同席の上、一時間程度で終わるという。そこでいろいろ情勢判断をした上で協力することにした。

宮崎と丸の内署に同行し、私が立会いの上で、名誉毀損の被疑事実を否定する旨の通りいっぺんの調書を宮崎の経歴の点も含めて二通作成した。

事情聴取の場に『突破者』『突破者それから』などの宮崎の著書を抱えて現われた吉田係長は、早大を四年生のときに中退したという宮崎の経歴を聞いて、「それは惜しいことをしましたね。あと少しだったではないですか。……」などと世間話風に聴取を始めた。

「惜しいと思う人は惜しいでしょうが、私にはそんなことはどうでもいいことですよ」と、私のほうを見ながら相槌を求める宮崎。

「宮仕え」をするならともかく、自営・自由業にとっては「早大中退《ワセダ》」の方がかっこいいのだ。とりわけ文学部中退というのがかっこいい。野坂昭如、五木寛之などもみなそうだ。石川猛も文学部中退だ。かく言う私だって今でこそ弁護士をしており、市民運動の世界では「護憲派」として多少は知られた存在になっているが、学生時代は宮崎や石川といい勝負、実質は中退のようなものだ。なにしろ、学生時代に憲法の主任教授と口をきいたのは、学園闘争の際に「学部長、ただいま、この建物は我々によって占拠されました。職員に対し、速やかに退去するよう指示して下さい」と迫った、ただ一度だけというのだから情けない。

調書作成後、署名する段階になって私が少々いたずら心を出した。

「吉田さん、この調書は宮崎が吉田さんの面前でなした供述を録取した書面、つまり宮崎名義の警察官面前調書であって警察官調書ではありませんよね。ですからコピーを一部下さいよ」

吉田係長はそんな無茶なという感じで「先生、そんなことができるわけがないでしょう」と目を丸くして答えた。

そしてさらに《もう頼みますよー》といった口ぶりで「大体調書の作成にこうして先生が立ち会っていることだっていけないことなんですから……」。

「いやー、取調べに弁護人が立ち会うのはいいことなんですよ。これからは日本の警察も弁護人立会権を認めた上で取調べをしないと。それが冤罪を防止することになるのですよ」

「いやー、日本はアメリカとは違いますよ。ミランダの会（註）はだめです」

「取調立会権問題は別として、調書のコピーを交付しないのはおかしい。以前に、ほら、宮崎が裁判所の廊下で野本の首を絞めたということで私自身が当時の大久保係長から事情聴取を受けた際に調書のコピーをもらいましたよ」

「ええっ、本当ですか。……そんなことをしてはいけないんですよ。先生が大久保を余程うまく丸め込んだのでしょう」

「いや、私は私の供述を録取した私名義の調書だから一部コピーをくれなければ署名しないと言っただけですよ」と、ニヤリとしてこの話を打ち切った。

先ほどいたずら心と言ったが、この問題は本当は重大な問題でもあるのだ。というのは、取調べに際して作成される調書は取調官の質問に対して被疑者が述べたことをそのまま記載した供述調書、つまり、被疑者名義の調書であるはずだが、その実体は取調官の作成による作文、つまり取調官調書であるのが通例だからである。取調官の作文による調書だからしばしば被疑者の意に反して「やってもいないこと」を「やった」と言わされたような調書が作られ、これが冤罪の原因などになる。被疑者の「自白調書」については、その任意性――強制されたものではないかどうか、信用性――真実かどうかが、裁判の場で争われることがよくある。このような争いをなくすためにも本来被疑者が供述したことを録取したものとされる被疑者名義の供述調書は、その作成の際にコピーが被疑者に交付されるべきであると思う。

註　ミランダの会　最近若手の弁護士を中心に結成されたグループで、被疑者の取調べに弁護人立会権を主張し、被疑者に対し弁護人立会なしで作られた調書には署名を拒否するよう働きかけており、捜査当局と激しく対立している。この若手弁護士グループは、被疑者取調べの立会権を認めた米国のミランダ判決にちなんで「ミランダの会」と名乗っている。

刑事捜査、裁判手続の解説がいささか長くなりすぎた。

本書は稲山事件に関するものである。稲山元弁護士はその後どうなったか。

唯一の敗訴に東京高裁で逆転勝訴

稲山との闘いは最終局面に入ってきた。

二〇〇一年一〇月三〇日、午後一時一〇分、東京高裁八一二号法廷、㈲オリーブ、野々山一靖に対する四億四〇〇〇万円の損害賠償請求控訴審の判決言渡し期日だ。

稲山関連の判決の中で地裁で唯一敗訴した事件だ（三〇八頁参照）。一審判決は稲山らが㈲オリーブによる地上げ交渉、転売仲介の事実がないにもかかわらず、㈱林田より㈲オリーブ宛、地上げ交渉、仲介手数料名義で合計金四億四〇〇〇万円を支払わせた事実を認定しながらも、この支払については、㈱林田の当時の代表取締役林田則男が支払った金の中からキックバック（リベート）を受け取ることで了承していたものであり、㈱林田＝則男のいわば「自損行為」だとして損害賠償請求を認めなかった。

控訴審ではもっぱら法律論を主として数回口頭弁論を行ない、本年の三月末に結審、五月末に判決言渡しが予定されていた。ところがその判決言渡しが六月末、七月末、九月末、一〇月中旬と都合五回も延期となった。いずれも判決言渡し期日の二日程前になると、裁判所の書記官からすまなそうに「明後日の判決言渡しですが、裁判官がまだ判決を書き上げておりませんので、延期します。次回は……」と電話連絡が入った。言渡し期日が一、二回延期されることはままある。しかし、五回も延期とは一体どうなっているのであろうかと焼きもきしていた。

係属部（担当部）は、高裁第一七民事部、花岡事件（一八三頁参照）の控訴審もこの部に係属しており、この間、花岡事件の和解手続で何度も訪れている裁判所――建物というのでなく、裁判所を構成する判事の合議体の意味――だ。

法廷の外の掲示板を見ると本日は一時一〇分から七件の判決言渡しが予定されている。一時一〇分少し前に法廷に入り、傍聴席で待機する。かなりの人がいる。皆、判決関連の人であろうか。裁判官が入廷するまでじっと待つ。冒頭、裁判長が何と発するか、「ほ」ならば「本件控訴を棄却する」で敗け、「げ」ならば「原判決を破棄する」で勝ちだ。

あれは昨年七月終り頃のことだった。当然勝訴と思って法廷に臨んだところ、全く予想に反して「原告の請求を棄却する」と敗訴判決を言渡されてしまった。あの時はショックだった。主文の言渡しがあったとき、「ええっ！」と絶句してしまった。確かあの日は、判決言渡しを聞いたその足で仙台に出張したのだが、東北新幹線の車中では何かの間違いではないか、本当に敗訴判決があったのだろうかとうわの空だった。

それから約一年三カ月、名誉挽回だ。控訴審では手応えがあった。原判決破棄だと思う。しかし判決は現実に言渡されてみないと分からない。

傍聴席で待機している人々も皆同じ気持ちなのだろう。私語はほとんどなく全体としてシーンとしている。同じ裁判官の入廷待ちでも、普段の裁判のときと判決が数件言渡されるときとでは、傍聴席の雰囲気が微妙に違う。

やがて裁判長を先頭に三人の判事が入廷し、判決の言渡しが始まった。ほとんどが控訴棄却だ。当事者席（控訴人、被控訴人）に座る代理人（弁護士）は少ない。出頭していても傍聴席で聞いている代理人が多い。たまに、控訴人席に座った代理人が控訴棄却を言渡され、憮然としてバーの内側から出てくる。

私の番が来た。廷吏が事件番号、事件名を読み上げる。バーの内側に入り、控訴人席に座ったのはもちろんだ。

裁判長が主文を読み上げる。「ほ」と言うか「げ」と言うか。

「原判決を変更する」。

《ヤッホー》第一音は「げ」だった。主文の朗読が続く。「被控訴人らは控訴人に対し四億四〇〇〇万円を支払え。訴訟費用は一、二審を通じてすべて被控訴人らの負担とする。この判決の第一項は、仮に執行することができる」。

㈲オリーブ及び野々山に対し、四億四〇〇〇万円の損害賠償を命じたもので、当方の全面勝訴だ。傍聴席を見ると、控訴棄却の判決が続く中で原判決の変更、しかも四億四〇〇〇万円という高額の損害賠償の認容ということで、《ほぉ……》という様子。事情を知らない人は金額だけを聞けば驚くであろう。《弁護士報酬は数千万円だ……》などと思っているのもいるかもしれない。

この賠償金を現実に回収できるわけではないのが辛いところだ。裁判官席に向かって軽く一礼して法廷を出る。

早速、外山、岩本弁護士らに勝訴の報告をする。岩本弁護士は電話口で「やった！」と大喜びだ。

書記室に赴き判決文を受取り、読んでみる。基本的に原審の事実認定をそのまま踏襲しながら、㈲オリーブが地上げ交渉、転売仲介を現実にしていないにもかかわらず、地上げ交渉料等名義で㈱林田から㈲オリーブ宛四億四〇〇〇万円を支払わせた稲山の行為を背任行為と断定し、野々山がその稲山の背任行為を認識しながら実際には、していないにもかかわらず地上げ交渉、仲介手数料名義等で四億四〇〇〇万円を受け取ったのは共同不法行為であるとした。

「原判決破棄」でなく「原判決の変更」としたのは、原審の事実認定をそのまま踏襲していることからかと納得する。

これで稲山関連の裁判一一件はすべて勝訴だ。認容された損害賠償額は、稲山、野々山、㈲オリーブ合わせて約一七億八〇〇〇万円となる。

制度としては、最高裁に上告ということもあるが、上告理由としての判例違反も、憲法違反もないから全く意味をなさない。また上告に際しては、二九三万五二〇〇円の印紙を貼らなければならないが、稲山側はこのような金は出さないであろう。

現実的な回収は無理としても、㈲オリーブ、野々山らに対する四億四〇〇〇万円の損害賠償が認められたことは、対稲山闘争の終盤で決定的に重要な意味を持つ。刑事事件にも大きな影響を与えることになるであろう。

この件については九三年三月一日付で林田則男が背任の被疑事実で東京地検に告発し、地検特捜部も捜査に着手したが、㈱林田の代表者林田好子が当時はまだ稲山の呪縛から脱しておらず、㈱林田としての被害届の提出を拒否したため、事件としては潰れたという因縁もある。

稲山、TBS相手に肖像権侵害で勝訴するも、損害賠償請求権を差し押えられる

九八年五月一日、稲山が偽造商品券（五〇〇万円分）を港区新橋の金券ショップで換金しようとして逮捕された事件があったことは前に記した（二七六頁参照）。この件は最終的に稲山は「被害者」であったとして不起訴処分となった。

私自身は、稲山自身は偽造商品券であることを知っていたはずだと今でも疑っているが、今、そのことについて記そうという訳ではない。

不起訴処分で釈放された（釈放時は処分保留）稲山は、警視庁の逮捕発表の内容――間近に釈放が予想されていたにもかかわらず、敢えて実名を公表した――が、名誉毀損だとして東京都を相手に損害賠償請求訴訟を起こした。そして同時に警視庁発表に基づいて報道した新聞、テレビ各社中、日本テレビ、TBS、テレビ朝日に対しても、①名誉毀損、②プライバシー侵害、③肖像権侵害等を理由として損害賠償請求訴訟を起こした。

二〇〇〇年一〇月二七日、東京地裁でその判決が言渡された。当然、請求棄却と思われたところ、意外なことにTBSだけは稲山の肖像権を侵害したとして五〇万円の損害賠償を命ぜられた。

稲山が獲得したこの五〇万円の損害賠償請求権について、我々は㈱林田の稲山に対する損害賠償請求債権によって差し押さえた。当方には一七億円余の確定判決があるのだ。

もっとも差し押さえられた五〇万円の損害賠償請求債権もTBSが控訴して争うだろうから控訴審の判断如何では消えてしまう可能性があり、その場合には差し押えは意味をなさなくなる。しかし、そんなことはどうでもよいことである。我々の狙いは五〇万円を回収することでなく、稲山に対して、追及の手を緩めない姿勢を示すところにあったからだ。

池袋の土地に設定登記された五億円の根抵当権も無効

稲山との闘いは足かけ八年、ついに新世紀まで持ちこされてしまった。今年こそ決着をつけなければならない。年明け早々の一月二三日、㈲オリーブが池袋の土地上に設定した五億円の根抵当権を抹消せよとの判決が確定した。

稲山は本件地上げの舞台となった豊島区池袋の昭和シネマ跡地を㈱林田にしておくと、㈱林田の債権者から差し押えられるおそれがあるとして、売買を仮装して件の土地を林田好子が社長をつとめる㈲ガーベラ名義に移した。林田家の財産の保全策としてここまではうなずけないわけではない。問題はそのあとだ。

彼は、さらに㈲ガーベラがその購入資金を㈲オリーブから借りたことにして、件の土地に㈲オリーブが金五億円の根抵当権を設定したとしてその旨登記させた。㈱林田から㈲ガーベラへの所有名義の移転は形だけのものであるから、㈲ガーベラが、㈲オリーブから購入資金など借りていないことはもちろんである。

ただ、㈱林田の金を㈲オリーブ↓㈲ガーベラ↓㈱林田とグルーッと廻したにすぎない。かくして件の土地には㈲オリーブの金五億円の根抵当権設定登記が残った。稲山のいつものやり方だ。㈱林田の資産を㈲オリーブ、㈲ガーベラなどを通してグルグル廻しているうちに、いつの間にか㈲オリーブの資産が増えて――この場合は、五億円の根抵当権付債権の取得――しまうというやり口だ。林田好子が則男の有していた㈱林田の株式を差し押え・競売で取得してしまった際にも稲山がその株式を預かると称して、㈲オリーブを通じて第三者に譲渡してしまった体裁を作り上げ、㈱林田そのものを乗っ取ることを画策したことは前に述べた（二二〇頁）が、稲山はそれだけでは安心できず、件の池袋の土地も抵当権設定登記を介して事実上㈲オリーブの支配下に置こうとしたのである。

稲山はこの方法で、㈱林田名義の渋谷区円山町の土地も㈲オリーブの名義としてしまった。この土地もバブル崩壊後といえどもなお数億円はする土地だ。

㈲ガーベラ、㈱林田はこれらの根抵当権設定登記（池袋）、所有権移転登記（新宿）の無効を主張し提訴していた。そのうちの一つの判決があった。もちろん㈲ガーベラの勝利だ。

判決は根抵当権設定登記について、金銭消費貸借契約書、根抵当権設定契約書などの書類の存在を認めた上で、しかし、稲山は㈱林田、㈲ガーベラなどの社印、代表者印などを管理しており、㈲オリーブが稲山の支配下にある会社であったことなどを考えると、それらの書類が本当にガーベラの代表者の意思に基づいて作成されたものであるかは、なお慎重な検討が必要であると述べ、その上で具体的に関係者の証言を検討した結果、稲山側の証言を信用できないと断じた。

稲山側がいくら書類を提出しようとも、そのような書類は稲山が勝手に作った可能性があり信用できない、そしてさらに稲山側の証言も信用できない、と認定したわけである（真実そうなのだが）。

一般的に裁判は紙（証拠書類）の勝負で、つまりどちら側がより有効な書類をどれだけ多く持っているかによって勝負が決まると言われている。

本件だけでなく、稲山側はこれまでの一二件の裁判で膨大な量の「証拠書類」を用意していた。しかし、その書類がすべて稲山が勝手にあるいは関係者をだまくらかして作ったもので、真実とは異なると認定されてしまうのだから、もはや稲山側に勝ち目はない。稲山側の悪辣さは裁判所においてあまねく知られているのだ。

さらに二月二七日、渋谷区円山町の土地の帰属をめぐる裁判も、池袋の根抵当権設定登記に関するものと裏腹な関係にあるとして、林田家の側が勝訴した。一三件全勝だ。稲山側の山村・高橋両弁護士は一三件全敗といういささか恥ずかしい結果となった。山村弁護士は「稲山事件」に深く首を突っ込んでおり、利害関係者となってしまっているのだから仕方がない。漏れ聞くところによると、彼もその筋から〝お前も加わって稲山と一緒に話を決めたのにどうしてくれる〟と「追い込み」を受けているという。

しかし、高橋弁護士は気の毒だ。最初の頃、稲山の依頼を受任すべきかどうか私に問い合わせをしてきたことがあった。稲山事件について説明し、やめた方がよいとアドバイスしたのに、好漢だけに残念だ。

一三件全勝の結末を一連の裁判の中で最初に勝訴判決を書いてくれたY裁判長に感謝を込めて伝えたところ、

……こうして訴訟経過を通覧すると、流れの中で判断がされるという感じもします。裁判官としては流れなど無関係に自己の信ずるところで判断すべきであるし、またそうしていると思っているのですが、案外無意識のうちに流れの影響を受けているのかもしれないと感じました。その流れのきっかけを作るのは代理人のねばり強い活動なのでしょう。

どうぞお元気でご活躍下さい。

平成×年×月×日

というなかなか味のある葉書をもらった。裁判もまた人の営みなのだ。

懲戒除名、弁護士資格の剝奪、一三件にわたる民事裁判で総額一七億円余の損害賠償を命ぜられた判決（確定）、成城の邸宅、箱根の別荘の競売、立退き、等々については述べた。しかし、まだ、彼は「塀の内側」に落ちていない。「塀の上」を歩いているのだ。警視庁捜査二課（知能犯担当）が受理し、所轄を大森署とした稲山・野々山両名を被疑者とする業務上横領、有印私文書変造、同行使等告訴事件のその後の伸展はどうか。

一昨年秋の正式受理以来すでに二年近くにならんとしている。この間、告訴人林田好子らの事情聴取、稲山が所属していた第二東京弁護士会への捜査関係事項照会、裁判記録の取寄せ、㈱林田の帳簿類の調査等は終了している。しかし稲山、野々山の身柄を取る強制捜査（逮捕）はまだ開始されていない。除名されたとはいえ元弁護士、警察も強制捜査の開始には慎重になっているようだ。

大森署刑事課長代理Y警部は、この件は本庁の二課（知能犯担当）の応援を受け、東京地検刑事部とも連絡をとりながらやるという。所轄署の知能犯係は四名しかいなくて所轄署単独でやるのは無理のようだ。私は、資料提供等の理由をつけては雪山弁護士（告訴担当主任）と共に、何度も大森署を訪れ、捜査の進展具合を尋ねた。夏の終わり頃のことであった。Y刑事課長代理から話があった。今、本庁の二課が大きな事件をやっており、これが一〇月いっぱいぐらいかかるので、一一月になったら稲山事件をやるという。この思いは稲山を「塀の内側」に落とさない限り、本件についての決着はあり得ない。

私だけではなかった。稲山のために働いてきたが最終段階で林田家を守るために稲山から離れたために、稲山側から懲戒請求を受け、業務停止一年八カ月という処分を受けた岩本弁護士にとっても同様であった。彼の稲山元弁護士に対する「憎しみ」は、私のそれと比べ勝るとも劣るものではなかった。稲山に対する闘いの最終局面での岩本弁護士の活動は目ざましいものがあった。

岩本弁護士に対する懲戒請求は、稲山が起こした一連の流れの中で最も大きな誤りの一つであった。結果としてこの懲戒申立が稲山の首を絞めることになった。

その岩本弁護士に対する一年八カ月の業務停止処分が一一月中旬にあけた。

それを祝って関係者が築地のフグ屋に集まってささやかな会をもった。ほっとした表情の岩本弁護士。よかった、よかった。

さて、稲山事件に対する「強制捜査」はその後どうか。一一月になったら着手するというのが大森署の約束だったが、またしても管内で殺人事件の発生で予定が大幅に遅れ、しかも身柄事件は年末年始を避ける（逮捕した場合の時間の制約があるため）という方針で、開始は年明け一月半ば過ぎからということになってしまった。

ところがである。事態は思わぬ展開を見せることになった。

大森署の言明どおり一月半ば過ぎから稲山に対する強制捜査に着手すべく、本庁二課の応援も得て人員の配置をなし、捜査専用の部屋も確保したのである。そして稲山逮捕に先立って、大森署の幹部が東京地検の担当検事と事前の打合せをしたところ、検事の方から強制捜査でなく任意捜査でやれという指示がなされたという。稲山に奪われた株式はすでに林田家に戻り、被害の回復がなされているというのが、その理由のようだ。しかし、株式は戻ったとしても稲山が任意に戻したわけでなく、裁判で勝訴してようやく戻ったのだ。泥棒をしておいて返せば済むということはないであろう。大森署もそのように意見を述べたとのことであるが、検事は任意捜査の方針を変えなかったという。こうして、稲山に対する強制捜査は頓挫してしまった。前述した岩本弁護士に対する業務停止処分のあけたお祝い会の帰途、彼が、「稲山には最低でも一年八カ月以上は入ってもらわなくては」とポツリと言ったことが思い出された。

やむを得ない。世の中物語のようにはゆかないものだ。いささか時間がかかりすぎた。次々といろんな事件が起こり検察庁にとっては稲山事件は彼が弁護士会から除名され、社会的に葬られており、もう過去のものだと判断したのかもしれない。

かくして九三年四月末から始まり八年にわたった稲山との闘いは一つの区切りを迎えることになった。しかし、まだ闘いは終わったわけではない。稲山が隠している、おそらく現金で隠している財産を捜し出し、一三件合計一七億円余の確定判決によって差し押さえなければ依頼者に対する私の仕事は終了しない。

稲山を追及しているのは私達だけではない。他にもいる。まず都税のマルサだ。彼らは私達にはないその権限を行使し深く静かに潜行しながら稲山の隠し財産を追っている。私達が彼らと友好関係にあることは前に述べたとおりだ。問題なのは稲山の周辺にいるワル達だ。すでに稲山は㈱林田から蚕食した金を周辺にいるワル達によって相当食われているようだ。「悪の食物連鎖」とでも呼ぶべきか。

つい先頃も、稲山が新宿のルーレット賭博場に出資し、数億円を騙し取られたという噂が聞こえてきた。その道に詳しいという宮崎学の解説によれば、世の中には素人を騙す詐欺師（これを「白サギ」と呼ぶ）だけでなく、玄人を騙す詐欺師（黒サギ）がいるという。

これまでいくら稲山がワルをして来たとしてもそれは弁護士資格、つまりは弁護士バッジに対する信頼感を背景にした上でのものであった。バッジを失った今、その道のプロである黒サギどもにかかれば稲山などはイチコロであろう。稲山が《俺は頭がいいし、法律知識も十分あるから大丈夫だ》と思っていてもそんなことはあまり意味がない。詐欺師に引っかかるのは欲、それも楽をして儲けよう、人を出し抜いて儲けようという「欲」があるからだ。前述した偽造商品券事件などその典型だ。件の偽造商品券がもし本物ならば、どうして持主自身が換金しないのであろうと考えてみるのが通常人の常識だ。この「欲」をなくさない限り、結局は〝うまい話〟の誘惑から免れることはできない。

それにしても「バブル」のあと始末、ワルが堅気を食うことからワル同士の食い合いへと事態は進行した。先日も貸金のトラブルから暴力団と右翼団体が、白昼、銃撃戦を展開し、暴力団組長ら三名が射殺されるという驚くべき事件が起きた。麹町の雑居ビルでの出来事だ。聞くところによると、この暴力団と右翼団体はともに広域暴力団S会の系列にあり、いわば身内同士の関係であったという。私はたまたまこの暴力団の若手組員の一人とある事件の解決をめぐって交渉中であった――もちろん、こちらの依頼者は堅気だ――のだが、彼も銃撃戦の現場にいたという。「身内だと思って交渉に行ったのに突然発砲され、親分が殺されてしまって……」とショックを隠せない様子だった。暴力団側は右翼団体が最近鉱山の権利を取得したことを聞きつけ、そこから返済資金をひねり出すことができるのではと期待し、貸金を取立てに行ったようだが、実はこの鉱山が全く無価値だったことから返済資金に窮して右翼団体側が発砲したのが事の真相らしい。ワルとワルがそれも札付きのワル同士が銃撃戦まで展開する。「バブル」の後始末もいよいよ最終段階に入ったということか。

話が少しそれたようだ。

稲山の除名処分を契機として林田家は丸裸にされる直前に稲山の呪縛からかろうじて脱し、豊島区池袋と渋谷区円山町の二つの土地を失うことなく済んだ。この両者の現時点での資産価値は併せて約一〇億円弱――かつては九〇億円以上もしたのだが――である。他に関係者はいるものの、これらのうちのかなりの部分が林田家の資産として確保されたことになる。依頼者の利益を護るための弁護士としての任務はかろうじて遂行されたといってもよいか。

本件闘いの過程で多くのユニークな人々と出会えた。とりわけ岩本弁護士の変身とその後の活躍は「人間はまだまだ捨てたものではない」という気持ちにもさせる。この二つの成果をしてもって瞑すべきかもしれない。

人間の欲望がむき出しになったこの「邪悪な物語」もそろそろ巻を閉じなければならないときがきたようだ。だがこの虚しさは一体何であろうか。稲山に対する懲戒除名、刑事事件化にあれほど執念を燃やしていたにもかかわらずだ。

夏の終わり頃、親しい友人の一人である関西在住のS弁護士から受け取った手紙に、「果敢に悪事を暴き、稲山包囲網を形成していった貴兄の心意気と執念、そして人徳に敬服します。しかし、私の個人的感覚からすれば稲山のような人物は程度の差はあれどこにでもおり、そうした連中に食い物にされる連中もまたどこにでもいるものです。食いものにした奴も悪いが、される方もそれ相応の原因があるのが常だと思います。稲山という一人の悪徳弁護士を社会から放逐したとして、そこにどれほどの意義があるのかという思いを禁ずることができません。せいぜい法曹版『遠山の金さん』『水戸黄門』といったところではないでしょうか。できればこのような連中とは関わりを持たずにゆきたいものです。不正を憎む貴兄の感性に敬意を表しつつも、このようなことに貴兄の貴重なエネルギーが、しかもこれほどまでに注ぎ込まれるのは正直言っていささか口惜しい気がします。……」

とあった。

なかなか手厳しい批評であるが、もっともな話である。私だってできればこのような事件に遭遇したくはなかった。しかしである。遭遇してしまった以上、それを回避することができないのが弁護士という職業の性であり、また私の性格でもあるのだ。それが嫌なら仕事を変える以外ない。S弁護士からして手紙にはあのように書いてきたが、彼自身結構熱くなり、私と似たような行動を取っている。弁護士歴二六年、あと何年このような生活が続くのであろうか。

今、学生時代に読んだ漱石の一文が身に染みる。

「世の中に片付くなんてものは殆どありやしない。一遍起つた事は何時迄も続くのさ。たゞ色々な形に変るから他《ひと》にも自分にも解らなくなる丈の事さ」

（『道草』）

この物語に勝者はいない。

〝解説〟風あとがき

敬愛する『小説渡辺崋山』の作家、杉浦明平さん（二〇〇一年三月一四日没）が記録文学の傑作『ノリソダ騒動記』を書いたのは、今から約半世紀も前の一九五三年のことであった。東海地方は渥美半島の尖端、福江町（現渥美町）の海で、ノリソダに海苔の胞子付けをさせることによる収益の分配をめぐって、ボス支配に抗する漁民達の闘いを描いたものだ。そこには大小さまざまな「ワル」が登場する。いずれも粗野で、したたかであるが、しかしどこか憎めないところもある。

一高時代以来の明平さんの友人、政治学者の丸山眞男は、『ノリソダ騒動記』を評して「福江という小さな半農半漁の町での出来事は、日本社会の分子構造を表している」と指摘したことがある。「福江町」という小さな分子の集合が日本社会の総体であるというのだ。

確かに、村に、町に、職場にと日本社会のいたるところに「ノリソダ騒動」が存在する。残念なことに、明平さんの『ノリソダ騒動記』から半世紀を経てもこの構造は変わっていない。否、もっと酷くなっている。愛知、佐賀、岡山での一七歳の少年による相次ぐ「理由なき」殺人事件、そして頻発する幼児虐待・虐殺の惨。遂には、高裁判事による少女買春という驚くべき事件すら起った。私達はなんという社会を作り上げてしまったのであろうか。政治の世界をみても同様だ。歴代の首相、とりわけ田中内閣以降の中曽根、竹下、橋本、小渕、そして「天皇を中心とした神の国」発言に始まる数々の妄言と、ハワイ沖での実習船「えひめ丸」と米原潜との衝突事故の報告を受けながらも、賭けゴルフを続けていた森首相など、いずれも公共事業の配分についての利権をめぐる、地方のボス支配の構造の中から中央の政治に送り出されてきた連中ばかりである。「滅私奉公」を口にしながら、その実は私腹を肥やすことと、ゴルフ・料亭通いに精を出している。政治家としての能力はもちろんのこと、その品性・徳性はあまりにも低い。

三月一日、KSD疑獄に関し、五千万円の収賄容疑で村上正邦前参議院議員が逮捕（後、起訴）された。参議院自民党のドンとして君臨し、憲法「改正」、教育基本法「改正」を呼号し、青少年育成のために「奉仕活動」の義務付けが必要だと声高に語っていた人物だ。

このような連中が青少年の教育を云々するのは笑止というほかはない。

そして、その反動としての小泉「熱血宰相」の登場。だが、それは保守政権の延命策でしかない。声高に「改革」を呼号するのみで、その実、全く内容はない。他方、八月一五日には、首相として靖国神社の公式参拝をすると言い出すなど近隣諸国への配慮の欠如した、歴史認識の欠如した自己陶酔型の単なるお調子者にすぎない。このような宰相が国民の圧倒的支持を得るとは、バブル崩壊後の不況の嵐の中で、私達は自信喪失、思考停止に陥ってしまったのであろうか。明平さんが健在であったならば何と言うであろうか。「改革」の語に踊らされた「主権者」達は、早晩、その不明を恥じることになるであろう。

本書はバブル経済の後始末をめぐっての法曹界を舞台とした『ノリソダ騒動記』である。法曹界におけるボス支配、利権への群がり、〝金〟の匂いを嗅ぎつける独特の嗅覚、依頼者の信頼を利用して資産一〇〇億の会社を食い潰した稲山元弁護士、その悪事を承知しつつも「職能」――依頼者の利益を最優先するのが弁護士の任務である――の名に隠れて稲山の弁護活動をすることによって、なお進行中であった弁護士の犯罪と共犯関係に立ってしまった同業弁護士。最後まで予断を許さない懲戒委員会での攻防。

当然のことだが本書に登場する人物はいずれも「善《い》い人」「悪い人」の二つの性格を併せ持っている。もちろん筆者も例外ではない。ただ、その表れ方が場面、場面によって、個々人において、それぞれ違ってくる。まさしく人間である。

友情と裏切り、再びの友情の復活をくり返した「キツネ目の男」宮崎学はもとより〝稼業人〟的雰囲気を漂わせながらもどこかユーモラスな畏友石川猛、以心伝心の盟友外山隆一弁護士、そして見事に変身し、稲山追討戦で重要な役割を担った岩本輝夫弁護士等々、いずれも人生を楽しくさせてくれる愛すべき人物達である。青年の俠気もまだいくばくかは残している。法廷に登場する正義感あふれる若手判事、気さくな姐御肌の女性判事、硬骨漢で生まじめな壮年判事などもなかなか魅力的である。

一三戦に全勝したからというわけではないが、闘い終わった今、稲山側の代理人であった山村・高橋両弁護士に対しても、ある種の「戦友」というか奇妙な友情すら覚える。稲山についても、きっと「善い人」の側面も併せもっているのであろうが、残念ながら八年間にわたる闘いの中で、それを垣間見ることはできなかった。見えたのは銭に対する執着だけであった。それにしても、林田則男、好子らからの信頼を維持しているときからすでに、将来の、つまり則男、好子が稲山の不正に気づいたときのことも想定して着々と布石を打つなど、やることが徹底しており、半端ではない。懲戒委員会議事録テープの不正入手と、除名処分後の憂さ晴らしとしか思えないその暴露――このことが稲山マインドコントロール帝国崩壊の契機となったのは皮肉なことだ――驚くべき人間不信、精神の荒廃だ。一体どのような過程を経てこのような人格が形成されてしまったのであろうか。〝金こそ正義〟がテーゼであった「バブル」という時代背景を抜きには語ることはできない。

・

漏れ聞くところによると、稲山は「内田が普通の弁護士だったら、金でとっくに解決した。奴は狂犬だ」とボヤいていたという。確かに本件「被害者」林田則男、そして稲山の呪縛からなかなか抜け出せなかった林田家の面々も問題なしとし得ない。その意味では私が、「手を引く」機会もなかったわけではない。宮崎学らからも散々「説得」されたことは、本文中に述べたとおりである。しかし「手を引く」わけにはゆかなかった。

明平さんは、記録文学に必要なものの一つとして「ある意味では恨みもないといけない」と述べている。稲山元弁護士との八年間にわたる闘いを支えたのは、緒戦での証拠資料隠し、則男社長の追放、株式の差し押え・競売という法技術を駆使した、しかしその本質は——まさかそこまでやるかという——アウトローという彼の作風にキリキリ舞いをさせられ、連戦連敗を強いられたことに対する、私の「復讐《リベンジ》」であったことも認めないわけにはゆかない。

「だれであれ、怪物と戦う者はその過程においてみずからが怪物にならぬよう注意すべきである。長い間奈落をのぞきこんでいると、奈落もまたこちらをのぞきこむものだ」というニーチェの警句をかみしめる日々である。

二〇〇一年八月三一日

内田雅敏

追記・裁判の記録を本書のように読み易くまとめるにあたっては、カンボジアPKO「視察」、戦後補償をめぐってのドイツの旅以来の盟友、同文社の前田和男さん、太田出版の高瀬幸途さん、また、増補文庫化に際しては、ちくま文庫の青木真次さんの御助力を得たことを記し、お礼を申し上げます。

解説

魚住昭

ノンフィクションを書く立場から言うと、日本の裁判は無味乾燥でつまらない。米国のように素人の陪審員が法廷にいないので、法律専門家同士のやりとりに終始してドラマチックな展開に欠けるからである。

このため裁判を扱ったノンフィクションも地味なものになり、とくに民事裁判ものは面白くないと相場が決まっている。しかし、この本だけは例外だ。読み始めたら最後まで止まらない。ハラハラドキドキの連続で、時にはアハハとお腹を抱えて笑い転げてしまう。

なぜ、こんなに面白いのだろう。理由ははっきりしている。お堅いはずの弁護士（しかも「最近では珍種といえる護憲派」）が、法廷というしゃちほこばったリングの外で奇想天外な〝場外乱闘〟を繰り広げ、その顚末を赤裸々に描いているからだ。

敵は依頼者の百億円もの資産を食いつぶした稲山信実という悪徳弁護士。著者に言わせれば、「弁護士バッジを付けてはいるが、本質的には『アウトロー』の世界の住人」である。とても普通のやり方では彼を刑務所の塀の内側に追い落とすことはできない。

というので著者が集めた助っ人が、これまた筋金入りのアウトローである「キツネ目の男」宮崎学と、バブルで荒稼ぎした不動産業者、それに元総会屋？　と、少しアル中気味の弁護士という妖しげな面々だ。著者と彼らのチームはありとあらゆる策（もちろん実力行使も）を弄しながら狡猾な敵に戦いを挑んでいく。

いくら正義のためでも弁護士がそんなアウトローなことをしていいのかと読者はきっと思われるだろう。その通りだ。著者の行動は弁護士としては常軌を逸している。あまりに一途で血の気が多すぎるのである。

しかも、こともあろうに本物のヤクザの息子である宮崎に向かって「お前もヤクザを自認するのなら稲山を東京湾に×××てこい。話はそれからだ」とすごむのだから尋常ではない。思わず「弁護士がそんなことを言っていいのか」と宮崎ならずとも叫びたくなる。

この血の気の多さと一途さは、四十年近く前の、あの時代が育んだものだろう。そう、今では信じられないことだが、学生たちが良くも悪くも命がけで理不尽な世の中を変えようとした全共闘の時代のことである。

私が大学に入ったとき、すでに運動はしぼみかけていたが、全共闘世代の学生たちには他の世代にない強い連帯感があった。たぶん機動隊の催涙弾が降り注ぐなかで共に戦ったという思いがそうさせるのだろう。私は、激しい攻防の末に落城した東大安田講堂の壁に書き残されていたという言葉を今も忘れることができない。

「連帯を求めて孤立を恐れず。力およばずして倒れることを辞さないが、力尽くさずして挫けることを拒否する」

早大全共闘の闘士だったのは著者だけではない。助っ人たちも同じだ。ただ宮崎だけは全共闘と対立した日共系のゲバルト組織「あかつき行動隊」（その強さはヤクザも裸足で逃げ出すほどだと私は何度も先輩たちから聞かされた）の隊長という異色の経歴を持っている。

つまりこの物語は稀代の悪徳弁護士との闘いの記録であるとともに、同じ時代に同じ場所で敵味方に分かれながらも同じ革命の夢を見た男たちの奇妙な友情復活物語なのである。

彼らは八年に及ぶ稲山との戦いのなかで絆を深めながらも、途中で仲間を「裏切り」、そしてまたいつの間にか友情を復活させていく。傑作なのは、宮崎の変節に怒った著者が招集した「査問会議」の場面だ。

「皆の友情を裏切って申し訳なかった」と涙ぐむ宮崎に、

「学ちゃん、友情を裏切ったらあかん。（中略）俺たちにあるのはそれだけやないか」とアル中気味の弁護士が諭す。かなり重苦しいシーンである。

この亀裂はもう修復不可能だろうと思っていると、あにはからんや、何日も置かずにほとんど同じ顔ぶれで銀座のクラブや向島の料亭に繰り出し、「人生は楽しいなあ」と言いながら、チンチン丸出しでどんちゃん騒ぎを繰り広げるのだから呆れる。生真面目な読者なら怒って本を投げ出してしまうところだろう。

しかし、怒ってはいけない。この裏切りも変節も資金の使い込みもすべて飲み込みながら友情を失わないでいくところがオールド全共闘たちの真骨頂なのだ。彼らは三十数年前、運動が退潮していくなかで例外なく「党派性」の悲劇に直面している。

革命党派には厳しい内部統制が不可欠だ。すると些細な規律違反や意見の食い違いが否応なく重大視されるようになり、次第に党派内の亀裂が深まって、やがては仲間殺しにまで発展してしまう。

彼らは過去の体験でこうした党派の悲劇性を知り抜いているからこそ、お互いの弱さや醜さを許し合いながら「連帯」を保っていこうとするのである。

というのはまったく私の独断で、単に彼らがいい加減だからと思ってもらっても、私は一向に差し支えない。それでも読者は彼らのいい加減さやしたたかさに人間的な愛着を覚えられることだろう。

私はこの物語を読み終えて、ますますオールド全共闘たちが好きになった。そろそろ彼らの体力も弱り、昔のようにゲバ棒を担ぐこともできなくなるころだ。すっかりそうなってしまう前に、でき得るならば新たな全共闘を彼らで組織して、この閉塞感に満ちた社会に風穴を開けてはくれないものだろうか。

本書は『懲戒除名』の書名で、太田出版より
二〇〇一年九月に刊行されたものを改題のう
え文庫化したものです。

逃走論 浅田彰
パラノ人間からスキゾ人間へ、住む文明から逃げる文明への大転換の中で、軽やかに〈知〉と戯れるためのマニュアル。

ヤクザの世界 青山光二
ヤクザ社会の真の姿とは——掟、作法や仁義、心情、適性、生活源……現役最長老の作家による、警察が参考にしたという名著！（山崎行雄）

極道者 青山光二
博徒、テキヤ、チンピラ……、社会の裏側で身体を張って生きる男たち。その哀歓と狂気、行動と心情をいきいきと描いた傑作小説集。

色川武大・阿佐田哲也エッセイズ1 放浪 色川武大／阿佐田哲也 大庭萱朗編
純文学作家・色川武大。麻雀物文士・阿佐田哲也。二つの名前によるエッセイ・コレクション。第1巻はアウトローの「渡世術」！（鎌田哲哉）

色川武大・阿佐田哲也エッセイズ2 芸能 色川武大／阿佐田哲也 大庭萱朗編
著者の芸能、映画、ジャズへの耽溺ぶりはまさに壮絶！ 三平、ロッパなど有名無名の芸人たちへのオマージュから戦後が見える。（唐沢俊一）

色川武大・阿佐田哲也エッセイズ3 交遊 色川武大／阿佐田哲也 大庭萱朗編
「俺のまわりは天才だらけ」！ 武田百合子、川上宗薫、立川談志等、ジャンルを超えた畏友雀友交遊録。鋭い観察眼と優しさ。（村松友視）

やくざと日本人 猪野健治
やくざは、なぜ生まれたのか？ 戦国末期の遊侠無頼から山口組まで、やくざの歴史、社会とのかかわりを、わかりやすく論じる。（鈴木邦男）

やくざ戦後史 猪野健治
なぜ流血は繰り返される⁉ ヤミ市での抗争、政財界との癒着、取り締まり強化、山一抗争……。裏社会の知られざる姿に迫る！（李宇海）

興行界の顔役 猪野健治
やくざとの密接な関係、プロレス草創期、外タレ秘話など、興行界のウラのウラまで知りつくしたドン永田貞雄の一代記。（杉山浩）

日本の右翼 猪野健治
憂国の士か？ テロリストか？ 右翼とはそもそも何なのか？ 思想、歴史、人物など、その概容を知るための絶好の書。（鈴木邦男）

下町酒場巡礼　大川渉／平岡海人／宮前栄

木の丸いす、黒光りした柱や天井など、昔のままの裏町場末の居酒屋。魅力的な主人やおかみさんのいる個性ある酒場の探訪記録。（種村季弘）

下町酒場巡礼　もう一杯　大川渉／平岡海人／宮前栄

酒が好き、人が好き、そして町が好きな三人が探しあて、訪れた露地裏の酒場たち。旨くて安くて心地よく酔える店、四十二店。（出久根達郎）

ぼくの浅草案内　小沢昭一

当代随一浅草通・小沢昭一による、浅草とその周辺の街案内。歴史と人情と芸能の匂い色濃く漂う街を限りない郷愁をこめて描く。（坪内祐三）

私のための芸能野史　小沢昭一

万歳。女相撲。浪花節。ストリップ……雑芸者たちを歴訪しつつ芸能者として迷う著者。70年代フィールドノート。（中村とうよう　上島敏昭）

写真で見る　関東大震災　小沢健志編

死者一〇万人余の大惨事から立ち直り復興を遂げた東京。崩壊する建物、生き抜く人々…未公開写真を含む二五〇点の写真で伝える関東大震災。

武器としてのスキャンダル　岡留安則

〝噂の真相イズム〟の原点はここにある。伝説の反権力雑誌編集長が明かす、ゴシップを味方にする技術。前代未聞の黒字休刊への経緯も大幅加筆。

ホームレスになった　金子雅臣

なぜ突然サラリーマンが失踪し、路上生活者になるのか？　ホームレスが生活保護を受けられない「福祉」の現実とは？　行政の現場で見た真実。

破滅の美学　笠原和夫

「仁義なき戦い」などヤクザ映画の脚本家として知られる著者だからこそ知り得た映画にできなかったヤクザたちの本当の姿。（荒井晴彦）

「妖しの民」と生まれきて　笠原和夫

「仁義なき戦い」などヤクザ映画の名シナリオライター自らの凄絶な半生！　軍隊、職を転々とした戦後。映画よりも面白い！（阿井渉介）

赤線跡を歩く　木村聡

戦後まもなく特殊飲食店街として形成された赤線地帯。その後十余年、都市空間を彩ったその宝石のような建築物と街並みの今を記録した写真集。

つげ義春を旅する　高野慎三

山深い秘湯、ワラ葺き屋根の宿場街、路面電車の走る街……、つげが好んで作品の舞台とした土地を訪ねて見つけた、つげ義春・桃源郷！

つげ義春1968　高野慎三

つげ義春の代表作「ねじ式」。'68年という時代にどのようにして、創作されたのか。つげをめぐる人々と状況をいきいきと描く。（山根貞男）

ROADSIDE JAPAN 珍日本紀行 東日本編　都築響一

秘宝館。意味不明の資料館、テーマパーク…。路傍の奇跡ともいうべき全国の珍スポットを走り抜ける旅のガイド、東日本編一七六物件。

ROADSIDE JAPAN 珍日本紀行 西日本編　都築響一

蠟人形館。怪しい宗教スポット。町おこしの苦肉の策が生んだ妙な博物館。日本の、本当の秘境は君のすぐそばにある！　西日本編一六五物件。

甘粕大尉 増補改訂　角田房子

関東大震災直後に起きた大杉栄殺害事件の犯人、甘粕正彦。後に、満州国を舞台に力を発揮した伝説の男、その実像とは？（藤原作弥）

三文役者あなあきい伝 PART I　殿山泰司

「日本帝国の糞ったれ！」タイちゃん節が炸裂する。反骨精神溢れる天性のあなきすと役者が、独自のべらんめえ体で描く一代記。（町田町蔵）

三文役者あなあきい伝 PART II　殿山泰司

役者でなくなった時おれは人間の屑になってしまう、と自認するタイちゃんの役者魂が、名監督と出会う。戦後映画史を活写する。（長部日出雄）

三文役者のニッポンひとり旅　殿山泰司

北は函館松風町から、南は沖縄波の上まで、遊郭跡を彷徨する好色ひとり旅。天衣無縫な文章で、「紅燈の巷」があぶりだされる。（内藤剛志）

下町小僧　なぎら健壱

下町生まれの異色のフォーク・シンガーが綴った昭和30年代の下町の小僧たち。縁日、夜店、紙芝居と、あのなつかしい世界再び。（鹿島茂）

東京酒場漂流記　なぎら健壱

異色のフォーク・シンガーが達意の文章で綴るおかしくも哀しい酒場めぐり。薄暮の酒場に集う人々との無言の会話、酒、肴。（高田文夫）

日本フォーク私的大全 なぎら健壱

熱い時代だった。新しい歌が生まれようとしていた。日本のフォーク——その現場に飛び込んだ著者ならではの克明で実感的な記録。（黒沢進）

風俗の人たち 永沢光雄

平成日本の性風俗とそこに生きる人たちをユーモラスな筆致でとらえたルポルタージュ。『AV女優』で話題を呼んだ著者の第二作。（永江朗）

強くて淋しい男たち 永沢光雄

プロ野球、プロレス、競輪……『AV女優』の著者永沢光雄が魅かれた男たち。極私的スポーツ・ノンフィクションの快作。（朝山実）

アダルト系 永江朗

ノーパン喫茶、SM店等風俗にはまる人々、デブ専・フケ専、女装等ディープな趣味の人々、盗聴、雇用調査等裏ビジネスの真相。（花村萬月）

球団消滅 中野晴行

消えた優勝チーム、ロビンス。セ・リーグ第一回の王者となりながら消滅の運命をたどったチームの活躍と球団経営の苦悩を描いた傑作。

新編「昭和二十年」東京地図 西井一夫 平嶋彰彦写真

昭和20年8月15日を境として分かたれた戦前と戦後。その境を越えて失われたものと残されたものとを、現在の東京のなかに訪ね歩く。

少年事件 西山明編

「人でも殺しに行くか」。そして通りがかりの主婦が殺された。家庭内から外に向かい始めた少年たちの暴力の深層には何があるのか。（重松清）

お金じゃ買えない。 藤原和博

ほんとうに豊かな時間を得るための知恵とは？ お金じゃ買えない自分だけのI・A（見えない資産）を増やすための教科書。（テリー伊藤）

給料だけじゃわからない！ 藤原和博

あなたは働きすぎていないか？ やりがいを見つけ、会社にコキ使われずに、自分の人生の主人公になるために、ほんの少し視点を変えてみよう。

味方をふやす技術 藤原和博

他人とのつながりがなければ、生きてゆけない。でも味方をふやすためには、嫌われる覚悟も必要だ。ほんとうに豊かな人間関係を築くために！

人生の教科書「よのなかのルール」 藤原和博 宮台真司

〝バカを伝染（うつ）さない〟ための「成熟社会へのパスポート」です。大人と子ども、お金と仕事、男と女と自殺のルールを考える。（重松清）

兄　貴 真樹日佐夫

劇画史上の巨星・梶原一騎の真実の姿を実弟である著者が万感の思いを込めて描く。作家活動から格闘技・芸能界での活躍まで！（猪瀬直樹）

松田優作、語る 松田優作 山口猛 編

70年代から80年代のわずか十数年の間を疾走した俳優・松田優作。出自、母、わが子、女性、映画への熱い思い……発言でたどる彼の全軌跡！

「芸能と差別」の深層 三國連太郎 沖浦和光

「竹取物語」「東海道四谷怪談」からフーテンの寅さんまで日本文化の底流にあるものとは？ 実体験にもとづく言葉の重みと知的興奮に満ちた一冊。

タクシードライバー日誌 梁石日

座席でとんでもないことをする客、変な女、突然の大事故。仲間たちと客たちを通して現代の縮図を描く異色ドキュメント。（崔洋一）

タクシー狂躁曲 梁石日

在日朝鮮人であるタクシー運転手の目がとらえた、人々の哀歓、欲望、更に在日同胞内部の問題点などを盛り込んだ悲喜こもごもの物語。（岡庭昇）

ヤクザ・レポート 山平重樹

発砲事件、内部抗争など、21世紀の幕開けとともに一大変動期をむかえた関東ヤクザの動向と最新情報を伝える緊急レポート！（植垣康博）

ヤクザに学べ！男の出世学 山平重樹

シノギ、縄張り、対立・抗争……。ときに体を張る男たちのずばぬけた実践力、行動力はいかにして鍛えられるのか？ そのすべてを伝える。

殺人マニア宣言 柳下毅一郎

殺人現場を歩き、猟奇殺人の文献を読み漁って、殺人者たちの狂気に思いを馳せる。ディテールを知るほど不条理の恐怖は大きくなり、そして…。

吉原酔狂ぐらし 吉村平吉

浅草のちょいと先、日本一の花街に、四十年以上暮らした「エロ事師」が、戦後風俗の裏側を打ち明ける。日本雑学大賞受賞。（長部日出雄）

ちくま文庫

乗《の》っ取《と》り弁護士《べんごし》

二〇〇五年七月十日　第一刷発行

著　者　内田雅敏（うちだ・まさとし）

発行者　菊池明郎

発行所　株式会社　筑摩書房
東京都台東区蔵前二―五―三　〒一一一―八七五五
振替〇〇一六〇―八―四一二三

装幀者　安野光雅

印刷所　星野精版印刷株式会社

製本所　株式会社積信堂

乱丁・落丁本の場合は、左記宛に御送付下さい。
送料小社負担でお取り替えいたします。
ご注文・お問い合わせも左記へお願いします。
筑摩書房サービスセンター
埼玉県さいたま市北区櫛引町二―六〇四　〒三三一―八五〇七
電話番号　〇四八―六五一―〇〇五三

ISBN4-480-42106-8 C0136